生活現場の活動者たち

地域をつなぐ10の物語

金 早雪 *Kim Joseol*
＋信州大学大学院地域社会
イニシアティブ・コースの修了者

木犀社

生活現場の活動者たち

地域をつなぐ10の物語

目次

はじめに

生活現場の活動者たちのこと、そして社会人大学院のこと

金 早雪

金　早雪（きむ　ちょそる）
大阪市生まれの在日コリアン二世。信州大学法経学部教授。博士（経済学：大阪市立大学）。二〇一〇年頃から、大学院地域社会イニシアティブ・コース運営委員、のちに委員長となり現在に至る。専門はアジア経済論で、とくに韓国の経済・社会と社会福祉を中心に研究している。主著に『韓国・社会保障形成の政治経済学』（2016　新幹社）がある。

地域社会

そこは、かつて人びとが互いに寄り添い合い、支え合って生きている場だった。弱い人、何かのハンディを背負った人、問題を抱える人がいれば、見捨てることなく、包み込もうとした。誰かに問題が起きれば、肩を寄せて、ともに悩み、いっしょに解決にあたろうとした。ともに喜び、そして、ともに悲しみ合った。

過去をあまり理想化して語るのは問題であるかもしれないが、それでも、かつて、人と人の関係は、現代よりも、はるかに密であったことは確かである。生活が営まれる原点としての家族の姿も今とはだいぶ違う。親夫婦と子どもたちだけでなく、じいちゃん、ばあちゃん、ときには、ひいじい、ひいばあもいたりして、家族は何世代もがいっしょに暮らす小宇宙であり、それ自体が一つの

『生活現場の活動者たち』

正誤表

本書に次のような表記の誤りがありました。お詫びして訂正いたします。

ページ / 該当箇所	誤	正
6 / 略歴 2 行目	信州大学法経学部	信州大学経法学部
16/ 略歴 2 行目	公認心理士	公認心理師
174 / 2 行目	五千万人台だった人口は、三〇年代には六千万人台へと膨らんだが、	五百万人台だった人口は、三〇年代には六百万人台へと膨らんだが、
217 /11 行目	二〇〇八年十一月には、	二〇〇八年七月には、
238/ 表 3 の出典	月刊『イオ』編集部編［2006: 224-237］より抜粋	法務省「在留外国人統計」
329 / 2 行目	二〇〇八年から松商学園で	二〇〇七年から松商学園で

社会だった時代がある。そのうえ家族は孤立して存在するのではなく、親族という、より広いゆるやかな血縁の関係が家族を包んでいた。

近隣に住む人どうしの関係も、落語の長屋風景などで語られるように、とても濃厚だった。ご飯が足りなくなったら、「冷やご飯でいいから」と隣の家にもらいにいったりもできた。地元の商店街で毎日、挨拶を交わし、家にはたいてい風呂がなかったから、銭湯で顔を合わせ、近所のことについてあれこれ話し込んだ。それに、昔は、仕事と生活が重なり合っており、仕事仲間がそのまま生活のうえでも親密な付き合い仲間になることが多かった。大工職人風とか、商人風、職工風、サラリーマン風とかというように、仕事によって生活のスタイルが違っていて、ある地域には同じような仕事の人がかたまって住んでいることも多かった。

こんなふうに、血縁、地縁、職縁が織りなし合い、重なり合って、付き合いが密に行われている社会においては、困っている人がいれば、知らんぷりされて、放ってはおかれない。誰かが動いて、何かしら解決法を考えてくれる。プライバシーがあまりなくて、少々、わずらわしいところもあったかもしれないけれど、かつて、人は人に囲まれ、他の人と交じり合いながら生活していたのだった。

「個の世界」

しかし、現代という時代は違う。現代人は、自らの「個の世界」を何よりも大切にし、その領域に干渉されたり、ずかずかと踏み込まれたりするのをとても嫌う。自らの「個の世界」についてとやかく言われない範囲で、他の人と関わろうとする。こうして、現代社会は、互いに干渉されることを好まない個人ないし個別家族が一定の距離を保ち合いながら存在する「個」の集積の場となった。家族もかつてのような多様さとゆたかさをはらんだ小宇宙ではない。家族の規模は最小限にまでスリム化し、以前に持っていたようなゆたかな育みと包み込みの機能をしだいに失っていった。親の世代と子の世代との分離が普通になり、単身世帯や夫婦のみの世帯が増えた。そして、家族の内部も昔のような分かちがたい一体性で結ばれているというイメージではなく、構成員は、互いに「個」を主張しあい、それが時にとげとげしくぶつかり合ったりする。

仕事によって結ばれる人間関係も変化した。以前はマニュアル系の仕事が多く、先輩・後輩のつながり、仕事仲間というつながりが人間味を帯びて生活上の親密さを生み出し、そうしたつながりが仕事をしていくうえでも大事だったが、現在の仕事は、情報系、デジタル系、サービス系が多くなり、仕事を進めるうえでも、人と人の人間的なつながりを深め、大事にする必要はなくなってきている。人は、生活の営みの大事な部分である仕事という場でも「個の世界」に閉じこもりがちになっている。

生きづらさ

現代人は、自らの「個の世界」を何よりも大切にし、互いに干渉しあわないようにつとめ、その結果として、自ら「孤独」であることを引き受け、それに耐えることが当たり前のようになってしまった。自分を取り巻く外の社会に親しみを持てなくなってしまい、どこかよそよそしい「異質な世界」「エイリアンの世界」と感じるようになってしまった。「個の城」を守るために、人と人との関係のあり方をそのようなかたちに追いつめていったとも言えるだろうか。

しかしながら、孤立と孤独は、「生きづらさ」をもたらす。元気で活力ある人は、それでも、果敢に頑張って無関心と競い合いの世界を生きていくこともできるだろう。だが、身体や心に問題を抱えている人、経済的な苦境に陥った人、他の人や世の中との付き合いが苦手でうまくいかない人、家族や親族、友だちなど、あらゆるつながりを失ってしまった人、人種・民族や文化、その他のいろいろな形で「少数派」の立場にある人、社会からは何か「異質」と思われるようなことを抱えている人……そんな人たちも多くいる。こうした人たちにとっては、ひときわ生きづらい社会である。

生活現場の活動者たち

けれども、そんななかで、苦しみを自らの内側に閉じ込めないで、一歩、外側へと踏み出し、他の人たちとの関係を求め、仲間を作っていっしょに解決策を見いだそうとする人たちがいる。他人の苦しみの中身を理解しようとつとめ、苦しみを分ち合い、ともに悩もうとする人たちがいる。違う考え方や文化を持つ人たちの存在を自然のことと捉え、互いに「違い」を理解し尊重しあいながら生きていこうとする人たちがいる。それは、苦しさ、生きづらさを共感しあい、人と人との間に新たな「絆」を紡ぎ出すことによって、ともに解決策を見いだしていこうとする営みである。

人と人とのつながりを求めて、自分の「個の城」から、外側へと一歩、踏み出すこと……。しかし、そうしたいと思っても、誰もがたやすく最初の一歩を踏み出せるわけではない。それでも、勇気を奮い起こして踏み出す人たちがいる。そして、その周りには多くの人たちが共感して集まり、新しいつながりができてくる。それは、人と人とが無関心を装い合うことがルールになっている現代において、「地域をつなぐ」営みであり、新たな「地域社会」の形成の始まりと言えるかもしれない。

その最初の一歩を踏み出して活動を始めている人たちのことを、ここでは、「生活現場の活動者たち」と呼ぶことにしたい。「生活現場」という言葉を使うのは、仲間を求めて最初の一歩を踏み出すきっかけが、人間愛とか人道主義とか、なにか抽象的な動機にあるのではなく、毎日の「生きる」現場における具体的な「つらさ」「しんどさ」に正面から向かい合うことにあるからだ。誰かが一歩を踏み出して、人と人がつながりはじめるとき、そこには、魅力にあふれる「物語」が生まれ出る。それは、孤独と孤立におちいっている現代人の「生きる」営みを見つめ直し、そこから、人のつながりを新たに築き直していこうとする物語である。この本には、そんな生活現場の活動者たちが地域で紡ぎ出している一〇の物語をおさめている。

社会人大学院

たぶん、どこの地域にも、生活現場の活動者たちがいて、人と人とをつなぎ、地域社会を再生していく活動を行っているのだろう。そこで、大学も考える。大学も地域社会の一員である。学問研究を行い、若い学生を教育するという役割にとどまらず、一歩、地域へと踏み出して、大学も「地域をつなぐ活動」に加われないだろうかと……。そんな思いから、既存の大学院（修士課程）経済・社会政策科学研究科（経済・社会政策科学専攻）に「地域社会イニシアティブ・コース」が、二〇〇三年に開設された。正式名称は長たらしいので、以下では、「信州大学大学院地域社会イニシアティブ・コース」と略称する（これでも、まだ十分に長いが）。このコースは、社会人のための大学院で、仕事や社会活動をしていても参加できるように、平日夜間（夕方六時〜九時）と土曜日の昼間に開講される。このコースは、大都市によく見られるビジネス系の大学院や法科大学院のように、専門的な知識を教えることを目的とはしていない。目指すのは、生活現場の活動者たちが交

地域社会イニシアティブ・コースのクラス風景

流しあう場を提供すること、そして、活動者たちに、自身の問題探求力と政策力をいっそう鍛えてもらうことである。

大学は、現場の活動者たちが出会い、自らの活動力を鍛えるのに、ふさわしい場である。なぜなら、そこは、政治や経済、そして生活が刻む日常的な慌ただしいリズムとは異なる時間が流れるバーチャル空間でもあるからだ。活動者は、現場の問題に取り組むがゆえに、どうしても自分が直面している問題領域に視野を閉じ込めがちになる。日常とは異質な時間が流れる大学という場においては、現場世界から数歩の距離を置いて、より広い社会的な視野から自らが取り組む問題を捉え直し、活動の社会的な意味を再認識する機会とその方法をあたえられるだろう。大学という「知の空間」には、歴史の長い時間軸と日本全体と世界を見通す広い空間的視野から社会を分析する理論と手法が蓄えられている。また、大学は、政治、経済、社会、生活などの現場において、どのような実態が存在するのか、そこでは、何が問題なのかを突き止める多彩な調査の手法と調査結果に基づいて、改革や解決のための政策を作っていく手法についても、開発を重ねてきている。広い社会的視野を持つこと、そして、問題を探求する力と政策を作っていく力を鍛えることは、現場の活動者にとって、さらに大きな武器を身につけることになるにちがいない。大学は、地域社会にとってのゆたかな資源であり、とくに活動者たちにはぜひ活用してほしいと願う。それによって、大学も生活現場の活動者につらなることができる。

地域社会イニシアティブ

この社会人大学院は、「教える」場であることを意図していない。提供するのは、大学と地域社会が出合う場、そして、さまざまな生活現場の活動者どうしが出会い、交流する場である。それぞれが取り組んでいる問題は多様であり、活動のスタイルも人と人とのつなぎ方にもそれぞれに個性的なやり方がある。だが、そこには共通しているものがある。それは、自分の抱える問題や他の人の抱える問題をそのままにしておかずに、何か、できないかと一歩を踏み出し、他の人に呼びかける行動を取ったということだろう。この社会人大学院では、それを「地域社会イニシアティブ」と表現している。「イニシアティブ」とは、誰かが動いてくれるのをじっと待つのではなく、自分がまず一歩を果敢に踏み出すことである。現代の私たちは、かつての地域社会のように、人と人との密なつながりに包まれているわけではない。意識的に、周りの人に声をかけ、人と人との絆を作り出す努力をしなければ、事態はいつまでも変わらない。一歩を踏み出し、他の人に呼びかけるイニシアティブが今こそ、必要だ。

地域をつなぐ一〇の物語

二〇〇三年に「信州大学大学院地域社会イニシアティブ・コース」が開設されてから、一五年あまりが過ぎた。その間に、百人を超える生活現場の活動者たちがこの大学院の場で出会い、交流し、自らの探求力、活動力を鍛えた。大学には、今、百を超える地域の物語が修士学位論文の形で残されている。ひとつ、ひとつが今までお互いに関係を持たなかった人と人とをつなぎ、新たな地域社会を紡ぎ出していこうとする魅力あふれる物語である。

この本では、そのうちから、一〇の物語を選んで紹介している。発達障害や精神障がいを抱える人、ひきこもりの人、うつ病のために仕事を休み、復帰しようと頑張っている人、愛する人に死別し悲嘆のなかにある人、あるいは、仕事から引退した高齢者たち——こうした社会から取り残されがちな人たちが普通に暮らせるように支援する物語が語られている。あるいは、ニューカマーの外国人として日本の高校生に行動と体験を通じて国際理解を教える物語、文化的な単一性が強いと言われる日本社会の中で、生活のしづらさに直面している定住外国人たちの生活に関心を持ち、異質な文化と共生していこうと活動する物語がある。技能実習生として来日し、短期間、日本で働いている中国人をサポートする物語がある。また、かつて軍国主義の時代に地域が体験した、すさまじいばかりの歴史の記憶を人びとの語りから掘り起こし、次の世代に語り継いでいこうとする物語もある。

これらの物語に共通するのは、生きづらさを抱える人たちを置き去りにせず、「みんなでつながり合っていこうよ」と活動者が呼びかけるとき、そこに、人の輪、人のつながりが形成され、拡がっていくことだ。こうしてみれば、現代人も見た目ほどには、お互いに無関心ではないのかもしれない。一歩、「個の城」から踏み出して、皆に呼びかける活動者たちがいるかぎりは……。そして、この本の物語が示すように、そうした活動者たちは地域に数多く存在している。

［この本の表記について］　障害者は障がい者、障碍者などの表記もあり、この言葉は使いようによっては、人を傷つけうる。各筆者はそれぞれの物語で、配慮しながら用いており、本書では、あえて統一せずに、それぞれの使い方に委ねている。また、年次の表記は西暦に統一した。在日外国人など日本の年号になじまない人たちを対象とする物語も多いからである。ただし、資料名など年号表記が必要な場合は用いるし、また、最終章で扱う軍国主義時代には、生活感覚において、西暦よりも昭和という年号が強く意識されていたから、年号表記を多く用いている。

「母子ユニット方式」による支援団体「シーズ」の活動

——発達障害と向かい合う

武山弥生・大木　斉

武山弥生（たけやま　やよい）

長野県出身。二〇一一年、信州大学大学院地域社会イニシアティブ・コース修了。公認心理士、保育士、特別支援教育士、長野県スクールカウンセラー。専門分野は子どもの発達、発達障害支援、特別支援教育。二〇〇〇年に、わが子が発達障害と診断され、その際、自分自身も発達障害だという診断を受けた。その後、放送大学、次いで信州大学大学院において、母親が抱える困難支援と支援の方法について研究した。在学中の二〇〇八年に、当事者とその母子・家族をユニットとして支援する民間団体「シーズ」を立ち上げ、活動を続けている。

大木 斉（おおき　ひとし）

長野県出身。二〇一二年、信州大学大学院地域社会イニシアティブ・コース修了。高等学校教員普通免許（数学）、特別支援教育士、長野県スクールカウンセラー。専門分野は発達障害支援（組織論）、特別支援教育。東京都内の大学を卒業後、民間企業に勤務していたが、二〇〇八年、本稿の共同執筆者・武山が立ち上げた発達障害支援の民間団体「シーズ」に参加した。二〇〇九年に会社を退職して東京から郷里・諏訪に戻り、本格的に発達障害支援の活動に携わるようになった。

1　「発達障害」を抱える人たち

「発達障害」という名の障害

「発達障害」……この耳慣れない言葉に出会ったのは、自分の子どもに診断を下されたときのことである。しかも驚いたことに、母親である私自身もＡＤＨＤ（注意欠陥多動性障害・当時の名称）であるという診断を受けた。ＡＤＨＤとは、不注意（集中力がない・気が散りやすい）、多動性（じっとしていられない・落ち着きがない）、衝動性（順番を待てない・考える前に実行してしまう）の三つの要素がみられる発達障害の表れ方のひとつだと医師は説明してくれた。わが子は普通の子どもと少し違っていて、落ち着きがないとか、順応性がないとか言われて悩んでいたが、そうしたことが生まれつきの脳機能の発達のかたよりによって表れる「障害」であると知って大きな衝撃を受けた。私自身のことは、医師に言われて思い当たることはあったが、社会生活もなんとかやってきているし、それほど気に留めなかったのであるが……。

そのうち、地域で同じ悩みを持つ親の集まりを作って交流するようになり、地元の役所に支援の要望を出す活動なども始めたが、発達障害児を持つ母親たちが子どもをめぐる問題で苦労して疲れ果てているのに、周囲の人はあまり理解してくれず、公的な支援も皆無に近いことをつくづくと思い知らされた。こうしたことから、二〇〇八年に民間支援団体を立ち上げ、発達障害児（者）と家族を支援する活動を自前で展開するようになった。団体の名称を「シーズ　ｓｅｅｄｓ（種）」

と名付けたのは、社会が発達障害のことをもっとよく理解してくれるようになり、発達障害を抱える当事者とその家族が社会的支援を得て、普通に生きていけるように、ささやかながらも、私たちが種をまき、育てていこうという思いをこめたからである。

障害児童と「特別支援教育」

「発達障害」を抱える子どもたちの数は、一般に考えられているよりはるかに多い。文部科学省が二〇一二年に全国の小中学校の通常学級を対象に行った調査では、①LD傾向（読み、書き、計算が困難）をもつ児童生徒は全体の四・五パーセント、②ADHD傾向（不注意、多動性、衝動性がある）をもつ児童生徒は三・一パーセント、③ASD傾向（対人関係、コミュニケーションに困難がある）をもつ児童生徒は一・一パーセントで、重複するものも含むと、児童生徒の約六・五パーセントに発達障害があり、何らかの特別な教育的支援を必要としていると報告されている。このほかに、特別支援学級に在籍する発達障害の児童生徒一・四パーセントが存在するから、合わせると七・九パーセントとなる。この割合を日本の人口全体（約一億二六〇〇万人）に当てはめると、乳児から老人まで約一〇〇〇万人近い発達障害者が存在することになる。また、知能指数を正規分布で表すと、知的ボーダーラインといわれるIQ七〇以上八五以下の人は理論的には一三・五九パーセント存在することになり、これを人口に換算すると一七〇〇万人以上が軽度の知的障害である可能性を示している。

近年、国の教育政策でも、障害児教育の重要さに注目するようになってきた。政策が進んだ大きな転機は二〇〇六年学校教育法の一部改正をベースにし、二〇〇七年にスタートした「特別支援教育」であるとされる。その理念はインクルーシブ教育（インクルージョン教育とも言う、障害者が最大限、自己の能力を発展させて社会参加できることを目指して、障害の有無を問わず、ともに学ぶ教育方法）の普及にあり、それまで障害の種別ごとに特別な場所で行っていた障害児教育が、全国どこでも地域の身近な小中学校で、子どもに必要なニーズに沿った教育が受けられるようになった。それとともに、従来、障害児への特殊教育は「措置」として扱われてきたのに対し、特別支援教育では「支援」という考え方に転換され、支援を受ける対象とするかどうかについての判断は、医学的な診断名ではなく教育面でのニーズを根拠にするようになった。とくに私たちの関心からすると、この改革において、知的障害のない発達障害児が特別支援教育の対象として認められるようになったことは画期的であった。

その後、特別支援教育は、小中学校にとどまらず幼稚園、大学、高校へと適用が拡大された。また、教育の核となる学習指導要領も二〇一八年に改訂され、法的にはよりニーズに沿った対応になってきているようにみえる。近年の相次ぐ法や制度の改正、スクールカウンセラーの増員、特別支援教育支援員配置事業など、文部科学省のレベルでも長野県のレベルでも、特別支援教育に関わる施策が拡大されているようだ。また、その必要性についても、五、六年前に比べて、どの学校でも理解が深まってきたと思う。

しかし、実際の教育現場をみると、まだまだ深刻な問題が多い。大きな問題の一つは、特別支援教育に携わる教員が必要な専門的な知識と技術を身につけているのかどうかという点である。教育職員免許法には、特別支援学校の教員は、通常の教員免許のほかに、特別支援学校教諭免許を有していなければならないと明記されている。常識的には、特別支援学校の教員、特別支援学級の担任、学校の特別支援教育コーディネーターの教員など、特別支援教育に関わる教員は皆、特別な免許をもっているだろうと考えるのが当然である。しかし、二〇一四年の文部科学省の調査では、必要とされる免許を持つ教員は、特別支援学校で七二・七パーセント、特別支援学級では三〇・五パーセントにすぎず、一〇〇パーセントにはほど遠い。

専門知識や技術をもたない先生たちが特別支援教育を担当する理由は、いろいろあるようだ。能力、体調、家庭など、なんらかの理由により通常の学級の運営が難しい教員が、少人数なら負担が軽いだろうということで特別支援学級を任される事例や、児童一人当たりの教員の配置数が多ければ一人当たりの負担が軽いということで特別支援学校に配属される事例など、学校運営上の事情もあるらしい。こうした状況は、理念上はともかく、実際の現場では障害児童に対する教育の配慮が十分に浸透して、実践されているとは言えないことを物語っている。とくに発達障害に関して言うと、この障害は、「健常者」と「障害者」が明確に区分されるわけではなく、継ぎ目なく連続しているのが特徴である。だから、自閉症をはじめ、「グレーゾーン」と言われる人たちがたくさん存在している。このグレーゾーンの人たちが支援の配慮から抜け落ちてしまうことも問題である。

こうした視点に立って、私たちは、特別支援教育にかぎらず、子どもの教育に関わるすべての先生たちが発達障害や特別支援教育についての知識と支援の技術を身につけている必要があると考え、教育現場に対する働きかけの活動を続けてきている。現場で活動する私たちの眼からすると、学校という組織は、個人経営者の集まりに似て、先生たちが互いに支え合ったり、助け合ったりすることが少ないような気がする。しかし、それは日常の些末な仕事に追われ続けている個々の先生たちの問題ではなく、意欲やメンタルを含む職場の健康を生き生きと保っていくための制度上の配慮が不足しているせいかもしれない。

私自身の教育現場での活動

私は、発達障害支援組織「シーズ」の活動の一環として、二〇一二年から特別支援教育支援員や発達障害支援員として、二〇一七年からはスクールカウンセラーとして、県立の高等学校で、発達障害の支援に関わる仕事をしている。仕事の内容は、生徒、先生、保護者からの相談を受け、アドバイスを提供すること、また、必要に応じて、発達検査やソーシャルスキル・トレーニング（SST）などを実施することである。相談は生徒本人から直接に申し出てくることもあるが、先生たちが、学力が不振、課題の提出ができない、欠席、欠課が多い、人間関係がうまくいかない等の点で気にかかる生徒を私の相談につなげてくれるケースが多い。相談の内容は、生徒に発達障害があるのかどうかについて、判断を求めてくるものがほとんどである。

これまでに六つの学校に関わったが、どの学校でも、発達に課題を持つ生徒が多数いることを強く認識させられた。特別支援学校ではなく通常の県立高等学校で、学校の偏差値は三六～四〇くらいであるにもかかわらず、IQ六〇台、五〇台という生徒は、例年、学年ごとに数名はおり、こうした生徒たちの七～八割は、何らかの発達障害を抱え、支援を必要としていると考えられる。個々のケースを分析してみると、本人あるいは兄弟、保護者の発達障害の問題が、家庭全体の営みに影響し、経済的な貧困をもたらしたり、養育やメンタル上の問題を引き起こしたりしていると見られるケースも多い。こうした生徒たちの卒業後の経路を追跡してみると、高等学校在学中までに福祉や医療の支援を受けなかったケースの中には、就労できなかったケース、就労しても一年以内に人間関係やウツなどの精神的な病いによって離職するケース、不注意によると思われる重大な事故によるけが等で離職を余儀なくされたケースなどがあった。

急増しているおとなの発達障害の相談とその背景

ここでは、発達障害児の問題を中心にしているから、指摘するだけにとどめざるをえないが、実は成人の発達障害の問題も重要であり、私たちの支援組織「シーズ」での相談件数も激増していることにも注意しておきたい。小学生の頃から支援してきた子どもたちも年々、歳を重ねるから、この人たちをどのように支援していくかの問題もある。実際、親なき後を心配する保護者からの相談も数多い。

おとなの発達障害の相談が急増している背景には、「発達障害者支援法」の施行（二〇〇五年）、「障害者基本法」の改正（二〇一一年）、「障害を理由とした差別の解消の推進に関する法律」の施行（二〇一五年）など、発達障害に対する国の政策が進んだ結果、発達障害の診断を得るメリットが生まれたことが関係していると思われる。以前は、知的障害のない場合、発達障害という診断を得ても、利用できる福祉制度が何もなく、障害者としてのラベルを貼られ、それを社会的な不利益と感じるだけであると考える人が多かった。

子どものうちは、親や社会の庇護があり、経済的支援など最低限の保障があるが、成人になると、そうした庇護がなくなり、孤立してしまう。かつては、家族、親戚、地域社会など幾重にも存在したセーフティネットは崩れ、地域社会で自立的な生活能力を欠くおとなを抱え込む力が弱くなっているから、この人たちの孤立化は深まる一方だ。安定した職を得ることができず、一人で自立した生活をすることが難しい発達障害者を社会的に支援することがますます緊急を要してきている。発達障害支援には、医療・教育・福祉・就労の各側面が欠かせないと言われる。

成人にとってとくに重要なのは、就労支援の問題である。二〇一四年に内閣府が一五歳から三四歳までの人を対象に実施した調査によると、国内にはニート（若者世代で家事・通学・就労をしていない人たち）が五六万人いると推計されている。さらに、二〇一九年の厚生労働省の発表によれば、三五歳以上のひきこもりは六〇万人以上と推定されている。この中には、発達障害のある人もかなりいると推測されており、こうした人のニーズに対応した就労支援対策が急務になっている。

2　発達障害児の特性に合わせた支援を考える

発達障害児の一例——T君の場合

発達障害にはさまざまな表れ方があり、個々の発達障害児には、それぞれの特性と個性がある。支援はそうした特性に合わせて行うことが必要であると言われる。といっても、それは子どもの要求を唯々諾々と受け入れることではない。障害の表れ方の特性に合わせて支援の方法を工夫することが重要なのだ。そこを間違えると、子どもの発達を支援しようとして、逆に、発達を妨げる結果になってしまいかねない。私が関わったT君のケースを取り上げて、発達障害児に対する支援のあり方を考えてみることにしよう。

T君が発達障害の一つである「自閉スペクトラム症」（ＡＳＤ）の診断を受けたのは、小学校二年生のときである。ASDというのは、対人関係が苦手・こだわりが強いといった特性をもつ。T君は、興味の偏りが激しく、興味のない漢字の書き取りや算数の計算ドリルは嫌がって取り組まない、気持ちの切り替えがうまくできず、何事にも取り掛かりが遅い、こだわりが強く、気に入らないと癇癪を起こす、集団での活動を嫌がり、体育や音楽の授業には、ほとんど参加できない子どもだった。担任の先生が病院を受診するように勧め、診断が下された。知的障害はなく、言語理解の能力は標準より高いが、因果関係にそった事象の理解や、場面の見取りが苦手であること、単純な作業におけるスピードが極端に遅いこと、認知能力の凸凹も著しいこと、などがわかった。

T君は三年生から特別支援学級に籍を移し、特性に合わせた指導を受けることになり、ベテランの先生の指導のおかげで、原級より速いくらいの進度で学習を進められていた。しかし、四年生のときに担任が新任の先生に変わると、T君は勉強を嫌がるようになった。とくに嫌いな算数をやらせようとすると机を倒したり、教室から飛び出したりする。保護者を通して主治医に相談したが、「二次障害が心配なので、今、無理に勉強させるより、本人が取り組めることをやらせてあげてください」と言われた。そこで、担任は、教室の中に衝立で囲ったT君専用スペースを作り、そこで好きな工作をさせたり、自分のパソコンを貸して、好きな車のサイトなどを見せて過ごさせたりするようになった。

こうしてT君は、ご機嫌で毎日学校で自由に過ごしていたが、五年生になってから、同じ教室にいる児童の中にうるさくて嫌いな子がいるからと授業を妨害するようになった。学校との話し合いの結果、T君自身は教室が変わるのは絶対にいやだと主張するので、担任の先生とほかの児童たちは隣の小さな教室に移って授業をし、T君には「加配」といって別の先生がついて、一人で今までの教室で過ごすようになった。先生たちは、これで落ち着くものと思ったそうであるが、やがて、T君は少しでも加配の先生が離れると、絵具で色水を作り、教室や廊下の床にまいたり、棚の上の物を端から落としたり、机やいすを積んでバリケードを作って廊下を封鎖したりし、時には長箒を持って職員室へ押しかけ、先生たちの机や棚を荒らし、床にお茶の葉をまきちらすなど、先生たちが困る行動を繰り返すようになった。

「シーズ」とT君の出会い

T君の両親から「シーズ」に相談があり、私が学校にようすを見にいったのも、ちょうど、この頃である。両親は、学校から再三困っていると言われるが、親の言うことは聞かないのでどうすることもできないこと、家庭でも自分勝手に生活するので、いっしょに暮らすのがたいへんになってきており、施設入所も検討したいことを話された。私は、学校に了解を得たうえで、ある日学校を訪問した。T君の教室に入ると、床に、大きなマットが敷いてあり、T君はそこに横になって、先生から足をもんでもらっているところだった。先生は、「今日は、朝からご機嫌が悪いので、今、こうしてマッサージをしているんですよ」と私に言った。給食以外は時間割とはいっさい無関係に過ごし、掃除も係活動もクラブや委員会活動もやったことなく過ごしているという。もちろん、勉強は四年生からいっさいやってきていない。

「なぜ、学校で暴れちゃうの?」と尋ねると、

「恨みがあるから」と言う。

T君によると、学校の校庭に、大好きで集めている自分の鯉のぼりを飾って欲しいと要求した

のに、大きすぎて飾れないからと断られたことを恨んでいるという。前の校長先生は、言うことを聞いてくれたのに、今の先生は、聞いてくれない、だから、聞いてくれるまで暴れるつもりだという。

「それは、恨みじゃなくて、不満という気持ちだね」と私はT君に言った。「恨み」は相手に何か悪いことをされて生じる気持ちで、「不満」は相手の意見が合わずに腹立たしくなる気持だから、この場合は、学校がT君に悪いことをしたのではなくて、T君の要望と学校の都合が合わないだけだから、恨むというのではなく、不満を感じているということじゃないか、そこのところは区別しなきゃいけないよ、と私はT君にわかってもらいたかったのだ。

このときのT君との最初の面談は印象的だったので、今でも鮮明に記憶に残っている。同席していたT君の母親が、T君に少しでも勉強をして欲しいと語りはじめた途端に、T君は、

「そんなこと言うと、僕は泣くからね」

と宣言し、ハンカチを出してポロポロ泣き出した。母親は、困った顔をして、話をやめた。その後も、母親がイライラするからと言って物に当たるのを止めてほしいと言ったことが気に入らないからと、シーズの面談室の部屋の壁を叩き出すこともあった。

「壁を叩いても、何も変わらないよ」

と私が言うと、キョトンとして驚いたようすだった。

「どうしたいか、どうしたらいいか、いっしょに考えよう」

と告げ、絵の得意なT君に、気持ちをイラストにしてもらいながら、感情の一つひとつにラベルをつけて整理したり、怒りやイライラという強い感情を、暴れるという行動にしないための方法をいっしょに検討することにした。T君は、とくに四年生以降、意見が通らないときは、常に暴れ

るという行動で自分の意思を通してきたのだったが、私は暴れるという行動ではなく、言葉で交渉して目標を達成する技術を身につけていくことを提案した。

T君にかぎらず、自閉スペクトラム症の子どもに多いのだが、すべてのことを自分が決められると思い込んでいることがある。このような状態を作業療法士の湯汲英史は「決定権の誤解」と表現している［湯汲 2001］。なんでも決定できると思い込んでいる子どもは、同時に「一番病」であることが多い。自分の思いどおりにならないとき、一番になれないとき、パニックを起こして暴れたりする。場面を見て取ることができないことや因果関係を考える苦手さからくる誤解ともいえるが、子どもの頃から、自分が決められないことがあることや、場面により決定権が変化することなどを教えていく必要がある。発達障害だからといって、本人の言いなりにしていくことは、自らの適応力を高めていくことにはつながらない。こうしたT君の周囲との「不適応」をどのように捉え、どのようにT君をリードしていくべきだろうか。そして、この先、T君はどうなるのだろう。少なくとも、このままおとなになると、社会へ適応していくのが、とても大変になることが予想できる。

発達心理学者のエリクソン（Erik H. Erikson）によると、人の発達には、発達段階に応じた課題がある。児童期にあたる小学生時代は、自分の役割や責任を果たし、他者から認められ、褒められる体験を積み重ね、自己肯定感を獲得していく時期である。そうした「学習」が発達課題として設定され、その課題を達成するための仕組みが「教育」である。T君のような特性を持った子どもに対しては、その特性に合わせた学び方をみつけ、学べるようにする義務と責任を私たちおとなは負っている。それを実現する教育が「特別支援教育」である。文部科学省によると「特別支援教育」とは、障害のある幼児児童生徒の自立や社会参加に向けた主体的な取組を支援するという視点に立ち、幼児児童生徒一人ひとりの教育的ニーズを把握し、その持てる力を高め、生活や学習上の困難を改善または克服するため、適切な指導および必要な支援を行うものとされている。しかし、それは、発達障害による言動をそのまま容認して迎合するということであってはならない。

本人、学校、家族に対する総合的な支援

支援に当たっては、T君本人だけではなく、その家族（とくに母親）、学校の三者に働きかける総合的な接近が不可欠となる。以下に、その働きかけの内容を振り返ってみよう。

［本人への支援］

T君のIQは病院で測定を終えていたので、それ以外の読む力、書く力、推論する力などのアセスメントを実施した。このアセスメントによって得手不得手や認知の強弱を精査したうえで、「ソーシャル・ストーリーズ」の手法（絵とテキストによって、お話を作りながら、社会ルールを学ぶ手法）を使い、「決定権の誤解」について自覚させるように仕向けたり、パニックや癇癪が起きるときの感情のコントロールの練習を行ったりしていく。本人の好きな活動の中で、読んだり書いたり、計算したりすることも取り入れた。課題を与えて、できたら褒める、継続することでご褒美を与えるという「トークンエコノミー」と呼ばれるやり方を用い、個別の活動からようすをみながらグループ活動に参加していくように支援した。

［学校への働きかけ］

学校に対しては、T君のアセスメント結果をもとに、T君自身と両親の希望を聞きながら、個別の指導計画を担任の先生に立ててもらった。また、保護者と学校の管理者を含めた関係者が集まって支援会議を開催し、T君のニーズと指導計画について、T君に関わるすべてのメンバーが共有することにした。この指導計画づくりと計画を実行する最終責任は、やはり特別支援教育を担当する学校にあるので、会議には校長先生に参加していただき、学校、家庭、そして支援組織である「シーズ」がそれぞれでできること、できないことを話し合い、明確にした。医療面では、病院が遠方だったため、医師を会議に呼べなかったが、T君が病院で受診する機会に私も同行し、医師の意見を記録し、報告書にして学校へ提出した。

［家族への支援］

発達障害の支援における家族支援の重要さは、これまでの研究でも強調されてきているし、私たちの支援組織「シーズ」が最も重点を置いている支援分野である。実際に、T君の両親は困り果てていた。勉強をしないことへの不安もさることながら、大変なのは、日常生活のなかで、両親の言うことを聞かないことである。朝、決まった時間に起きない。夜も両親が寝た後まで一人で起きていて、パソコンでネットをしていて午前二時頃まで寝ない。お風呂の中でご飯を食べる。動物の真似をすると言っては、床に食べ物をまいて、這うようにして口で食べて見せる。しかも、母親のつくったご飯は食べず、コンビニで買った食物しか食べないと言い張る。ネットオークションで欲しいものがあると、だめと言っても、執拗に落札することを要求し続ける、などのことが続く。思わず、手を上げてしまうこともあったようで、夜、相談の電話が来ることも頻繁であった。

もう、家庭では面倒はみられない。どこか施設に入れたいと両親は訴え、児童相談所へ相談に行き、松本市のある施設にT君と両親に同行して見学に行ったこともある。しかし、その施設では、本人が入園して、自分自身を変えたいという強い意志がないと受け入れられないという。この面談のときにも、T君が荒れ狂う一幕があった。面談で、施設の主治医が学校で乱暴な行動をすることについて、

「それってだめだよね」

と言った途端、T君は、

「おまえに何がわかるんだよお」

と、叫びながら、目の前のテーブルを踏み越え、医師につかみかかろうとしたのだ。両脇に座っていたT君の父親と私が、とっさにT君に必死でしがみつき、事なきを得たが、入園は無理であるという判断が下った。私としては、入園については賛成ではなかったので、がっかりはしなかったが、母親は疲れ果て、今にもくずおれそうに見えた。

母親を支援するために、「シーズ」では、T君が学校に登校しない日は、市町村の「タイムケア制度」を利用して、T君を預かることにした。この制度は、在宅の障害児を保護者が一時的に家庭で介護できないとき、登録した事業者または個人が預かった時間数に応じて市町村から給付金を受け取るというものである。タイムケア制度の目的は、子どもを一時的に預かることで保護者を支援することにあるが、「シーズ」では、託児だけでなくタイムケアのあいだにT君の個別セッションを実施した。また、両親には、相談のなかで、子どもの発達や発達障害についての正しい知識を学んでもらうことの必要性を感じ、T君とうまく関われるように、応用行動分析をベースにしたペアレント・

トレーニングを受けてもらった。

さらに、医療機関への受診や学校での懇談会、支援会議に際して、「同行支援」も実施した。同行支援の主な目的は、①保護者が安心して相手と面談できるための心理的な支援、②面談や会議の場で、経験や専門知識がないと理解が難しい場合や、込み入ったテーマで相手の意図を正確にとるのが大変な場合の理解の支援、③保護者が面談に集中できるよう、話し合いの内容の記録係の役割、④相談すべき内容を的確に面談や会議での話題とし、相談の目的を見失わせないためのリマインダーとしての役割、などの四つの点にある。この同行支援こそは、私たちが「シーズ」を立ち上げた一番の理由でもあった。発達障害児を抱えた家族、とくに日常生活でたえず子どもと接する母親は、周囲から孤立するなかで絶望的な気持ちに陥りがちである。今、障害児（者）とその保護者への社会的な支援は少しずつ広がってきているが、そうした場への同行を支援することは、母親に周囲から支えられているという意識をもたせ、孤立感を感じさせないための重要な仕組みのひとつだと考えている。

T君のケースから学んだこと

T君は、小学校でさんざん暴れ、結局、卒業に至るまで、学校では学習することも集団での活動に参加することもできなかった。いっぽう、「シーズ」では、私との個別面談や活動からスタートし、段階的に調理や演劇ワークショップなど、グループでのソーシャルスキル・トレーニング（SST）には参加できるようになっていった。台所で調理をする活動のなかで、計算や推論をしたり、活動記録として絵日記を書いたりして、勉強と銘打たなくても学習はできるのだ。中学校への進学の準備として、六年生のときから小学校の先生たちと両親といっしょに中学校で支援会議を開催してもらい、入学式の前日に会場も見学した。担任と連絡をとりながら、T君のできる学習からスタートしてもらい、卒業後は通信制の高校への進学を決めた。

T君のケースで考えることは、小学校の先生たちは、癇癪を恐れるあまりに、本人の自由にするという名目のもとに、実は、T君を疎外する状態を作ってしまったのではないかということである。発端は本人自身が言い出したことではあるが、ほかの生徒を追い出して、広い教室に「加配」の先生と残されたT君は面白くなかったことだろう。その感情を本人自身が淋しいと感じたかどうかはわからないが、学校では、疎外され孤独な存在だった。一般に前思春期に入り、認められたいという欲求が高まってくると、学校では、勉強やスポーツ、委員会活動、芸術などで頑張り、注目を集めようとする子どもが多くなるのは、自然なことである。勉強もスポーツも委員会すらやっていないT君が、注目を集めるのは、大好きな鯉のぼりを飾って「すごい！」と言わせることや、職員室におしかけて暴れてみせるという手段しか思いつかなかったのかもしれない。

発達途上の子どもは、承認欲求と背中合わせに、成長欲求をもっていることを感じさせられることが多い。小学校のカリキュラムも指導要領により、適時性をもたせ、段階的にさまざまな能力を獲得するように作られている。能力を獲得するのは、本来ならば子どもにとっては喜びであるはずである。T君の言うがままに任せた周囲のおとなたちは、T君からそうした喜びを奪ってしまったのではないだろうか。発達障害を支援するためには、教員や支援者、そのほかの関係者が強い意欲を持つのは当然であるが、同時に、支援のための専門的な知識と技術を高め、共有していくことが必要である。最近では、子どもの問題行動への対応の仕方について、応用行動分析や怒りの感情をコントロールするアンガートレーニング、自閉症児が世の中の暗黙のルール等を理解するのを支援するソーシャル・ストーリーなど、さまざまな技法の開発・研究も進んできている。そうした知識や技術がもっと広く用いられるようになってほしいと願っている。

3　発達障害児の母親を支援するための基本的な考え方

障害児の母親のメンタリティ

私が発達障害に関わりはじめてから、一貫してこだわってきたのは、障害児を持つ母親のメンタリティの問題であり、それをどのように支援していくかという問題である。これまでの研究から、発達障害は早期発見、早期療育により障害程度が軽減し、社会適応能力が向上することがわかってきている。子どもが早期療育を受けるかどうかの判断をするのは、保護者、とくに母親であろう。療育を始めても、通院や、発達障害に適した環境調整や配慮を求めての保育園や学校とのやりとり、日々の生活での障害児への対応は、困難の連続であり、根気のいる仕事である。それを全面的に担うのは、ほとんどの場合、母親であり、早期に支援すべきキーパーソンは、当該の子どもと同時に、母親であることを強調する必要がある。

自分自身が発達障害児を持った体験から、私は、母親支援のためには、そのメンタリティ（心のあり方）を理解しておくことが不可欠だと考えている。「子どもを持つ存在」としての母親のメンタリティは、言うまでもなく、子どもとの関係を中心に形成される。子どもを産む、あるいは身ごもった瞬間から女性は「母親」として自他ともに意識しかつ意識されることになる。自分がどんな母親であるかということ、どんな子どもをもっているかということ、そして、その子どもとどんな関係をもっているのかということが「母親」としてのメンタリティに関わる要因となる。母親は子どもに強い影響を与える存在であり、一般的には、よい影響をおよぼす母親から、社会にとって役立つよい子どもが育つと理解されている。「よい母親には、よい子ども」という社会的な幻想といってもよい。こうした考え方が社会に広く存在するなかで、母親にとって、わが子に障害があることを受容することは、母親としてのアイデンティティに関わる深刻な問題を引き起こすことになる。

今から六〇年近く前、アメリカの研究者であるソリニットとスタークは「障害児を産むことは理想のわが子を失うことである」と述べたという［Solnit & Stark 1961］。母親は子どもを産んで母親になるずっと前から、自分の中に理想の子ども像を描き、その子どもとの生活を夢見るものであり、わが子が障害児であることを知ったとき、その理想と夢は打ち砕かれる。母親の心的レベルにおいて、その過程は、理想のわが子の喪失体験を意味するという指摘である。確かに、医療が進んだ今日でも出産以前から障害児の母親になる覚悟をもって出産に臨む人はまれだろう。ゆえに、多くの場合、障害児を持つようになったとき、「母親としてのアイデンティティ」は動揺することになる。

したがって、必要なことは、障害児を持つ母親の想いに寄り添い、彼女たちがアイデンティティを再構築し、障害児の母親としての主体性を獲得し、自己肯定感を獲得できるように支援することであろう。人が心の健康を保つためには、社会的に適応していることが大前提であり、そのためには、障害児が存在し、そして、その母親が存在することについての社会的承認を得ることが重要になる。子どもにとっても母親にとっても、母親がありのままの子どもを受容することがお互いのメンタリティの健康に必須であり、母子のメンタリティは相互に安定し、健全な母子関係が保たれるはずである。

発達障害児の母親の困難についての調査研究から

障害児を持つ母親のメンタリティをより深く知りたいと考えた私は、二〇〇六年に、放送大学の卒業研究として「軽度発達障害の母親の困難」をテーマに取り上げた。研究の材料としては、発達障害児を持つ母親を対象として、アンケート調査を実施することにした。対象は、自らが所属していた発達障害児の親の会のほか、長野県内の会、さらには、同じ発達障害児の母親というつてを頼り、神奈川県、新潟県の会にまでお願いし、なんとか分析にかけられる百を超える回答を集めた。

この研究では、因子分析の手法を使い、発達障害児を持つ母親の困難に関わる因子を三つ検出することができ、母親の困難についての理解を一歩深めることができたように思う。三つの因子とは、①「疲弊・焦燥因子」（因子の名称は筆者による、以下同じ）＝自分のやりたいことをやれない、なんとなくイライラする、子どものことをどうしてよいのかわからないなどの一〇項目、②「受容・肯定因子」＝子どもはいとおしい、子どもを産んでよかった、育児は有意義な仕事であるなどの七項目、③「育児外価値志向因子」＝自分の生きがいは子どもだけではない、母親も育児以外の楽しみや趣味を持ちたい、などの三項目である。これらの因子が明らかにするのは、発達障害児の母親は、疲れ、苛立ちながらも、わが子をいとおしいと思い、子育ての価値を信じて生き、それでも、またいっぽうで、自分自身を発揮し、人生を楽しみたいと考えており、そうした思いがぶつかり合う心の葛藤を抱えているということである。それは、健常児の母親と異なり、子育てによる満足度が低いことから、子どもを自己愛の一部としてアイデンティティの中に取り込めないことから生まれる結果かもしれない。

このアンケート調査に際して感銘深かったのは、回答してくれた母親たちの八割が自由記述の欄に記入してくれていたことだった。そこには、細かい字でびっしりと、辛かったこと、悔しかったこと、不安なことなどがつづられていた。そのなかのある人は、「自分は女性として生を受け、結婚してよい子どもを産むことが使命だと思ってきた。障害のある子を産んでしまい、こんなことなら、子どもを産まなければよかった、そして、こんな自分も生まれてこなければよかったと思う」と記している。なんと胸の痛む言葉だろうか。この一文が、私を、母親支援の活動に駆り立てる理由の一つとなったのだと思う。普通なら、見ず知らずの者の研究のために、障害児との多忙な生活の時間を割きアンケートに答えることなど、まっぴらごめんであろう。障害と告知されたときや日々の辛い想いは、思い出し、書き記すたびごとに追体験することになるからだ。このアンケートの回答用紙は、今も私の宝物である。その後、回答を寄せてくれた顔も知らない人たちの幾人かとは電話で話す機会を得た。そのなかには、すでに病気で若くして亡くなられた人もあり、今でも、ときどき思い出している。私たちは、盟友なのだと思う。

「母子ユニット方式」による支援のフレームワーク

このときの研究では、アンケートで寄せられた自由記述の分析ができず、発達障害児を持つ母親の困難の問題と支援のあり方の問題をもっと基礎的なところから把握したいという思いが残った。

そこで、私は、翌二〇〇七年に信州大学大学院に入学し、研究を続けることにした。研究の目的は、発達障害児をもつ母親と子どもとの関係を軸にして、父親を含む家族という場、それに、私たちのような支援者との関係のフレームワークを理論的に把握し、支援のあり方を深めることにあった。研究の材料としては、先のアンケート調査の分析をベースに、私が代表として二〇〇八年に立ち上げた「シーズ」での事例を用いることにした。

この研究から得られた成果の概略は、次ページの図のように表現することができる。ここで重視した要因は、母親のメンタリティを中心に、母と子の関係、父親のサポートの位置づけ、および「シーズ」のような外部支援の位置づけである。「シーズ」における支援では、従来の発達障害児のみへの支援と異なり、子どもだけでなく母親への支援として「母親のメンタリティ」を重視し、母子をユニットとして支援の対象とする考え方に立っている。この図について、簡単に説明しておこう。

［母親のメンタリティを規定する要因］

図の中央に、母親と発達障害児の子どもが配置されている。母子の関係において重要なのは、子どもに向かい合う母親のメンタリティ（心のあり方）である。そのメンタリティを規定する要因として、「a　自責感」「b　自己尊重感」「c　孤独感」「d　苦悩への耐性」の四因子をとりあげた。発達障害児を持つ母親には「a　自責感」が内在するが、「a　自責感」が強い場合には、「b　自己尊重感」が低下する。逆に「a　自責感」が弱まれば、「b　自己尊重感」が増してくる。また、「c　孤独感」が深まれば、「d　苦悩への耐性」は低下し、逆に「c　孤独感」が低くなれば「d　苦悩への耐性」も高くなる。したがって、母親のメンタリティを健康に保つためには、「a　自責

「母子ユニット方式」による発達障害支援の概念図

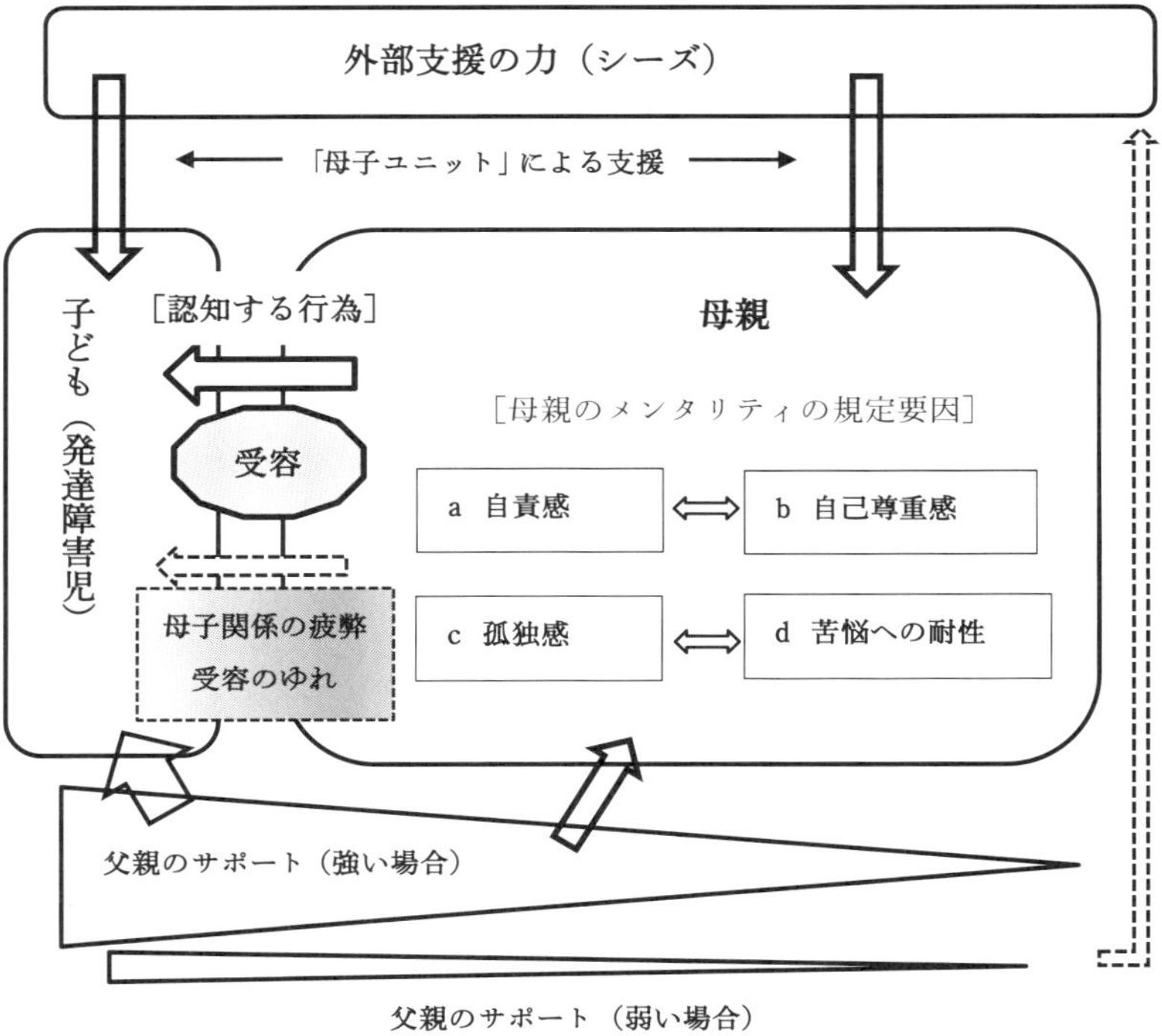

出典：筆者（武山）作成

感」を弱めて「b　自己尊重感」の低下を予防し、「c　孤独感」を低くして「d　苦悩への耐性」を強化するサポートが必要になる。これまでの活動を通じて、とりわけ「c　孤独感」を軽減するための仲間づくりが大切であることを痛感してきた。

［母親と子どもの関係］

母親と子ども（障害児）との関係は、母親が「これは自分の子どもである」として、子どもの存在を認知するという行為によってつながっている。図に見るように、母子関係が良好であるときには「認知する行為」の矢印は、太くしっかりと母親から子どもへと働きかけるが、何らかの理由により母子関係が疲弊してくると、この矢印は細くなり、その勢いを失っていくことになる。

母親が子どもを認知することは、発達障害というリスクを含めて認知することを意味する。ここでは、それを「受容」と呼ぶことにする。図では、安定した「受容」の状態と、母子関係が疲弊して「受容」にゆれが生じている状態とを対照して示している。

これまでに、「母親のメンタリティ」の消耗は「母子関係の疲弊」を招き、「認知する行為」を弱体化させることが明らかになっている。逆に考えれば、子どもが発達障害で、リスク因子を抱えていても、「母親のメンタリティ」がしっかりと機能していれば、子どもを認知しつづけることが可能であるといえる。したがって、母親が発達障害を持つ子どもを心から受容するためには、「母親のメンタリティ」を強化するサポートが大事になってくる。

［父親のサポートの位置づけ］

一般に、子どもと母親をサポートする役割を担うのは、子どもの父親である。そこで発達障害児を持つ家庭の場合、「父親のサポート」には、どのような位置づけがあたえられるだろうか。「父親のサポート」は、図の下側に示したように、母子の双方に働きかけるものであるが、子どもに向けて厚く作用していくのが望ましい。発達障害児の親子関係においては、両親が力を合わせて、障害のリスク要因を抱える子どもをサポートすることが必要だからである。「父親のサポート」が母子関係をしっかりと支えている場合は、発達障害児の家族は安定している。しかし、何らかの理由により家庭内で父親不在の状態が生まれたり、父親の仕事が忙しくなり時間をさけなくなったりして、子どものリスク要因が大きくなり、サポートしきれなくなったりすると、図の下側に示したように、「父親のサポート」の機能が低下してくる。こうした場合、母子関係を安定させるためには、「父親のサポート」を補完するものとして、家族外にサポートを求める必要が生じる。

［「母子ユニット」を対象とする「シーズ」の支援］

このように母子が家族の外に支援を求める状態が生まれると、「シーズ」のような外部支援組織が関わることになる。図の上側に示したように、「シーズ」は、「母子ユニット」での支援モデルを提供している。その特徴は、母子をユニットとして捉えて支援することにより、母子関係の疲弊を未然に防いでいく点にある。母親に向けては、メンタリティの安定を強化し、「障害受容」のゆれを小さくする支援を行い、同時に、子どもに向けては、療育としての支援を行い、障害によるリスク要因を減らし、不適応を軽減していくように働きかける。

母親たちは、子どもより自分を優先することに罪悪感を抱くことが多い。それゆえに母親の自己尊重感を向上させる支援を考える場合、母親に働きかけるだけではなく、子どもの問題解決をも同時に提供していかないと有効な支援にならない。このような考え方から、医療モデルからヒントを得つつ、母子を一つの単位としてとらえ、母子間の力動を活用しながら双方向に同時に支援する「母子ユニット」での支援モデルを考案するに至った。先に紹介したT君のケースは、こうした支援の代表的な事例である。

母親の自己尊重感と「母子ユニット」での支援の重要性

「母子ユニット」での支援は、「父親のサポート」を代替するともいえるが、そうした代替機能を果たすことを目的としているわけではない。アメリカでベトナム戦争の帰還兵の心的外傷ストレス障害（PTSD）研究から、人には「自己回復力」（レジリエンス）が内在していることが指摘された。「シーズ」の支援は、この自己回復力に働きかけ、母子それぞれが、自己尊重感を強化し、自己機能を向上させ、自分の人生の主体になることを目的とする。

これまでの研究からみて、発達障害児の母親のほとんどが、自己尊重感の低下を訴えていることに注目しておきたい。アメリカの心理学者アブラハム・マズロー（Abraham Harold Maslow）が人間の欲求を理論化したことで知られる「欲求五段階説」では、人間の基本的欲求を、①生理的欲求、②安全の欲求、③所属と愛の欲求、④承認の欲求、⑤自己実現の欲求、の五段階のピラミッドで表しており、自己尊重感は、その四番目の「承認の欲求」に含まれるとされる。それによれば、人は、まず食物や睡眠など生理的な欲求が満たされないと生存できないし、身の安全が確保できない状況では安心して考え、行動することもできない。これらが満たされてはじめて、どこかに身の置き所を得て、仲間が欲しいと思えるようになり、それが満たされると自分を認めてもらい、また、自分自身でも自分を尊重できるようになりたいという欲求が生じ、そのうえで、自己実現を達成したいという意欲が生まれてくるという説である。

母親が自尊心を満たし、自己発揮できるということは、主体性をもつということにつながる。母親が支援者に依存して自らのメンタリティを安定させて、そこで終わるのではなく、さらに一歩を進めて、主体的に子どもをサポートする存在になることにより、自己尊重感が高まるはずである。母子が父親のサポートと外部支援の力に依存している限りは、本当に、自責感から解き放たれ、自己尊重感を回復することはできない。発達障害とともに生きることは、終わりのない苦悩と障害受容のゆれを抱えながら生きることである。困難な子どもを育てている母親自身が、知識と技術と意欲を持ち、専門家に働きかけられるような存在になること、「支援される」という姿勢から、支援を要求する主体的な姿勢へと変わっていくことを支援の究極の目的としたいと考えている。

〈以上の1・2・3節は、武山弥生が担当した〉

4　発達障害支援団体「シーズ」の立ち上げ

支援団体の設立へ

「無いものは自分で作ればよい。いや、作るしかない」。発達障害支援団体「シーズ」が発足するうえで原動力となったのは、強いニーズを持つ当事者のやむにやまれぬ想いと組織を作っていくイニシアティブである。組織づくりの発案は、自分自身の子どもが「発達障害」と診断され、そうした障害に向き合うこととなった武山弥生で、二〇〇〇年のことであった。その後、武山は、ほかの子どもや自身も発達障害の診断を受けることとなり、「発達障害」の問題に正面から取り組むことになった。そして、地域で同じような子どもを抱える親が交流する会の設立に参加し、その運営に関わっていくことになる。

このとき、武山が強く感じていたのは、発達障害児を抱える家族のなかでも、もっぱら母親に大きな負担がかかること、しかも、物理的な負担ばかりでなく、障害児の母親たちは精神面での危うさ、不安定さを持ちながら悩んでいるという問題であった。しかも、障害児とその母親たちは、周囲の無理解のなかで孤立している。さらに、発達障害に対する公的な支援も大きく立ち遅れているという問題がある。実際に発達障害支援法が施行され、発達障害ということばが法律上明記されたのは、武山の発達障害との出会いから五年が経過した二〇〇五年四月である。診断を受けたとき小学生だった長男はすでに高校生になっていた。子どもはどんどん成長し、環境も、本人のメンタル状態も変化していく。制度が整うのを待っていては手遅れだと考えた。

「シーズ」の立ち上げとサービス提供事業の開始

武山が活動していた発達障害児を持つ親の会は、新しく立ち上げた「シーズ」の母体となり、立ち上げの参加者も親の会のメンバーが中心となった。しかし、親の会と新たに立ち上げた組織のあいだには根本的な違いがある。もっとも大きな違いは、「シーズ」は、親の会のような、いわゆる「ピアサポート」（同じような立場にある人や当事者どうしが相互にサポートしあう集まり）ではなく、発達障害を支援するためのサービス提供を主要な目的とし、しかも、このサービス提供をボランティアや本業の合間に行うのではなく、財政的に自立して運営する「事業」として確立しようとしたことである。

事業としてのサービス提供を始めるに当たっての当初の資金づくりは、公的な助成金・補助金や民間からの寄付金に依存した。主なものは、長野県地域発元気づくり支援金、商工会議所企業補助金や民間企業の労働組合からの寄付金などで、この資金を、事務所家賃、講師謝礼、消耗品購入、事務機器購入などの資金に充てることができた。

問題は、恒常的なサービス提供事業の財源をどのように確保していくかである。公的な助成金や補助金はその使い道が限定されていて、職員の報酬などに充てることができない。いっぽう、サービス提供に対して対価を求めるにしても、家庭の経済状況による格差を生まないようにすること、低料金とすることでサービスを受けるハードルを低くすることを考え、なるべく低料金でのサービス提供をめざすとすれば、対価収入だけで運営するのはきわめて難しい。不足する運営資金を恒常的に確保する必要があるが、自己資金や寄付金だけで賄える見込みはない。

悩んでいたところ、役員の福祉関係者から、長野県の福祉事業である「タイムケア制度」を利用することを提案された。タイムケア制度とは重症心身障碍児・者の介護者のレスパイト（休養）のための制度で、障害児（者）を一時的に預かり、預かった時間数に応じた金額が市町村から預かった団体（個人も可）に支払われることになっている。このお金はいわゆる「稼いだお金」となり、使いみちの制限はなく、職員の報酬に充てることができる。また、「シーズ」では、子どもを預かるだけでなく、預かった子どもたちに対して、学習支援やソーシャルスキル・トレーニング（ＳＳ

「シーズ」が提供している主なサービス　(2019年現在)

相談、カウンセリング	当事者とその家族の相談、カウンセリング
同行支援	行政、裁判所、児童相談所、学校、医療機関、職業安定所などへの同行支援や提出資料作成支援
学習支援	主として小・中学生を対象に少人数での学習支援
ソーシャルスキル・トレーニング（ＳＳＴ）	(1) お買物活動 (2) プラモデルサークル (3) 個別トレーニング
臨床美術教室	(1) 美術活動：さまざまな素材や画材で、感じたままに絵を描き、立体を作る。 (2) 演劇ワークショップ：パントマイムなど身体を使って自己表現を行う。
検査	WISC- Ⅳ、K-ABC、DN-CASなどの検査
保護者向けトレーニング	(1) ペアレント・トレーニング：より良い親子関係を築くためのトレーニング (2) アサーティブ・トレーニング：相手のありのままを侵害せずに、自分の気持や意見を伝えるトレーニング
交流会	(1) 保護者の交流会 (2) 当事者の研究会

出典：筆者（大木）作成

T）や余暇活動などを行うことができる。このようにして、タイムケア制度からの支払い、団体のメンバーからの会費、サービス利用者からの利用料金を合わせて、恒常的なサービス提供事業をなんとか運営していけるようになっていった。上の表は、二〇一九年現在、「シーズ」が提供している主なサービス事業を示している。

民間社会福祉活動を行う意味

民間任意団体「発達障害児・者及び家族支援の会シーズ」は、二〇〇八年五月から活動を開始した。当初、法人格を持たない団体で、代表が個人事業主となり、利益の再分配は行わない（次の事業資金に充てる）形態を取った。組織の分類としては「民間非営利組織」となる。一般に、「民間社会福祉」の存在意義は、①先駆性や柔軟性、人間味に優れていること、②サービス供給の多元化により利用者に選択の自由を与えること、③人々に自主的参加の場と機会を提供すること、④公の政策と実践を批判する役割を有すること、⑤公的サービスの不備、不足を補うこと、などにあるとされている［社会福祉士養成講座編集委員会 2007：136］。私たちは、発達障害の支援活動にこうした特徴を生かしていきたいと考えた。

しかし、民間社会福祉活動といっても、その形態はさまざまで、社会福祉法人による福祉施設（措置施設）のような「民間委託補助型」、官民共同の第三セクター事業など「公私共同・パートナー型」、あるいは社会福祉協議会のような「法定民間活動型」などの場合は、主として公的財源からの給付金や委託金、補助金によって運営されており、かなり公的な性格が強い。その対極には、高齢者介護事業のように福祉が営利を目的とする民間企業によって運営されている「民間営利型」もある。

私たちは「民間社会福祉」の意義をより明確にするために、アメリカの大学の研究プロジェクトで示された「民間非営利組織」の次のような五つの定義要件を参考にした［サラモン 1999：106］。その要件とは、①非営利（利潤を分配しないこと、活動の結果として利潤が発生しても、組織本来の目的・使命のために再投資する）、②非政府（政府から独立していること。ただし、政府からの資金援助を排除しない）、③フォーマル（組織としての体裁を備えている）、④自律性（ほかの組織に支配されず、独立して組織を運営している）、⑤自発性（自発的に組織され、寄付またはボランティア労働力を得ている）の五つである。この要件を当てはめると、「民間委託補助型」「公私共同・パートナー型」「法定民間活動型」などは、法制度による制約が大きく、行政の支配が強いから、「②非政府」「④自律性」の要件により除外される。「民間営利型」も「①非営利」の要件により除外される。こうしたことから、私たちが目指す民間非営利福祉組織は、ＮＰＯ法人や組織形態を整えた民間任意団体の分野に属することになる。

発達障害をもつ当事者やその家族のニーズは当事者の年齢や障害特性により多様である。また、子どもはどんどん成長していくので、それに伴いニーズも変化していく。しかし、公的機関が提供する支援は、制度や組織上の制約のために、重要度や必要度を認識したとしても、当事者やその家族のニーズに柔軟に対応していくことができない。とくに公的機関によっては、ニーズの把握それ自体が難しいという問題がある。

民間非営利組織の必要性が生まれてくるのは、このような状況からであり、行政の手が届かないところを手当てしていくという役割が期待される。地域現場で、多様で緊急度の高いニーズを的確に把握し、そうしたニーズに応える支援方策を主体的に作り、提供していくという姿勢が望まれることになる。しかし、民間非営利組織は行政のように一方的なサービスの提供者にとどまってはならないだろう。組織の運営には、当事者やその家族が自ら支援を作っていくという意識を持って、主体的に関わっていくことが望ましい。また、民間非営利組織の特性である自由な事業展開を行っていくためには、事業に必要な資源を安定的に確保し、しっかりとした物質的な基盤を固めることが不可欠となる。

「シーズ」が求めるのは、障害があってもなくても安心安全に暮らせる社会の実現であり、障害を社会的問題としてとらえ、民間と行政が補完しあいながら問題に取り組んでいくような社会である。支援は、当事者の住んでいる場所、経済状態などに関係なく、平等に受けられるものでなくてはならない。そのためには、支援の整備状況に応じて、民間非営利組織と公的機関がお互いに補完しあう関係を保って、支援を作っていくことが必要である。ニーズを持つ者に対する社会的な対応が継続性と一貫性を持っていることが大事であり、そのためには、関係機関の連携と、個別支援計画などのツール開発や統括部署の設置など系統性のある体制づくりが望まれる。

何よりも大事なことは、当事者が社会参加することであり、障害を持つ人も自己選択や自己決定ができることである。支援とはそれを手助けする存在にほかならない。発達障害の支援ニーズについてのある実態調査は、「障害の程度が軽度であるほど、支援を受けることによって自己選択と判断能力を得られる可能性がある」と考えている人の割合が高いことを示している。また、必要なサービスとしては権利擁護が必要と答える人が六〇パーセントを超えている［日本発達障害ネットワーク　2010：36］。それは当事者が地域社会の中で、自己選択と自己判断に基づいて普通に生活していきたいという意思をもつことの表れと見ることができる。「シーズ」の武山代表は、「子どもとか、当事者が自分がどう生きたいか、どこに住みたいか、どんな支援を受けたいか、受けたくないか、やはり本人が決めることですよね」と語っている。支援が目指すものは、当事者の自律であり、自律は「自己決定」と「自己選択」によって実現される。そうした支援は、やはり行政が行える領域ではなく、民間の自発的な活動が担うべき領域であろう。

ただし、当事者の「自己決定」「自己選択」を尊重し、「あるがままを受容する」ということは、本人任せにすることではない。本人が決めることではあるが、決めるための支援が必要なのである。「シーズ」は、当事者にも「行動の変容」を求めることで社会適応力の拡大につなげていくことができると考えている。行動の変容を求めるような支援方針にはなじめない保護者や当事者はシーズから離れていくことになるかもしれない。あるいは、支援方針に変更を迫るかもしれない。支援組織と当事者やその家族の関係は、たえず、ある種の緊張をはらんでいる。支援組織にとっては、基本的に当事者とその家族の要求に沿うことが重要であるが、それと同時に、自らの支援の理念を貫くことができなければ、自立した組織として成立しえなくなる。民間支援組織は、行政からも、当事者からも自由でなければならないと思う。一方では、行政とのあいだで、他方では当事者とその家族とのあいだで、たえず緊張関係をはらみながら、自立性を維持していくことが、民間組織の宿命のようなものであると言えるのではないだろうか。

5　「シーズ」の活動の広がり

教育の場への支援の拡大

「シーズ」の活動は、二〇一二年頃から大きな広がりを見るようになる。その要因のひとつは、長野県の高等学校の生徒の発達障害支援に関わるようになったことである。高校でも発達障害の問題が重視されるようになってきており、この年から、長野県教育委員会による「長野県高等学校社会的自立支援事業」（二〇一六年まで）が始まり、「シーズ」は発達障害支援員の嘱託を受けることになった。この事業は、高校生のキャリア形成を主目的としたもので、就職支援員、キャリア支援員、発達障害支援員の三職種が生徒や職員の相談支援に当たるものである。また、二〇一三年から「長野県高等学校特別支援教育支援員配置事業」を受託した。本事業は委託金による請負事業で、中南信地区で三校（うち一校は夜間部）を担当した。この時期は、長野県教育委員会が整備の遅れていた高等学校における特別支援教育の展開に力を入れはじめた頃であり、折しも、「シーズ」でも特別支援教育の重要性を感じて勉強していた頃と重なり合った。この頃、教育問題に関わっていた「シーズ」の実質的な活動メンバーは三名で、うち一名は現役の教員で特別支援教育士スーパーバイザーの資格を有していた。ほか二名も二〇一六年に同じ資格を取得している。

高等学校での支援を行うようになり、活動の場が広がり、教育の場での支援のあり方を深めていくきっかけを与えられることにもなった。「シーズ」では、教育において、当事者に「学習＝行動の変容」を求めるという基本姿勢を打ち出している。近年、福祉領域や医療領域では「自己決定」、「意思の尊重」または「二次障害の防止」という理由で、本人の意向に沿い、本人がいやがることをさせないという傾向がみられる。しかし、その結果、学びの機会や社会参加の機会を失わせることになってはいないだろうか。また、支援の現場では、「自己選択」ということで、本人に意見を言わせ、その意向に忠実に沿おうという傾向が見られる。しかし、「選択」とは選択肢と選択結果に対する見通しを持つことができて初めて成立するものであろう。当事者の多くは、社会経験の不足やその認知特性から自ら選択肢を用意することや将来の見通しを持つことが苦手であり、選択にとっての要件が成立していない。したがって、支援者の役割は、まず選択肢の広がりと結果の見通しを提示し、それらを十分に理解してもらって、「選択」を求めるということでなければならない。「シーズ」はこのような基本姿勢に立って教育の場で支援を行うことにしている。

ひきこもり支援への参加

同時期に、長野県の補助金事業「社会的困難を有する子ども・若者支援事業」の受託を得て、いわゆる「ひきこもり支援」に参加することになった。この事業では、職員が訪問相談を行う場合、報酬に対する補助が支給される。そのため、ひきこもりのために、「シーズ」にたどり着けない家庭への訪問が可能になり、サービスの提供を拡大することができるようになった。

財政面・組織面での安定化

前述のように、行政の事業による高等学校での支援とひきこもり支援の受託を得たことから、事業の運営のための財政状況が安定したことは大きな変化であった。それまでは、収入の九〇パーセント以上が前述のタイムケア制度による給付金で占められていた。長野県教育委員会の委託金を得たことで、収入構成が変わり、委託金とタイムケアの給付金を合わせて全体の九五パーセントを占め、委託金とタイムケア給付金の割合はほぼ半々となった。行政からの事業委託については、NPOの「行政依存」「悪循環」として問題が指摘されている。しかし、「シーズ」が受けているのは補助金ではなく、業務を遂行することで「稼いだ金」であり、組織の目標に沿った活動をこの資金によって展開していることから、「行政依存」「悪循環」につながるものではない。

また組織面では、二〇一六年八月、「シーズ」は法人登記を行い、「一般社団法人シーズ発達研究所」

を設立した。これまで、任意団体で活動してきた事業は、二〇一七年度から法人に移行していくことになり、安定性を高めることになった。

カフェ「ひとつぶの麦」と活動の地域への広がり

二〇一六年十一月、下諏訪町に一つのカフェがオープンした。「シーズ」の武山代表が経営するカフェである。当初、カフェは「シーズ」の事業の一部として考えていたが、あえて個人事業として独立させたのは、カフェをいわゆる「福祉」分野に限定せず、広く地域に開かれた場所にしたいと考えたからである。「シーズ」は立ち上げから一〇年あまりを経過し、関わった子どもたちも成長している。そんな子どもたちに活動の場を提供するとともに、地域社会とも交流する場を作れれば、と考えたのだ。子どもたちがここを地域のプラットホームとして、芽を出し成長して実り、その種がまた別の場所で育つことを願いとしている。新たな「場」ができたことで、これまでとは違った活動が拡がるようになった。そのうちのいくつかを紹介しておこう。

［外部からの移住者の交流拠点］

下諏訪町では、移住者の誘致を進めているが、その事業の一環としてカフェが移住者の交流拠点となり、イベントを開催するなどの活動を行った。これまでも「シーズ」は発達障害支援をベースに、安心安全な地域づくりを目指してきたが、このイベントで、地域づくりに関わっていく手がかりを得られた。

［「子ども食堂」の開催］

近年、長野県ではＮＰＯが支援する形で「子ども食堂」の活動が広がっている。諏訪地域でも定期的に開催する団体があり、意識も高まっている。ただ、子ども食堂は社会から認知されつつあるいっぽうで、「子ども食堂＝貧困」という否定的な見方も根強くあったり、貧困家庭の子どもと思われることへの抵抗感や世間の目にさらされるという感覚があったりする。しかし、子ども食堂は、必ずしも家庭の経済事情によるものではなく、核家族化や地域とのつながりが希薄になって、子どもの孤立、孤食が増えていることから、子どもの居場所として広まってきたものである。

「シーズ」でも、かねてから、子どもや家族の孤立を防ぐという観点から、子ども食堂の開催の取り組みを模索していた。子どもが一人で入ってきても違和感なく、安価で豊かな食事ができる場を提供したいと考え、カフェ「ひとつぶの麦」では、まず「世界自閉症啓発デー」の四月二日に合わせて、子ども食堂を開催することにした。世界自閉症啓発デーは、国連で定められた世界的なイベントである。自閉症者が好むと言われる「ブルー」の光でランドマークなどをライトアップするイベントが世界各地で行われている。「ひとつぶの麦」では、カフェの建物とカフェがある通りを約二百メートルにわたってブルーの光でライトアップした。この点灯式のイベントに合わせて子ども食堂を開催したのである。「シーズ」が後援するという形をとったが、発達障害支援団体という名称を前面に出さずに、発達障害の啓発活動と子ども食堂という社会活動を同時に行うことができた。これもカフェという新たな「場」を得たからこそ実現できたと思う。

［障害者の芸術活動の支援］

カフェ「ひとつぶの麦」では二階にギャラリーを併設している。この二年間は、特別支援学校中等部の生徒の書の展示、前述の移住者交流イベントや子ども食堂の開催など、主にイベントスペースとして利用してきた。こうしたイベントを通じて、地域の人びとの交流を拡大できたが、いっぽうで、このスペースを十分に活用できていないという思いがあった。そこで、「アールブリュット」（生の芸術）や「障害者アート」などと呼ばれる、社会の外側に取り残された人たちの作品を常設的に展示する企画を考えた。

障害者アートは、世界で注目されているが、長野県でも展覧会が開催され、支援団体が県内各地で活動している。しかし、展覧会の出展カタログを見ると、私たちの住む諏訪地域には作家がほとんどいないことがわかった。「シーズ」でも設立当初から美術活動を取り入れており、そういった活動に参加を望んでいる子どもたちが多くいる。しかし、実際に創作活動を継続するには、画材の購入や制作場所の確保など難しい事情もある。地域でも障害者アートについて知っている人は少ない。そこで、「シーズ」では、二〇一八年に、発達障害者を対象としたアートワークショップと支援者のためのファシリテーター（プログラムの進行を促進する人）養成講座を開催した。ファシリテーターが育つことで、この地で独自のワークショップが開催されるようになれば、障害者アートの存在を地域に広めることができると考えたからだ。

ギャラリーに展示する作品については、アトリエを併設している障害者の施設が全国各地にあり、そうした施設から作品を借りられる見通しがつき、また、地元でも作品を集める見通しもついた。現在、ギャラリーでは、常設の作品展示をしており、将来は作品のレンタルや販売を行っていくことを計画している。その収益は作家に還元し、創作活動の資金にしてもらい、諏訪のこの地で作家が育っていくことを願っている。

障害があってもなくてもみんなが安心・安全に暮らせる社会の実現は「シーズ」設立当初から目標に掲げていることである。「シーズ」の立ち上げ、さまざまな発達障害支援の活動、子ども食堂の開催、障害者アートの常設展示、これらの活動はいずれも最初は「特別なもの」「特別なこと」であった。こうした「特別感」はいつになったらなくなるのであろうか。発達障害に限らず、子ども食堂も、障害者アートも、「ひとつぶの麦」に行けば、いつもある、みられる、というものになれば、特別感は薄れ、日常に溶け込んでいくことができるのではないだろうか。その意味では、カフェ「ひとつぶの麦」が特別なものではなく、地元の人や観光にこの地を訪れた人が気軽に立ち寄れる「いつもの」場所になることが大事である。「ひとつぶの麦」の場が、日常のものとなったとき、共生社会の実現に向けてのさらなる一歩が踏み出せると考えている。

〈以上の４・５節は、大木斉が担当した〉

参考文献

サラモン、レスター・Ｍ（山内直人訳・解説）1999『ＮＰＯ最前線　岐路に立つアメリカ市民社会』岩波書店

中田洋二郎　1995『親の障害の認識と受容に関する考察――受容の段階説と慢性悲哀（親と子の発達臨床〈特集〉）』早稲田心理学年報（27）83-92頁

Solnit, A., & Stark,M. 1961 "Mourning and the birth of a defective child" *Psychoanalytic Study of the Child*（16）pp.523-537

湯汲英史・一松麻実子編　2001『多動な子どもへの教育・指導――ネットワークのなかで育む』明石書店

社会福祉士養成講座編集委員会　2007『社会福祉士養成講座　社会福祉原論』第四版　中央法規

日本発達障害ネットワーク　2010『発達障害児者の支援ニーズについての実態把握調査』平成二十二年度報告書

二—精神障がいとともに歩む

歩く速さで暮らし働く場を目指す、NPO法人「てくてく」

桑原美由紀

桑原美由紀（くわはら　みゆき）
一九六三年、長野県塩尻市生まれ。大学では社会福祉を専攻。二〇一四年、信州大学大学院地域社会イニシアティブ・コース修了。塩尻市精神障がい者家族会「かたつむりの会」代表。日本カウンセリング学会准認定カウンセラー。家族が精神障がい者となったことがきっかけで家族会に参加。二〇〇三年、自宅を開放し、当事者有志と「憩いの家　アトリエてくてく」を立ち上げる。二〇〇六年、NPO法人格を取得し理事長に就任。「住む・憩う・働く」を支援する三つの事業所でスタッフとともに、日々、利用者とその家族に寄り添っている。

1　精神障がいに出会う

精神障がい者の家族になって

　ある朝、同居していた七六歳の養父が突然、味噌汁の味がいつもと違うと言い出した。それがことの始まりだった。そのうち、養父はまだ小学校の低学年だった二人の孫にも暴言を吐いたり、近所の人ともたびたびトラブルを起こしたりして、ついには警察沙汰になった。初めのうちは、三世代同居を始めて間がないことからくるストレスが原因かもしれないと考えてなんとかがまんしていた。しかし、腹痛を訴えては「救急車を呼べ」ということが続き、三度目になると救急病院の医師から、この次は精神科に連れていくようにと言われてしまった。その言葉にしたがって、精神科に連れていくと、「老人性精神障がい」（老年期精神病）と診断され、即座に入院となった。思いもよらず、家族に障がい者を抱えて生きることになったのである。

「老人性精神障がい」というのは正式な病名ではなく、症状としては、認知症のない高齢者が、幻覚や妄想に取りつかれて、家族などの身近な人に対して攻撃的になることが多いという。若年者の統合失調症に比べて、幻覚や妄想にかなりの現実味や具体性を持つため、トラブルが深刻化しやすいという。実際、それ以降も、養父の奇怪な言動はやんだりぶり返したりで、入退院を繰り返した。

養父のそれまでのふるまいが、精神の病によるものだったと頭ではとりあえず理解はできた。しかしこれから、そうした病状が出たときに、いったいどう対応すればよいのかわからず、不安だけがつのる。途方にくれて、周囲に相談しても、医療や福祉に関わる人でさえもときとして冷たかった。生活のために就職しようとして、企業の面接を受けたが、採用担当者からは「障がい者の家族に就職はむりだよ。なんせ、雇用契約だからね」とはっきり言われた。養父の主治医に「養父が暴れると子どもたちが怖がって困る」と相談すると、「戦場でも子どもは育っていますよ」とそっけなく言われる始末で、まともには相手にしてもらえずに一人涙していた。看護師から民生委員に相談してはと助言されて、期待をもって出かけたが、「昔は大年寄り、年寄りに、子どもまで面倒みながら畑仕事に出たもんだけど、あなたは老人一人も面倒みれないの」と逆に説教され、悲しく悔しい思いをした。

家族会、そして、当事者の活動グループとの出会い

あちこち相談先を探して、たどり着いたのが「家族会」だった。そこでの活動に参加するなかで、精神障がいという病気に向かい合うために大切だと思われることが少しずつ見えてきた。第一に、幻覚・妄想は、頭ごなしに否定せず、かといって同調もしないこと、つまり、訴えの真偽はさておき、本人が抱いている不安に共感をもって耳を傾けること、第二に、本人には病気という自覚が乏しいということを常に忘れないこと、そのためには、家族、知人、医療者などの相互連携と信頼関係が重要であること、そして第三に、社会的孤立や経済的困窮が、発症や病状悪化につながりやすいため、行政や福祉機関などの支援ルートを整えること、などである。幸い、養父はその後、特別養護老人ホームに入居できて、周囲の理解と協力も得られ、家族としても少し落ち着くことができた。

家族会では、何よりも家族どうしがつながるという、互いの「学び合い・支え合い・働きかけ」にどれほど勇気づけられたことか。もちろん、家族でも障がい者がいることを隠そうとする人もいたし、また、家族会の中心メンバーはおおむね献身的だったが、家族の「気力、体力、財力」には限りがある。家族ががんばっても限界に突き当たるとき、どうすればよいのか、地域や社会からの理解や支援があってもよいのではないか、なぜなんの支援もないのだろうかと感じるようになった。私は大学で社会福祉を専攻したが、障がい者支援やその周辺のことにとくに関心を持ったことはない。しかし、ここで初めて、自分自身が、もっと精神障がいとその当事者・家族について知らなければと思うようになった。

初めはまだ漠然とした気持ちのまま、家族会の紹介で、当事者の自助グループ「ひなたぼっこの家」

に通うようになった。この「家」は、松本市郊外にある古びた一軒家で、そこには、いろいろな人が訪れては、テレビを観たり、横になったり、タバコをふかしながら雑談したりしている。一見すると、ちょっと、うさん臭げな感じのする、たまり場のような所だった。元教員の老夫婦がボランティアでやってきて、三〇〇円で夕飯を提供していて、私もその手伝いをするようになった。家族会は、障がいのある子どもを持つ親の集まりで、比較的年長者が多かったが、「ひなたぼっこの家」に来る人たちは、青年ないし中高年のまだ働ける世代の人が多かった。そのうちの一人Tさんは、芸術系の大学を卒業した後に統合失調症を発症した。病気を隠して働きながら、「ひなたぼっこの家」に通い、ボランティアとして運営を手伝っていた。聞いてみると、発症後、職場で失敗したりすると、「国立大学を卒業しているのに、そんなこともできないのか」となじられたりしたと言う。そのために、転職するときは学歴を偽ったり病気を隠したりするのだが、ばれそうになって、また退職するということを繰り返していた。

他の人たちも、それぞれに同じような辛い経験をしていたが、互いに気心が知れてくると、当事者ではなく家族の立場にある私をかえっていたわってくれたりして、みな、まじめで心根の優しい人たちばかりだとわかってきた。その彼らが「健常者は障がい者を怖いと言うけれど、自分たちは健常者のほうがよっぽど怖いよ」と言う。健常者優位の社会の片隅で、彼らは偏見や差別にさらされ、おびえつつ、そして切実な願いを抱いているのだ。居場所がほしい、仲間がほしい、病気をわかってほしい、せめて人並みの生活環境を得たい、そして、仕事をしたい……と。

2　てくてくと歩く速さで暮らせる場をつくる

「憩いの家　アトリエてくてく」のスタート

戦後日本でも、一九五〇年代後半になると、精神病に対する薬物療法の道が開かれた。向精神薬の有効性が知られるようになり、薬物療法などを学習する「病院家族会」が作られはじめた。一九六〇年代以降、家族が退院の受け皿や社会復帰の協力者として位置づけられ、市町村単位の家族会や、施設有志らの会など、多様な団体が生まれ、その数は現在一六〇ほどにのぼっている。一九九〇年代の終り頃から自殺者が増え、年間三万人以上にも達しているが、その九割がなんらかの精神疾患を持つと推測されるなど、精神病は急速に社会問題化してきた。その結果、二〇〇七年に厚生労働省は、がんなどの「四大疾病」に精神疾患を加えて「五大疾病」の一つとみなすようになった。

こうした変化はあっても、いまだ世間一般には精神病への偏見や差別が根強いことは、家族という立場におかれてみて身をもって実感した。「ひなたぼっこの家」で、せめて人並みの生活環境を得たい、仕事をしたいという当事者たちの切実な思いに接し、家族会・当事者団体への支援を行政に相談に行ったところ、「前例がない」「困っているのはあなたがたばかりではない」と、丁重なもの言いながらも体よく門前払いされた。それならば、自分たちでそういう場を創ればいい、いや創るしかないと考えるようになった。

手始めにまず、精神障がい者支援の草分け的存在として知られる社団法人「やどかりの里」（さいたま市、一九七〇年設立）を見学に行った。施設の設立のきっかけは、精神障がいを持つ子どもの母親が「ごく当たり前の生活」を求めて自宅を開放し、そこを「茶の間」にしたことだと言う。それを聞いて、「私にも茶の間ならできるかな」と思った。いろいろ考え抜いた末、松本市内の自宅の二階をみなが集い憩う場として開放しようと決意した。そのためにまず、先述のTさんほか当事者の有志で、任意団体「障がい者自律支援てくてく運営委員会」を立ち上げて準備に着手した。そして、二〇〇三年六月に「憩いの家　アトリエてくてく」をスタートさせた。「アトリエ」としたのは、Tさんほかメンバーらの絵や手作り製品の制作とその展示などもしたかったからである。

「てくてく」という言葉には、障がい者や家族たちが「歩く速さで暮らしたい」という願いを込めた。「歩く速さで暮らす」とは、障がいを持つ人が自らの意思でその人らしい生活をするということにほかならない。週三回、利用料二〇〇円というごくささやかな活動だが、開所の案内チラシを作って関係者や近隣に配布した。これは、それまでサービスを受ける側だった自分たちのほうから、「私たちはこんな生活をしたい」ということを、周囲の人たちや行政サイドに自ら発信すること、つまり「障がいを持つ側から地域・社会への逆提案だね」と語り合った。そして定期的に集まり、あるときは、みなで出し合ったお金でホットケーキなどの材料を買ってきて、みなで作って食べながら、悩みや将来の夢を語り合ったり、またあるときは、ドライブ、ボウリング、カラオケ、回転寿司などに出かけたりした。どれも他愛ないことばかりだが、入院やひきこもりなどで長いあいだ外に出られなかった人たちにとっては、こんななんでもないことすら、それまではめったにできなかったことなので、毎回みな、とても喜んでいた。

私たちを元気づけてくれたのは、北海道浦河町の「べてるの家」で活動する精神障がい当事者たちの生き方だった。これは一九八四（昭和五十九）年に始まった活動で、病気や障がいを文字どおりあるがままに受け入れるという「べてる流」生き方は、それまでの障がい者福祉の常識をくつがえすに等しいものだった。「べてるまつり」の「幻覚妄想大会」には、世界中から見学者や研究者が訪れるなど、多くの注目を浴びている。その活動を記録したビデオでは、「三度の飯よりミーティング」を合い言葉に、「安心してサボれる職場」で作業し、自分の病気に自分で病名をつけ、毎日の経過を報告し合っている、当事者たちの生き生きとした姿があふれていた。それを観ながら、私たち「てくてく」でも、妄想を笑い飛ばし、明るく語れる「べてる流」の生き方ができたらいいねと語り合った。

「てくてく」の活動は口コミ等で知れわたり、じょじょに人が集まりはじめ、多いときには一五、六人にもなった。「人目が気になるから」とサングラスをして来る人、無職であることの後ろめたさから、ネクタイにスーツ姿で来所する人もいたが、お花見や一泊キャンプなど、活動内容も広がっていった。

NPO法人の設立

「憩いの家　アトリエてくてく」は、開所の翌年（二〇〇四年）に、その活動が認められて、長野県「精神障がい者憩いの家事業」四カ所の一つに指定され、年間六〇万円の補助金を得ることができた。とてもありがたいことではあったが、その後も継続して得られる保証はなく、独自の事業収入が少ないため運営は厳しかった。いくつか他の助成金にも応募してみたが、採択されたことはなく、先行きが案じられた。そうした折に、行政サイドから、「今後のことを考えるならＮＰＯ法人にしたほうがよい」とアドバイスをいただいた。たしかに、基本資産など、福祉法人などとは比べようもない少額であったから、次のステップのためには、どうしても法人化が必要であった。膨大な時間と労力をかけて、たくさんの書類を揃えて申請し、数カ月の審査を経てＮＰＯ法人の設立登記ができたのは二〇〇六年四月三日であった。苦労した分、感慨もひとしおで、この日付けは今も忘れがたい。当事者主体の組織でありたいと、前述のＴさんに副理事長兼ピア（仲間の意）スタッフに就いてもらった。こうして支援する家族と支援を受ける当事者が協働して主宰するＮＰＯ法人が誕生した。「生活のしづらさ」を抱えてきたマイノリティ当事者による「支え合いの社会資源創り」、あるいは「社会に対する逆提案」の本格的な始まりでもあった。

松本市内バス通り沿いの「憩いの家」からスタートした「てくてく」は、その後、地域の一般市民、ボランティアや、企業・その他関係者の支援も得て、二〇〇七年から「働く場」としての就労支援事業を開始し、次いで二〇一二年から「住む場」としてのグループホーム建設（塩尻市）とピアカウンセリングを含む相談事業にも着手するに至った。「ピア」とは同じような境遇にある仲間のことで、「ピアカウンセリング」は仲間どうしが対等な立場で悩みや不安を話し、共感的に聞き合いながら、解決策を見いだしていくやり方のことである。このようにして、当事者が求めるものを少しずつ形にしていった結果、「てくてく」は規模は小さいながらも、在宅精神障がい者の生活全般をカバーする、文字どおり「小規模多機能」施設になってきている。ここでは一方的な支援をするのではなく、てくてくと歩く速さで、健常者と障がい者が互いにつながり合う場を目指している。

3　働く場をつくる

「カフェギャラリー　てくてく」の開設

「アトリエ」と命名はしたが、活動としては「憩いの場」が中心だったから、集まるたびに、働く場が欲しいね、自分たちで創れないかな、という話が出た。当時、障がい者の就労施設と言えば人里離れた郊外で、段ボール組み立て作業などの請け負いか、雑巾やアクリルたわしの手作りなどが定番だった。こうした施設は、養護学校卒業生らの働く場として、教師や家族らの草の根の活動から出発し、自治体の補助金によって支えられていたが、維持するのがやっとで、就労報酬は時給百円、二百円程度が珍しくなかった。こうした作業所について、メンバーからは、対価の低さ以上に、「あんな不便な場所では障がい者を『隔離』か『排除』しているみたいでいやだな。デイケアと同じことはやりたくないよ」という意見が出た。そう言われて、「てくてく」の階下を改装して、障がい者主体の開かれた就労施設を作ってみてはどうかと思いついた。「てくてく」は、松本市内の目抜き通りの一つ、国体道路（やまびこ道路）に面した街中にあり、しかも市内幹線バスの停留所の真ん前に位置している。この立地なら、隔離されているようなイメージもなく、松本駅前からバスで足を運びやすく、近所の人なども気軽に立ち寄りやすい。

「喫茶店がいいな。人が出会って語り合ったり、笑い合ったりする楽しい交流の場にしようよ」とコーヒー好きが言えば、美術の教職免許を持っている副理事長のTさんが「アート活動もやりたいな」と提案し、「カフェギャラリー」と名乗ることに決めた。これなら、障がい者だけで単純軽作業を行う既存の施設と違って、地域の人といっしょに働いたり知り合えたりするし、またアート活動をとおして、ひとりひとりの魅力や才能を友人、知人や地域に発信できれば、病気の理解にもつながり、まさに「社会との接点」、あるいは「社会交流」の場になる。「べてる流」に加えて、当事者主体の新しい価値観や関わり方を「逆提案」できるような「働く場」創りをするという構想がふくらんだ。そして、県に事業申請を行い、「共同作業所」（当時）として認可を得ることができた。

二〇〇五年七月七日、「カフェギャラリー　てくてく」のオープニングを飾るイベントとして、大西暢夫《のぶお》写真展「ひとりひとりの人　僕が撮った精神科病棟」を開催し、さらに大西さんの講演会も二カ所でおこなった。この写真展は彼の写真集［大西　2004］に収められた作品から構成されており、作品はすべて大西さんが、精神科病棟に入院中の患者たちを撮り『精神科看護』誌上に二〇〇一年から掲載してきたものである。どの写真にも、地域社会から隔絶されて入院している患者たちが明るくのびのびと生活しているようすや、その屈託ない笑顔が生き生きと写っている。カメラが捉えているのは、障がいではなく、ひとりひとりの人として生きている姿である。この写真を観れば、精神障がい者に対する暗いイメージや偏見をなくすことができると確信し、「泣いた赤鬼作戦」と題してオープニングの目玉企画にしたのである。「泣いた赤鬼」とは言うまでもなく、人間と友だちになりたいと悩む鬼に青鬼が授けた作戦でそれが実現できた、という国語の教科書でおなじみの浜田廣介作の物語からとったものである。私自身が、当事者家族になるまで「精神障がい者は怖い」というイメージしか持っていなかったことへの自省を込めた企画でもあった。この写真展も講演会もともに大変好評で、地元メディアでも取り上げられ、ここから豊かな出会いも生まれた。

事業化に向けての努力

まずはいいスタートをきった「カフェギャラリー　てくてく」だったが、運営は苦しかった。メニューがシンプルで、中心は有機豆のハンドドリップ式コーヒーだったが、利益は薄い。しかもメンバーの体調が不安定で通所人数が安定しなかったため、カフェは月曜から金曜の十時半から十六時までしか営業できなかった。作ったお菓子の販路開拓もむずかしく、売り上げ拡大には苦労した。ときには、「障がい者の作ったものなんか食べられない」という心ない言葉さえも聞かされたことがある。

そんな厳しい状況を打破してくれたのが、「みそマフィン」「ペーパーウエイト」など手作りのオリジナル商品の開発と、日本財団の補助金で導入した移動販売車による販売活動だった。「みそマフィン」は、かねてから障がい者就労に協力的な老舗、上高地みそ株式会社の味噌を用いて商品開発したところ好評で看板商品となったのだが、これにイチジクやクルミ、クコの実などを入れた創作菓子「信州みそと森の木の実の出会い」が、「森のお菓子コンテスト二〇〇九」で最優秀賞に選ばれた。クラフト作品では、針や糸を使わずに布を丁寧に編み込んだ「布スリッパ」や、古切手を個性的な石に貼り付けて作った斬新な「ペーパーウエイト」が主力商品となった。大量生産はできないものの、手作りならではの素朴なぬくもりや繊細な美しさは、障がい者の作品としてではなく、「アール・ブリュット」（アウトサイダー・アート、生の芸術）として高く評価された。他方、移動販

「カフェギャラリー　てくてく」

売車は、催し物会場などに商品の販路を広げることができただけでなく、メンバー自ら接客し販売することで、魅力ある商品なら自信を持って売れる、買ってもらえるというビジネス・マインドを共有するきっかけにもなった。

「てくてく」ブランドの手作り作品の制作・販売にこうした好循環が生まれたことで、就労作業科目を、①カフェや移動販売車による接客と販売、②調理・菓子製造、③手作り制作（ペーパーウエイト・縫物・編み物・布スリッパ・紙袋など）、④その他の受注作業、に拡大・再編することができた。それに合わせて店内も改装して、一階にはカフェフロアと厨房のほかに、菓子製造室と販売コーナーを設け、二階の憩いの場はクラフト作りや軽作業がしやすいように整えた。そのため憩いのスペースが縮小してしまったが、後述するように、かえってそのことが、のちに塩尻市に開所するグループホームの隣で相談支援事業を本格的に展開するきっかけになった。

私たちの働く場作りに前後して、二〇〇六（平成十八）年に「障がい者自立支援法」が施行され、就労支援制度も拡充されて、活動の後押しをしてくれることになった。この法律（二〇一三年からは「障がい者総合支援法」）に沿って支援を受けるために、「憩いの家」と「共同作業所」を「地域活動支援センター」として統合し、さらに二〇一〇年には「多機能型就労支援事業所」へと移行した。「多機能型」とは、法律が定める複数種類の事業を行うもので、私たちの場合は、就労移行支援事業六名と就労継続支援B型一四名を定員としている（なお、就労継続支援のうち、A型は雇用契約で働く場合であり、B型は通所授産型の就労である）。公の支援は歓迎すべきことだったが、法改正のつど、それに沿って対応していくのは大変だった。

就労支援事業では、一部にはなじめずに辞めていった人もいたが、多くの人が通い、関わり続けて、「今までと違って困ったときに応えてくれる仲間がいる」ことを喜び、働くことへの充実感を覚え、ここが「心の拠り所」とまで言ってもらえるようになった。見学に来た家族たちからも、従来型の障がい者作業所とは一味違うようすを見て、「アットホームで癒され励まされる」、「勇気をもらった。ここを思い出して自分も頑張る」など、仲間意識を持ってもらえた。

多くの障がい者にとって経済的自立は困難であるし、経済的自立による「社会復帰」を目標とすることにはむりがある。しかし、だからといって障がい者に「働く場」は必要ないのだということにはならない。福祉サービスの受け手であっても、自分にできる働き方で働くことで、自分の役割や存在意義を確認し、あるいは自分の可能性を広げ、学び、自己実現を追求することが実感できる。そして、働く営みによって、社会につながっていくことができる。障がいがあってもなくても、「働く場」とは、そうした人間としての営みを織りなす場であることに変わりはない。

4　入所者と支援者の協働生活の場をつくる

「グループホーム　てくてく」の開設

「親から独立してひとり暮らしをしてみたい」……これはある年齢に達したら誰でも思うことだろう。しかし、障がいがある場合、ひとり暮らしは簡単ではない。それには「安心して暮らせる住居」と「気楽に相談できる人の存在」が不可決で、その必要性に応える形態の一つがグループホームである。グループホームは、保護的福祉から地域での自立生活支援のための福祉へ、すなわち「精神病院から社会復帰施設へ」、さらに「社会復帰施設から地域社会へ」という政策の担い手として位置づけられている。

松本市の「憩いの場」「働く場」としてのカフェギャラリーの開設に続いて、二〇〇七（平成十九）年八月、私たちは塩尻市に待望の「グループホーム　てくてく」を開所した。私の親が所有していた用地を借り、建設費用二五〇〇万円のうち、一五〇〇万円は長野県と塩尻市からの「精神障がい者グループホーム施設整備事業補助金」を充て、残りは寄付と借り入れで賄った。二階建て家屋に、六畳の広さで収納場所をもつ個室七室と、食堂、浴室、喫煙室などの共有スペース、および「世話人」の事務室がある。

ここでの生活のモットーは、「自分でできることを一つでも多く」である。そのため、入所者は、洗面・入浴、洗濯、自室の掃除、買い物や通院など、生活の基本は自分自身でやることになっている。他方、世話人の主な仕事は、朝・夕の食事作り、健康管理、お金の出し入れや相談を受けるなどといった日常生活の支援のほか、作業所や病院との連絡調整や行政とのやり取り、緊急時の対応、ボランティアや地域の人びととの橋渡しなどである。他の施設と異なるのは、世話人が二十四時間体制をとっていない点である。これは開所当時、人件費の捻出が困難だったため、やむなくとった措置だったが、それが思いもかけず入所者の自主性や協働性の覚醒にとてもよい結果を生んだことから、そのまま常駐体制をとらずに運営している。

実際、病院ではスタッフが、自宅では親たちがなんでもやってしまい、ひとり暮らしの訓練どころか、自分で物事を判断するために必要な思考能力を低下させることさえある。例をあげると、入所直後、たいていの人が就寝時に電気のスイッチを切ることと自室ドアの鍵をかけることを忘れるのだが、正確には「忘れる」のではなく、電気を消したり、施錠したりする必要のない受け身の生活を送ってきたために、寝る前には何をするかなどということは考えもしないということだったのである。

グループホームでの個室暮らしは、自分で「どう過ごそうか」と考えるところから一日が始まる。甘える相手がいないため、自らが動くしかない。そうやって、自立生活に必要なスキルを体得し、自分自身の生活に主体的に関わりはじめることになる。こうして自ら苦労して、自分に合った自分の暮らし方を自分なりに見つけはじめると、自信を取り戻して表情が活き活きとして、仕事や生活への意欲も増し、結果として病気の再発も少なくなる。病棟では決して望めないリハビリ効果である。ここでは二つの実例を紹介したい。

［親離れを余儀なくされ自宅を出たAさんの場合］

Aさんは四十代の知的と精神の重複障がいを持つ男性で、仕事が続かないために就労支援のカフェギャラリーへ自宅から通所していた男性であった。ある日突然、母親から「息子をグループホームに入れたい」という電話が入った。持ち家もあり、両親も揃っているのにどうしたのだろうと不審に思いながら会ってみると、彼女が健康診断でガンを告知されたという。それもかなり進行しているため、Aさんをグループホームに入れて、ひとり立ちの練習をさせてほしいとのことであった。彼は知的障がいもあるので、銀行に行ったこともカードを使ったこともなく、またひとりっ子で甘やかされて育ってきたために、家にいたのでは何一つ身に付かないだろうと夫婦で話し合った結果という。しかし本人に真実は明かせない。どう言えば、本人が自宅を出て入居することに同意してくれるだろうか。よく考えて、私は渋る彼に、グループホームに入ることは「親孝行になるよ」ともちかけて、体験入居から引っ越しに導くといった流れを作った。入居から半年後に母親は他界したが、そのころにはAさんは銀行カードで入出金ができるようになっていた。Aさんはいつも何か困ると、それをノートに書き、私に見せてくれる。それを見ながらいっしょに考えることが日課になって、ゆっくりとだが、少しずつできることが増えてきている。

［息子からの条件付きで病院から退院できたBさんの場合］

Bさんは、入院先のケースワーカーを通じて、本人から入居を強く希望してきた五〇代後半の統合失調症の男性である。ケースワーカーの話では、Bさんは栄養士と調理師の資格を持っている。テンションが高いときに多額の借金をしてしまって返済できず、自宅の名義を一人息子に変えて、差し押さえを免れてから自己破産した。入院してから二年、病状も落ち着き、主治医からは退院の許可が出たが、息子が「また同じことを繰り返すから」と退院を許さなかった。すでに妻とも離婚し、唯一の家族である息子からの信用と帰る家も失った失意のなかでBさんは、なんと病棟に「外出届」を出して就職活動をし、資格を活かせるアルバイト先を見つけて、すでに病棟から通っているとのことであった。退院後の住まいさえ確保できれば、息子さんの理解も得られるだろうという。本人と息子さんに会って詳しく話を伺うことになった。

息子さんは、今までずっと父親の行為により被害を被ってきたため、「信用できない、退院させるわけにはいかない」と、グループホームへの入居にではなく、退院自体に反対だった。そのため、グループホームなら完全なひとり住まいではなく世話人がいるので、通院や服薬を確認するし、金銭管理も支援することや、病院から定期的な訪問看護も受けられることなどを説明した。すると帰宅した息子さんからメールで、「どうしてもと言うなら、グループホームの世話人と病院からの指導、指示には必ず従い、二度と借金しないこと。クレジットカード、電子マネー、ポイントカードの使用禁止。すべての支払いは現金のみ。そのほか、携帯電話の制限や郵便物の開封は世話人経由にすること。そして、それらが守れないことがあった場合はペナルティを科すること」という条件が提示された。Bさんは、それを読んで「できなければ、これに従います」という誓約書を書いた。こうして、退院することができたBさんは、以来、息子さんと取り交わしたルールを守ることで、再度の経済破綻をきたさず、グループホームから職場に通い、自立した生活を送っている。

このように、グループホームに入るまでにもさまざまな困難に遭遇するのだが、グループホームへの入所は、まだ決してゴールではない。そこは他の入居者や世話人という「意味ある他者」と関わりながら、次のステップに向けて、社会生活を送る場である。互いにルールを守り、問題が起きればメンバーミーティングで話し合う。当然、入所者どうしでも近隣とも、大小のトラブルは起こるが、トラブルに対処していくプロセスこそが社会生活を営むということでもある。

本人が「できない」と決めこむ、あるいは周囲が「できない」と決めつけないかぎり、どの入居者にも生活力を取り戻せる可能性がある。それを信じて関わりを持つと、毎日のように新しい発見があり、気づきがある。そのため世話人などの支援者に必要なことは、まずはその可能性を信じることである。支援という名のもとについ世話を焼きがちであるが、決して介入するのではなく、本人の意向や自己決定を尊重し、伴走者として「横からのサポート」に徹することが大切である。こうした支援のあり方を考えることは、自立生活と人間関係のあり方を考えることにほかならない。グループホームはまさにそうした事例の宝庫である。グループホーム「てくてく」は、単に当事者の集団生活ないし共同生活にとどまらず、支援者も交えた相互信頼に根ざした「協働生活」の場＝「みんなの家」でありたい。

「相談支援事業所　てくてく」の開設

「私たち抜きに私たちのことを決めないで」……この言葉は、二〇〇六（平成十八）年、国連で採択された「障がい者権利条約」のスローガンの一つである。日本でも、二〇一二年の「障がい者自立支援法」改正で、障がい保健福祉施策として日常生活を総合的に支援する「相談支援事業」が新たに加わった。従来の障がい程度区分による画一的なサービス決定を改めて、相談支援専門員が当事者とその家族の実情に応じたサービス利用ができるように計画する「ケアマネジメント方式」が導入された。個々人の利用計画の作成は煩雑な面もあるが、必要なときに必要なサービスを利用できるようになったことは、歓迎すべき改正であった。

「てくてく」では、「憩いの家」としての出発当初から、相談活動を重要視しており、実際、そうした活動は「憩い」のなかで自然に行われてはいた。しかし「カフェギャラリー」という就労支援型事業に移行したことで、二階の憩いの空間のほとんどが作業スペースになり、対面して相談する場所や機会が限られるようになったため、スタッフ会議で問題になっていた。そこで、グループホームの建設をきっかけに、相談事業専用の場所を隣接して建てることを決断。二〇一二年、障がい者自立支援対策特別対策事業補助金をもとに、「相談支援事業所 てくてく」を開所することができた。

月曜・火曜・木曜・金曜の十一時から十六時まで、個別の支援計画を作成するだけでなく、定期的にDVD上映会を実施したり、卓球や将棋などのレクリエーションを楽しんだりすることもできる。相談支援の進め方としては、①日中活動と住居支援との組み合わせで利用者の求めるライフスタイルに近づけること、②達成目標を定めて希望する支援を段階的に行うこと、③本人の理解・表現能力に応じて丁寧に説明し、了解を得ながら進めること、が重要である。そのためには、気兼ねせず安心して病気や日常について語れることが、何よりも大事である。その点、「てくてく」では、設立以来のピアスタッフ（みなと同じような立場のスタッフ）である副理事長Tさんの存在が大きい。「当事者が相談にのるカウンセリング」という名称を知る前から、それを実践していたわけである。その実績から、相談支援事業は当然のごとく、副理事長Tさんがその中心を担うこととなり、開所式では次のように挨拶している。

ＮＰＯ法人「てくてく」も、この困難な時代のなかにあって平成二十四年四月七日相談支援事業所を立ち上げることができました。非力な私たちですが、ここまで来たことは地域にも必要とされ、また「てくてく」に集まる多くのみなさまの尊いご支援のおかげだと思います。深く感謝申し上げます。

世の中は混迷を極め、根底からくつがえされていくような不安な毎日、何を信じたらよいのか、不安や恐れに蝕まれて追い詰められていくような社会であってはならないと思います。目標や夢や希望を見失わないでいられるような社会になることを切に祈念するものです。相談支援事業所と共に地域で孤独に過ごしている仲間が集まって病気を隠さないで語り合い休息できるような居場所になれればと、ワンフロア用意しています。社会に参加していくワンステップとしてささやかな一助となれれば幸いです。

相談支援だけでなく、歩く速さで暮らすための「てくてく」にとって、「べてる流」と同じ「ピアカウンセリング」の精神は、いつも立ち返るべき原点である。――「私の前を歩かないでください。私はあなたをリードできません。私の後ろを歩かないでください。私はあなたの後をついて行くことができません。肩を並べて歩いて行きましょう。友だちのように……」（ピアカウンセリングのテキストから。アルベール・カミュのことばといわれる）。

5　歩く速さで暮らせる街づくりを目指して

地域・行政の支援、そして仲間の支えあってこそ

障がい者の家族になってから、差別・偏見を向けられたことも何度かあった。また「てくてく」を立ち上げてからは、「丸腰で福祉業界に入り込んだ」とか、「夢見る夢子さん」とか、あるいは「そんなに大きなことはしないほうがいいよ。人は失敗を手ぐすね引いて待っているんだから」とか言ってひやかされたこともあった。

しかし、一方では、「障害者自立支援法」制定（二〇〇六年）、さらに同法の「障害者総合支援法」への改正（二〇一二年）をはじめ、「障害者差別解消法」の制定（二〇一三年）に象徴されるように、マイノリティである障がい者への配慮はある程度、進みつつある。実際、「てくてく」の活動は、いろいろな方からの協力によって支えられてきた。地方自治体からは、二〇〇四年、長野県「憩いの家事業」助成をはじめとして、カフェギャラリーへの改修、グループホームや相談支援所の建設、そして二〇一八年の改修に際しても補助を受けることができた。NPO法人化についても、県の担当職員からの助言が後押しになった。また、手探りで活動し始めていた頃、二〇〇七年には松本青年会議所より「第一回市民力大賞」を受け、二〇〇九年には毎日新聞社より「毎日介護賞　長野支局長賞」を授与されたことも、大きな励みになった。「森のお菓子コンテスト」優秀賞は、上高地みそ株式会社の平素からの協力があってこそである。その後、主力商品のパウンドケーキには、地

元で有名な豆腐屋の富成伍郎商店の提供によるおからを入れたものも加わり、同店でも販売されて、売り上げ向上だけでなく、「てくてく」ブランドの浸透にもつながっている。商品として認められることは、「てくてく」の存在が認められることでもあり、みんなの自信になっている。

振り返ってみると、なんとか「てくてく」を立ち上げ、活動を継続できたのは、どんなときにも変わらない態度で傍らにいてくれた当事者たちのおかげである。将来にわたりうまくいくかどうかわからない活動に共に関わり続けることは、彼らにとっても賭けに近いことだったのだから。

支援において「大切にしたいこと八カ条」――ノーマライゼーションへ

「ノーマライゼーション（normalization）」とは、障がい者も健常者と変わらない普通の（ノーマルな）生活をすることが権利として保障されるべきであるという考えで、北欧などでは早くから、経済的保障だけでなく、公共施設などのバリアフリー化や、障がい者差別禁止の法制化など、社会環境の積極的な整備が推し進められてきた。日本のノーマライゼーションの父と言われる糸賀一雄は、「人間として生きているということは、もともと社会復帰していることなのだ……すべての人間は生まれたときから社会的存在なのだ」、「すべての人の生命が、それ自体のためにその発達を保障されるべきだ」と述べている［糸賀 1965：297］。

信州大学大学院の論文指導で、「障がいを持つ人の自立とは」と問われて、私はとっさに「自分を知っていることだと思う」と答えたことを覚えている。その意味を聞かれて、自分を知るとは、精神や心を病む存在である自分をあるがままに受け入れることだと説明した。自分にはできない、またはできなくなったことを受け入れることで、支援者と当事者との関係も、障がいがあるからしてあげる（してもらう）、守ってあげる（もらう）のではなく、必要な支援は受けるけれども、生活において主体性や自律性を持つことができることなのだと。「それは『支援を求める力』のことかな」と重ねて問われ、そのときはそれに同意した。しかし今では、一歩進めて、「障がいと共存しつつ、自分の人生を歩んでいくうえで必要な社会資源を開拓していく力」と考えている。

健常者もまったく何にも頼らず自立しているわけではない。近視や老眼であればメガネに頼らざるをえない。何かに依存している現実に気づいていないだけではないか。健常者が自律的で、それにくらべて「障がい者は何も知らない、できない」という思い込みは、「人の役に立ちたい」「人のお世話をして喜ばれたい」と考えている福祉現場の職員の心の中にひそんでいることもある。かつて福祉分野の先輩から、「業界には弱い人が大好きな親切の押し売りがいるから気を付けなさい」と言われたこともある。過剰支援は、当事者の可能性を奪ってしまうということだろう。

それでは、障がい者としてではなく「ひと」として受け入れること、障がいも含めて個として尊重し、それぞれの持つ力を信じ、その豊かな可能性を引き出すにはどうすればよいのか。「当事者主体」や「エンパワメント」や「セルフヘルプ」の実現について、「てくてく」では日々、スタッフ間でやってきたことを振り返りながら勉強を重ねている。

これまで障がいを受け入れて、そのひたむきに生きる姿に接してきて、私は自分が心がけておくこととして、次のような八カ条を作った。

◉大切にしたいこと八カ条

感謝しよう！

ありのままを正直に生きよう！
好きなことから始めよう！
参加者の体験を分かち合おう！
チャレンジしよう！
自分で描いた夢を実現させよう！
「今」を大切に生きよう！
がんばれないけど投げ出さない、ＳＯＳを出そう！

地域での絆を広げる

自宅二階を「憩いの家」にしたのが二〇〇三年で、その間に、東日本大震災があり、日本中の人びとが「絆」の大切さを胸に刻んだはずである。しかし、残念なことに社会が「不寛容」化しているように見受けられるのはなぜだろうか。二〇一六年七月には神奈川県相模原市の知的障がい者施設で、元施設職員が「障がい者がいなくなればいいと思った」と多数の入所者を殺傷するという、衝撃的な事件も起こった。知的障がい者と家族で作る「全国手をつなぐ育成会連合会」は、「……どのような障がいがあっても一人ひとりは命を大切に、懸命に生きています。事件で無残にも奪われた一つひとつの命は、かけがえのない存在でした。お互いに人格と個性を尊重しながら共生する社会に向けて共に歩んでいただきますよう心よりお願い申し上げます」と訴えた。精神障がい者支援に関わる者として、胸に突き付けられる思いがする。

同様に、いじめ問題の深刻化も止まらない。学校や子どものあいだのいじめだけでなく、職場でのパワハラなども頻発し、「てくてく」利用者の半数がそうしたことをきっかけに障がいを発症している。そしてときに最悪の事態につながることすらある。そのため、この仕事についてからは新聞の死亡欄を見ることが毎日の日課になってしまったほどである。

地域での「絆」をもっと広げ、深めないといけないという思いが募り、その思いを形にするため、二〇一八年一月に、「カフェギャラリー　てくてく」を、「コミュニティカフェ　てくてく」へと改修し、生まれ変わることにした（県の「社会福祉施設等整備事業」の一環として助成を受けて行った）。長年にわたり慣れ親しんだ店名を変えることに抵抗がないわけではなかったが、「コミュニティ」をキーワードに、通りがかりの人でも気軽に足を踏み入れやすいようにテラスの壁を取り払い、店内も人と人とのつながりが実感できるように客席をカウンター形式にして、より居心地のよい空間にすることを目指した。そして、カフェで皆が従事する作業課目すべてに、各自の関わりが見えるようにした。自分のつくったものが使われている、食べられている、そして喜ばれていることがわかることで、「誰かの役に立っているやりがい」や「自分の存在を大切にする居がい」が実感できるように、と考えたからである。この工事のさなかに、ある新任スタッフから年賀状が届いた。

……「てくてく」で働きたくて夕方カフェに行ったときに対応してくれたのが副理事長で、今となっては運命的なものを感じます。……改装の件で桑原さんのご配慮もあり、私もやっと「てくてく」の仲間入りができたと感じます。今年はいよいよカフェが本格的にオープンするので今からドキドキしていますが、とても楽しみです。とにかく、皆さんと力を合わせて若い力も借りてカフェを盛り上げたいと思っています。この年にして自分が挑戦できる場所を与え

「コミュニティカフェ　てくてく」

てくださった桑原さん、本当にありがとうございます。精一杯、努めたいと思っています。今年もよろしくお願いします。

改装していいのかどうか迷いもあっただけに、新しい「てくてく」への、新たな成長の種が芽生えているように感じられて、うれしかった。コミュニティカフェの開所式には、新聞三社、テレビ一社まで取材に来てくれたので、とても驚いたしうれしかった。もっと驚いたことには、昔からの知人がわざわざ来店して、私に「謝りたい」と言う。理由を聞くと、かつてカフェギャラリーの開所に立ち会った際、心の中では「きっとすぐにつぶれるだろう」と思ったそうだ。ところがその予想に反してつぎつぎに施設を広げていくのを見て、「あのとき、なんて失礼なことを思ってしまったのだろう」と恥じてずっと謝りたいと思ってきたそうだ。謝られて、こちらこそ恐縮してしまった。しかし、こうして心配しながら応援してくれる人がいるのを知って、とてもうれしい。

お互いを認め合い、支え合い、学び合えるような温かな関わりが絶えることなく、それが、地域全体の絆として広がれば、不寛容な社会にも風穴をあけられるのではないかと感じることができた。一人ひとりが、人として、障がいがあればあるなりに、必要な社会資源を開拓しつつ、自ら思い描く未来に向かって歩んでいけることを願っている……肩を並べて、友だちのように。

参考文献

糸賀一雄　1965『この子らを世の光に』日本放送出版協会
大西暢夫　2004『ひとりひとりの人――僕が撮った精神科病棟』精神看護出版
京極高宣　2001『この子らを世の光に――糸賀一雄の思想と生涯』日本放送出版協会
全国精神保健福祉連合会　2010『精神障がい者と家族に役立つ社会資源ハンドブック』〈特定非営利活動法人〉全国精神保健福祉連合会
林公一　2007『統合失調症――患者・家族を支えた実例集』保健同人社

三—ひきこもり支援に関わる

「ひきこもりでいいみたい」に至る、心の軌跡

芦沢茂喜

芦沢茂喜（あしざわ　しげき）
山梨県生まれ。二〇一四年、信州大学大学院地域社会イニシアティブ・コース修了。ソーシャルワーカー（精神保健福祉士、社会福祉士）、専門分野は精神保健福祉、ソーシャルワーク。大学卒業後、東京都内の精神障害者小規模作業所や母子生活支援施設などで非常勤として働いたあと、山梨県に戻り、精神科病院に就職する。その後、看護専門学校の講師（精神保健を担当）、精神科病院等での勤務を経て、山梨県職員となり、保健所勤務を経て、山梨県立精神保健福祉センターに異動し、ひきこもりの支援活動を行う。その後、峡東保健福祉事務所を経て、現在は中北保健福祉事務所に移り、精神保健福祉相談員として、ひきこもりの人たちに向き合い続けている。

1　ひきこもり支援に関わるまでの私

ひきこもりへのスタンス

私がひきこもり支援に関わり始めたのは、県外で働いたのち、山梨県に戻り、精神科病院での勤務を経て、山梨県職員となってからのことである。私が専門とするソーシャルワークでは、個人と環境の接触面に介入することが大切なこととされるが、その点から考えると、ひきこもっていることそれ自体が問題なのではなく、ひきこもりでは、「周りと折り合いをつけられないこと」が問題であるように感じられた。私はひきこもりを否定も肯定もせず、ひきこもっている「今」を認め、当事者が周りと折り合いをつける過程をいっしょに悩み、伴走することを選択した。ひきこもりは社会の中ではダメなのかもしれないけれど、いろいろやってみたら「どうやら、ひきこもりでいいみたい」と言える関係がすてきだと感じるようになった。それは私が彼らに対して言いたいことであるとともに、当事者が他の当事者に言いたいことかもしれない。でも、一番は「不器用な生き方しかできない芦沢さんでもいいみたい」と彼らから私が言ってもらいたいのかもしれないと思った。なぜなら、支援しているつもりが支援されている、そんな双方向の支援を私は求めていたのだから。私が目指すところは、当事者に付いてゆくソーシャルワーカーであり、当事者に頼られるよりも、頼られなくなることに嬉しさを感じている。ソーシャルワークは三度の飯より好きだが、ソーシャルワーカーという職業の必要がなくなる社会になることがいちばんの願いである。

ソーシャルワーカーを目指すまで

「高校には行きたくない」……中学三年生であった私は母親にそう言っていた。別に学校でイジメがあったわけではない。学校生活がいやだったわけでもない。ただ、私には高校への進学に魅力を感じることができなかったのだ。学校で教わることが将来の役に立つとは思えなかった。役に立つとも思えないものに必死になり、おとなに将来の進路を振り分けられることに抵抗を感じていた。また、私は勉強とその結果としての成績に一喜一憂しているおとなを冷めた目で見ていた。でも、中学生の私には抵抗を具体的な行動で示すだけの勇気はなく、結局は進学を選んだ。

高校では、成績でクラスが振り分けられた。なんの意味があるのか分からないものの、抵抗して紋切型の説教をおとなからされることを嫌い、表面的には優等生をとおしていた。早く時間が過ぎてくれて、この状態から抜け出したいと毎日思っていた。私自身、自分がここにいてもよい場所であると、学校を認識することはできなかった。社会に出るためのただの通過点にすぎなかった。

拷問のような時間が過ぎ、私は高校三年生になった。卒業すれば、やっと解放されると思う一方、卒業後に自分は何をしたいのかわからずにいた。本当に大事な自分の進路を考えることをせずに過ごしてしまった。私はその年は大学受験をせず、両親に一年間、猶予をもらうことにした。誰に拘束されるわけでもない一年間。予備校にも通わず、毎日何をするのか自分で決めていく生活を始めてみると、何かを決めることの難しさとともに、これまでのように誰かに決めてもらい、それに沿って生活していくことは気楽だったのだと感じた。表面的には抵抗しているようでも、私は誰かに決められた生活を送ることに慣れきっていたことを身をもって知った。

モラトリアムの一年が終わり近くになり、大学への出願の時期になった。私は将来の進路として、これまでは冷めた目で見ていたはずの教師になろうと決めた。私だったら自分のような学生の話が聞ける教師になれるだろうと、単純に考えただけだ。教育学部の出願書類を書き終え、私は散歩に出かけた。ぶらぶら歩いて駅前に通りかかると、車椅子に乗った人たちが街頭募金を呼びかけていた。街頭募金は今までも見てきた風景であり、とくにその日に変わったことがあったわけではなかった。でも、そのときの私はその風景の前で立ち止まってしまった。

街頭募金を大きな声で訴える人。そのわきを無言で通り過ぎる中年のサラリーマン。年に一度、黄色のTシャツを着て障害者ががんばっている姿を見たら、心を動かされてあたりまえと思われるのに、サラリーマンが足を止めようともしないのは単純におかしいと思った。そして、私には街頭募金を訴える人たちが私で、通り過ぎるサラリーマンが今までに出会ってきた教師のようにも見えていた。

私がなりたいのは今までに出会ってきた教師とは違うと言いながら、いざ教師になったら、私も生徒の話を聞けない人間になってしまうのではないか、そんな人間が教師になってもいいのかと思った。気晴らしの散歩のはずが、家に着くまでそんなことを考え続け、家に戻った私は書いたばかりの教育学部の願書を破り捨てた。そして、福祉学科に進路を切り替えて、願書を取り寄せ、出願し、受験した。ただ、そのときの私は福祉学科がどういうことをする所なのか、正直よく分かっていなかった。ただ、ひたすら目の前を無言で通り過ぎた中年サラリーマンのようにはなりたくないという気持ちになっただけであった。

福祉学科で学ぶことで、障害に限らず、さまざまな社会的排除の状況を知った。社会排除を補う制度や政策ができても、さまざまな理由で受けることができない人たちがいること、それに向き合う専門職として「ソーシャルワーカー」という職業があることを知った。私は自分の弱さ、社会の矛盾と向き合い、悩む人に寄り添えるソーシャルワーカーになろうと思った。あのとき目にした中年サラリーマンのようにはならないと決めた私は、こうして自分なりの答え、居場所を見つけたように感じた。

精神科病棟で五〇年暮らす人と出会う

大学では、高齢者福祉のゼミに所属した。両親が共働きだったため、祖父母にめんどうを見てもらっており、高齢者に親近感を感じていた。また、ボランティアで通った特別養護老人ホームなどで出会う認知症高齢者が不安な顔で「家に帰りたい」と言い、徘徊する姿を見ていて、居場所を感じることができなかった高校時代の自分と認知症高齢者を重ね合わせていた。何かができるか、できないかではなく、ただそこにいることだけでも価値がある、そう思ってもらえる関わりが大事だと思った。

大学二年のとき、新たな国家資格として、精神保健福祉士ができたことを知った。どういうものかはよく分からなかった。当時、特別養護老人ホームの生活相談員になろうと漠然と思っていた私は、「精神保健」という単語から、認知症や老年期精神障害をイメージし、就職した後に役に立つのではないかと考え、精神保健福祉士のコースを履修することにした。

精神保健福祉士の受験資格を得るには、精神科病院で一カ月、社会復帰施設で二週間の実習が義務づけられていた。私は大学近くにある精神科病院で実習を受け、一日中病棟に張り付き、入院者と会話をし、病棟のレクリエーションなどに参加した。

その実習中に、私は入院生活が五〇年を超えるという高齢者の担当になった。彼が入院したのは戦前で、身近な家族はおらず、ここ何年も面会人はいなかった。外は戦後の高度経済成長で盛り上がるなか、彼は精神科病院の中で五〇年を超える時間を過ごしてきた。

彼の趣味は囲碁だった。私が病棟に顔を出すと、手招きし、畳の上に囲碁の盤を持ち出し、囲碁をやったことのない私に教えてくれた。精神症状があるわけではない。主治医も退院してよいと言っている。それなのになぜ、彼は入院を続けているのか、私には分からなかった。その疑問を彼の担当看護師に投げかけると、三〇代の若い看護師は「彼は病院の子だから」と答えた。三〇歳以上も年の離れた看護師に「病院の子」と言われてしまう彼の置かれた現実を、私はそのまま受け止めることができなかった。

実習最終日、いつものように畳に座り、囲碁を教えてくれていた彼に、私は今日が最終日であることを伝え、お世話になったお礼を言った。そうすると、彼は突然立ち上がり、私に向かってお辞儀をした。そして、その姿勢のまま、「芦沢さんがしようとしていることには大変なことがあるかもしれないけど、夢と希望を持って頑張ってください。夢だけではダメです。希望がなければ。夢は形がないけど、希望には進むべき形がある」と話した。私はそのとき、彼の弱さとその裏にある強さを同時に感じ、すぐに言葉を返すことができなかった。お辞儀をし、「ありがとうございました」と返すのが精一杯だった。

彼から、はなむけの言葉を受けたことは嬉しかった。でも、それ以上に辛かった。入院生活を五〇年も続けている彼の夢や希望はなんだろう、私は彼に何ができたのだろう……、私は答えの出ないままにその後も考え続けた。そして、進路を決める段階となり、私は精神科病院のソーシャルワーカーになることにした。彼の置かれた現実を見なかったことにするのは私にはできなかった。街頭募金の前を通り過ぎる中年サラリーマンのようにはなりたくないと感じたときのように、現実から逃げる人間にはなりたくないと私は思った。

精神科病院の勤務で疲れ果てる

卒業後はソーシャルワーカーをめざして非常勤での仕事を重ねたあと、山梨県の実家に戻り、地元の精神科病院に就職した。就職した病院には、実習先の病院で出会った彼のように、長く入院生活を続ける人たちがたくさん入院していた。彼から言われた夢と希望を求め、彼と同じような境遇の人たちにいったい自分は何ができるのかと考え、悪戦苦闘の日々を過ごした。自分で言うのもおかしいが、一生懸命だった。一心になりすぎて、自分の管理を怠り、体調を崩した。ただ、こうしてがんばっても、私が退院させることができた人は多くはなかった［芦沢 2011］。うまくいかない自分が情けなく、無力感に襲われた。でも、どうにかしたいという思いが空回りするなかで、食事も取らず、休憩時間も病院内を走り回る私に、入院者たちは「むりはしないでね」と声をかけてくれたり、お菓子を渡してくれたりしていた。支援をしているはずの私を助けてくれる彼らの優しさが嬉しかった。

そんな生活を六年続けた。がんばったけれど、今の自分の力ではもう限界だと感じて、私は精神科病院を退職することにした。ただし、高校のときと同じように、ともかく辞めようという気持ちだけで、そのあとどうするのかを考えていなかった。

退職後は無職になった。失業手当の手続きでハローワークに通い、空いている時間は図書館などで過ごした。そうしているうちに、仕事をしていたときには気づかなかったが、平日の日中の時間にホームレスや無職者ではないかと思われる男性が多くいることに気づいた。彼らと同じように私も、決められた枠組みの中での生活がなくなり、居場所を失っていた。ハローワークで順番を待つあいだも、自分は正規のルートから外れた落伍者であるように感じた。そして、障害があるなしにかかわらず、誰でも社会から排除される恐れがあること、そうしたときに大事になるのは居場所であり、つながりであることを身をもって感じた。

2　ひきこもりの人といっしょに悩み、伴走する

ひきこもり支援の仕事につく

非常勤の仕事を兼務しながら、今後の進路を考えた。そして、地域をフィールドにして居場所とつながりを築いていく、地域づくりをする仕事がしたいと思った。たまたまこの時期に県職員採用の年齢制限が引き上げられ、社会人経験を積んだ私にも受験が可能であることを知って応募してみた。運良く採用となり、初めは保健所に配属されたが、二年で山梨県立精神保健福祉センター（以下、センター）へ異動となった。センターは、児童精神科医であった前所長がひきこもりに取り組み、そのことが全国的にも知られていた。そのことは知っていたが、まさか自分がひきこもり支援に取り組むようになるとは思ってもいなかった。

ひきこもりとは「さまざまな要因の結果として社会参加を回避し、原則的には六カ月以上にわたって概ね家庭にとどまり続けている状態を指す現象概念」とガイドラインに定義されている。実数については正確に把握することは難しいが、二〇一二年に国の内閣府が実施した調査［内閣府　2010］によれば、自分の趣味に関する用事のときだけ外出する者も含め、ひきこもりは六九万六〇〇〇人いると報告されている。

ひきこもり支援は、国のガイドラインとして、第一段階／出会い・評価の段階（家族支援）、第二段階／個人的支援段階（個人支援）、第三段階／中間的・過渡的な集団との再会段階（集団支援・

居場所の提供）、第四段階／社会参加の試行段階（就労支援）と階段状の過程が示されおり［斎藤ほか 2010］、センターではこれに従って、支援を行っていた。支援は家族からの相談で始めることがほとんどであり、センターでは家族相談と並行して家族教室、家族会を開催し、当事者の来所があれば、家族担当とは別の担当を決め、定期相談を行っていた。センターへの定期相談者は百名ほどで、そのうち思春期・青年期の事例が八割を超え、月一回の面接を他業務と兼務している七名の職員が単独または複数で担当していた。そして、定期相談を通じ、ＳＳＴ（社会生活技能訓練）やレクリエーションなどをグループで行う集団支援を行っていた。私は個別担当だけでなく、心理士とともに集団支援を担当することになったが、毎月決まった当事者を対象に、レクリエーションなどを行っており、参加している当事者もその後に就学や就職などがなければ、定期相談と集団支援を継続するという形で仕事をしていた。着任した当時、センターの支援はどことなく硬直化している印象を受け、当事者がセンターの中で滞留しているように感じられた。

ひきこもりは、不登校やニートなどの形でさまざまな所で見られる現象である。教育、労働、精神保健、福祉などの分野では、経済的損失や周りの精神的負担など、それぞれの立場からひきこもりを問題として捉え、それぞれの視点から対策を講じようとしている。

しかし、私にはひきこもりそれ自体が問題であるとは思えなかった。というのも、私が専門とするソーシャルワークでは個人と環境の接触面に介入することが大切なこととされるが、その点から考えると、問題はひきこもっていることではなく、ひきこもりでは「周りと折り合いをつけられない」ことが問題であると感じられたからだ。そこで私は考え方として、当事者はひきこもっていることで困っているのではなく、ひきこもるという手段を使い、周りと折り合いをつけている人と捉え、支援者はひきこもりから脱することを支援する人ではなく、当事者が周りと折り合いをつける過程をいっしょに悩み、伴走する人であると捉えることにした。そして、当事者と周りが折り合いをつけるためには、当事者が周りと折り合いをつける経験をする受け皿を準備し、当事者が社会参加に向けた意欲を喚起できる仕掛けを作ることが必要であると考えて、そのことに取り組むことにした。

働くという体験を勧める

当事者が周りと折り合いをつける経験を積むためには、まず外に出て働いてみるという体験をすることが役に立つのではないかと考えた。受け皿となる働き場所としては精神障害者が外部の事業所での作業体験を通じて社会復帰を図る県の「精神障害者社会適応訓練事業（以下、訓練事業）」に協力している事業所（協力事業所）に目をつけることにした。ただ、訓練事業は一九五〇年代につくられた制度で、保健・福祉施策の整備に伴い対象者と予算は減少しており、事業所数も高度経済成長の時期には多かったが、低成長とともに減少してきている。

当事者の多くは、社会参加に不安を抱いていたことから、少ない事業所の中でも人手が必要で、誰がやってもよい作業があり、個人が特定されず、周りに紛れることができるような働き場所として、農産物直売所と農産物加工場を選定し、協力を依頼した。両施設とも協力が得られたが、訓練事業の対象者は精神障害者であるため、利用するには精神科医療機関への通院が条件とされる。しかし、センターの利用者の多くは通院していないために、訓練事業を利用できなかったので、そうした人の場合はボランティアとして通うことにした。

後で述べるようなアクティビティグループ活動（AG）に定期的に参加していた二十代後半の当

事者を中心に働く体験を始め、直売所では玉ねぎなど野菜の袋詰めやラベル貼りを中心とした作業を行い、二〇一三年度からの三年ほどで訓練事業一名、ボランティア二名の計三名が通った。また、加工場ではさくらんぼなど、果樹の種取り等を中心とした作業を行い、訓練事業一名、ボランティア五名の計六名が通った。その後、ボランティア五名のうち三名は事業所と相談のうえ、県の緊急雇用対策助成金を活用し、そこの職員となり、一名はアルバイトへ移行し、訓練事業の一名もアルバイトへ移行した。

こうした取り組みを始める前に比べれば、多くの当事者たちが動き出した。だが、直売所や加工場への体験には限界があった。山梨県内は公共交通の便が悪い。そのため、対象者は徒歩や自転車で通える距離に自宅があるか、原付バイクや車の運転ができる者に限られる。また、十代後半から二十代前半の若い当事者たちには農業に対して否定的なイメージがあり、農作業を拒否する者も多い。また、そもそも発達の特性などの理由で、集団の中に入ることが苦手で、個別対応が必要である人は対象にできなかった。

そこで、改めて訓練事業の協力事業所として、当事者にとってより身近であり、作業内容をイメージしやすいコンビニエンスストア（以下、コンビニ）を作業場所として選定することにした。登録されていたコンビニ二店舗は同じオーナーが経営しており、もともとは私が保健所勤務時に開拓した事業所であった。また、個別対応の必要な当事者がそのうちの一つの店舗の近くに住んでおり、その当事者が訓練事業を利用することができたことから、オーナーに協力を依頼した。

直売所と加工場での作業体験では、交通の便が問題であった。だが、コンビニであれば、今回協力を得た店舗の系列店ではない他社の店舗も含めれば、当事者が徒歩や自転車で通える距離にたいている店舗は存在する。山梨県は人口比で見たコンビニの数が全国でも多いとされており、今後の展開によっては、ひきこもりの人たちが働く体験を行える場所として、大きな可能性をもっているように感じた。とはいっても、変更の多い作業内容では当事者が適応することは難しい。コンビニの場合は従業員が少なく、店員や客の出入りが多いことから、作業内容などを明確に決めたうえで、個別対応が可能な仕事の枠組みを組み立てた。作業内容は、清掃とペットボトルなどの商品補充に限定した。商品補充の仕事は、接客することはなく、冷蔵庫スペースにとどまって、黙々と作業を行うことができる。また、テレビゲームなどが得意な当事者にとっては、ゲーム感覚で作業を行うことができるだろうとの考えから、作業内容に組み入れた。

支援体制としては、市役所、基幹相談支援センター、就業・生活支援センターなど、当事者の身近な支援機関に協力を依頼し、支援チームを編成することにした。作業初日に支援チームが複数名で同行し、写真を撮影し、作業を説明した文章と写真で構成された手順書を作成した。手順書は当事者、店舗、支援チームで共有し、当事者や店舗が不安をもっているあいだは支援チームのメンバー一名が作業に同行した。同行した支援者は手順書で作業をチェックし、新たな作業の追加などが生じた場合は当事者と店舗に確認したうえで、手順書を修正した。手順書はコンビニでの作業を続けるうえで、当事者を含めた関係者の共通の道具として使用された。

当事者はコミュニケーションの面で困難さを抱えてはいたものの、決められた作業を確実に行うため、店舗からの評価を得られるようになり、作業体験を行う当事者も増えていった。また、訓練事業、手順書、支援チームというパッケージを構築したことで、内容が可視化され、当事者にも店舗にも説明することが可能となった。そのため、オーナーの紹介を通じて作業可能な店舗数は二店舗から六店舗に増加した。店舗は増加したものの、前述のとおりセンターを利用する当事者のうち、通院している者は少なく、訓練事業を利用できる者は限られていた。訓練事業の利用を作業体験の前提にしてしまうと、今後の展開が限られてしまうことから、訓練事業に代わる雇用形態を模索することにした。

訓練事業では、少額ではあるが事業所に対して謝金の支払いがあり、月に一回は外部の支援機関の訪問があった。また、作業中のけがへの保険が付けられていた。コンビニが訓練事業を希望する理由を確かめると、作業中のけがへの保険があるので安心ということだったことから、訓練期間を限定したうえで、当事者が民間の傷害保険に加入する形を取ることにした。結果として、二〇一三年度からの三年ほどでアルバイト二名、訓練事業三名、ボランティア五名の計一〇名が通い、ボランティアの二名がその後アルバイトへ移行した［芦沢 2015, 2016, 2017; 芦沢・小石 2017］。

直売所、加工所、コンビニと作業体験をする対象者が増加したことで、先に経験した当事者と新たに経験する当事者とのつながりが生まれた。加工場に就職した当事者の仕事場に、新たな当事者が作業に参加し、就職した当事者から助言などを受けた。また、コンビニの作業を始める当事者は作業開始前に、すでに作業をしている当事者のようすを見学し、気になったことなどを聞くといったように、事業主と当事者の上下関係でも、当事者どうしの横の関係でもない、先輩と後輩というナナメの関係が形成され、助け合う関係が見られるようになった。

作業体験を通じて、今までは漠然としていた今後の目標を語る当事者が現れるようになり、当事者と相談のうえ、ハローワークへの同行や新たな作業体験の場としてコーヒーショップなどを開拓した。もちろん、すべてがスムーズにいったわけではなく、体験を重ねたことで自分には体験した作業が合わないので辞めたいと話す当事者も現れたが、辞めたいと決めたことを評価し、辞めるためにはどうすればよいかについて話し合い、辞めるまでの行動を支えた。

社会参加に向けたアクティビティ活動

ひきこもりなどの社会との折り合いが難しい人たちに、社会参加に向けた意欲を呼び起こさせるための仕掛けの一つとして、アクティビティグループ活動（ＡＧ）がある。これは、グループで一つの活動に取り組み、参加者どうしの交流や協力を体験したり、目的の達成を味わったりするプログラムである。活動の内容は、話し合いから始まって、見学でも料理でも工作でも、あるいはゲームでも、いろいろ考えられる。センターでは、私はＡＧ活動を担当することになったので、これまでのやり方に変更を加えることにした。それまでは月一回、ミーティングや外出などを行っていたが、外部との接触は多いものではなかった。月一回だけの開催であれば、ミーティングや外出先の内容に興味が持てなければ当事者はパスしてしまい、次回まで機会を待たなければならない。そこで、まず回数を月二回から四回に増やした。

次に、グループ活動の内容であるが、社会参加への意欲を喚起することを目的とするにしても、当事者がひきこもり支援のどの段階にあるのかによって、求められるものは異なり、それに沿って内容を工夫する必要があると考えられた。前述のとおり、ひきこもり支援には、家族支援、個人支援、集団支援、社会参加支援のそれぞれの段階があるが、ある段階から次の段階への移行がうまくつながっていないという問題があり、この結果、当事者がセンター内で滞留してしまうという事態が起きていた。具体的には、家族相談はあるが当事者の来所にはつながらない、当事者の来所はあるが集団支援の場にはつながらない、集団支援に参加するが社会参加支援にはつながらない、という問題である。したがって、それぞれの段階を有機的につないでいくための工夫が必要になる。

［家族支援段階での工夫］

まず、家族は相談にみえるが、当事者は来所することができないという問題については、当事者にグループ活動のことを知って来所してもらうために、活動通信を発行することにした。通信はあまり文字を多くしないで、活動のようすを写した写真を多く載せたものを作成し、来所した家族に配布して渡してもらうようにした。

［個人支援段階での工夫］

次に、個人支援から集団支援への移行を進める工夫であるが、今までのように内容がミーティングなどで単調であるために参加者が限られてきたことを改め、ソバ打ち、陶芸、料理、美術、太鼓などと、多彩な内容を取り入れることにした。一人で参加するのは気が進まないけれど、内容には興味があり、集団に交じってであれば参加してもよいと思えるような活動を選ぶという配慮をした。ただ、グループ活動の予算は年間一万五千円しか配分されておらず、この予算で、講師謝礼、材料費の支払いなどを賄うには限界がある。そこで、参加者の自己負担を最大五百円とし、職員のネットワークなどを活用して、外部の地域住民に協力を依頼して運営することにした。

とはいえ、外部講師に頼るのには限界がある。私たちセンターの職員だけでも行うことができ、しかも当事者が集団で参加してもよいと思える内容の活動はないものかと検討した結果、テレビゲームのトーナメント戦をやったらどうだろうというアイデアが出た。ゲーム機をプロジェクターにつなぎ、スクリーンに映し出して対戦するのだ。ゲーム機は幅広い年齢層の参加を考え、最新のものではなく、参加者があまり触れたことがないものとして、「ニンテンドー六四」を選んだ。ソフトは難しくなく、参加者になじみやすく、複数で対戦でき、視覚的に分かりやすいものとして「マリオカート」「マリオテニス」などを選んだ。グループ活動の名称であるＡＧから連想して「ＡｓｏｂｉＧｏｋｏｒｏ杯」と名付け、模造紙でトーナメント表を作成し、会場の壁に貼りつけた。また、ある当事者が自分は参戦しないが、動画サイトで投稿者がゲームをしている映像を観ているという発言をしたことから、観戦したい当事者のために観覧席を設けた。

通常、グループ活動への参加者は平均七名前後であるが、この企画は初参加の人も多く、申込者が一〇名を超える人気企画となった。好評なので、ソフトを変え、毎月一回開催することにした。ゲーム好きの当事者は多くいて、自分の好きなことであれば、参加し、勝ちたいと思うようだ。負けず嫌いの人も多く、負けると悔しくて、次のトーナメント戦では勝ちたいとリベンジを果たそうとする。実際、次の試合までのあいだ、動画サイトで予習をする人が現れるなど、あまり声には出さないが、彼らにとって絶対に負けられない戦いが繰り広げられることになった。

［集団支援段階での工夫］

集団支援の場から社会参加支援へとつなげていくためには、この段階で、作業体験の場との接点を多く設定する必要があると考えた。そこで先に紹介した農産物直売所と作業所に、月一回、定期的にグループで出向き、社会参加の段階の人が行っているのと同じ作業を体験することにした。月に一回、グループで作業を体験するなかで、だんだんと慣れていき、個別で通う人も現れるようになった。また、コンビニでの仕事体験については、職員が上下の関係で教えるのではなく、先輩と後輩というナナメの関係を意識して、コンビニですでにアルバイトをしている当事者を講師に招き、社会参加をする前、した後、そして現在の状況について、話をしてもらう勉強会を企画した。この勉強会では、本人が働いている写真を映し出し、それを見ながら説明してもらう工夫を取り入れ、また、当事者だけでなく、家族や支援機関の職員にも参加してもらうことにした。社会参加の場に一歩足を踏み出すには、彼らの背中を押す存在が必要であり、彼らの近くで応援する家族や支援機関の職員にも理解してもらいたいと考えたからだった。

そして、勉強会のタイトルには「ひきこもりでいいみたい」と親しみやすい名を付けた。それぞれが持っている特性を修正しようとする支援ではなく、ひきこもりのままでも支援できるという考え方に立って、このようなタイトルをつけたのである。コンビニでの作業体験では彼らの苦手な接客はせず、冷蔵庫スペースで商品補充をする作業を組み入れたが、結果としてこだわりや緘黙《かんもく》（失語症ではないが、言葉を発しないこと）などの特性を抱える当事者も参加することが可能になった。

3　変わるべきは、ひきこもりへの関わり方

当事者が周りと折り合うために、周りが当事者と折り合うために

当事者が周りと折り合いをつける体験を積むための働き場所を準備するとともに、当事者が社会

参加に向けた意欲を持つ仕掛けを作ったことで、多くの当事者が周りと折り合いをつけ、意欲を見せるようになった。ひきこもりは、さまざまな分野で問題として扱われ、それぞれのやり方で対策が講じられている。この場合、問題のある個人が変わるべきであるとする認識とそうした個人を受け入れられない社会が変わるべきだとする認識には、大きな違いがある。どちらかといえば、教育、労働、精神保健の分野では、個人に焦点が当てられ、福祉の分野では、社会のあり方に焦点が当てられる傾向がある。だが、どちらにしても、ひきこもりが問題であるという基本認識があり、当事者が変わることが望ましいとされている点で共通している。

精神保健福祉センターの支援においては、二〇一三年度以降、個人、社会、いずれの側も、「変わる」ことを目的とはしないことにした。基本的な目的を当事者が「周りと折り合いをつけること」におき、折り合いをつけたうえで、個人が変わり、また、社会が変わっても、それは折り合いの結果として生じたことだと考えることにした。しかし、そのように方針を立ててはみたものの、現実には、臨機応変な対応ができない当事者は仕事場ですぐに適応できるわけではない。当事者を受け入れる事業所に対して、そうした当事者の特性などを伝えておいても、事業所側は相変わらず当事者に臨機応変な対応を求め続けてくる。それでも、紆余曲折を経ながら、当事者と事業所がお互いに慣れ、折り合いをつけていくことになる。たとえば、「別にないです」が口癖のAさんは、したいことも別になければ、したくないことも別にないため、コンビニでの作業体験をスムーズにこなしていた。アルバイトへの移行をオーナーから伝えられたAさんからの返事は「（やっても）別にいいです」というどちらなのかはっきりしない言葉だった。当事者も事業所も変わることはできなかった。だが、両者で何とか「折り合い」はついた。この結果、今まで以上に多くの人たちが就職を含む社会参加を拡大することにつながっていった。

変わったのは当事者でも、事業所でも、社会でもなかった。私自身の関わり方であった。ひきこもり支援の仕事を重ねるうちに、就学や就労など、目に見える目標を設け、それに向けた白か黒かの二者択一的な支援をすることを止め、当事者が社会と折り合うなかで直面する困難さを大事にするようになっていった。目に見える目標を設け、その達成に向けて当事者を援助するのでもなく、あるいは当事者の強みを探し、それを強化するように支援するのでもなく、がんばる当事者が葛藤しながら折り合いをつけようとするプロセスを応援するという考え方である。当事者の欠点も強みもはっきりさせない状態にしておくことに意味があると考え、目標がはっきりしないグレーの状態から少しずつ目標が見えてくるのを待つことを大切にしたいと考えた。

勉強会につけたタイトルの「ひきこもりでいいみたい」という表現は、こうした私の関わり方の遍歴から生まれたものだ。ひきこもりは社会の中では問題とされている。そのことを否定はできない。「ひきこもりがいい」「ひきこもりでもいい」と言うことはなかなか難しい。でも、ひきこもりがダメだとも思いたくはない。社会の中ではダメなのかもしれないけれど、いろいろやってみたら「どうやら、ひきこもりでもいいみたい」と言える関係がもてればよいのではないかと感じた。それは当事者が他の当事者に言いたいことかもしれない。

なおも、ひきこもりの人たちと向き合う日々

二〇一六年四月、私は精神保健福祉センターから山梨県笛吹市、山梨市、甲州市の三市を管轄する峡東保健福祉事務所に異動し、地域住民などの相談に応じる精神保健福祉相談員として勤務する

ことになった。異動後、私の所にはセンターでの取り組みを知った市役所などから多くのひきこもり事例の相談が寄せられるようになった。寄せられるのは、二〇代から三〇代の事例以外に、一〇代の不登校事例や、仕事上でつまずき、家庭での生活を続ける四〇代以上の事例なども多く、市役所などが当事者に会うことができない事例ばかりだった。

センターでは自宅などへの訪問が禁止されていた。そのため、関われたのは家族などからの促しを受け、積極的ではないものの、私と会うことに同意した人たちばかりだった。保健福祉事務所へ異動したことで、これまで会えなかった当事者たちと向き合うことを求められることになった。私は訪問を重ねることにした。どうすれば彼らと出会うことができるのか、彼らとの間で細くても、つながりを得るためにはどうしたらよいのか、試行錯誤を繰り返した。

私には彼らと会いたい理由がある。家族などからの依頼があり、訪問が必要であると私が判断したわけだから。でも、彼らには私と会うための理由はない。そのために、私と彼らとの間で折り合いをつけられる、彼らがしぶしぶでも納得できる「理由」を用意する必要があると思った。まず、私は本人の生活をよく知る家族などに彼らの一日の具体的なスケジュールを聞くことにした。何時に起きるのか。食事は何時に、何を食べているのか。一日、何食食べているのか。好きな食べ物、嫌いな食べ物は何か。嗜好品（コーヒー、タバコ、酒など）はあるか。起きている間は何をしているのか。多くの時間を使っていることは何か。ゲームであれば、どんなゲームをしているのか。それは携帯でか、パソコンやゲーム機でなのか。漫画であれば、どんな漫画が好きか、などといったことを細かく聞いた。家族などからの聞き取り情報をもとに、ゲーム機、テレビ、プロジェクター、マンガ本、ライトノベル、コーヒーミル付き全自動コーヒーメーカー、雑誌（ゲーム、アニメ、歴史など）、プラモデル（ガンダムなど）、インスタント食品など、本人が関心をもちそうな品々をできる範囲内で用意した。

とはいえ、彼らは私が会いたい理由を知っている。家族が私の所に相談に行ったというだけで、自分の状況をどうにかしたいために、私が来るのだと思っている。私が彼らの立場であれば、そのような人と会いたくはない。でも、自分の好きなことの話で、ひきこもりの問題とは関係がなさそうだということであれば、とりあえず、少しの時間、会ってあげてもよいと思うかもしれない。大事なことは、この少しの時間だけなら会ってもよいと思ってもらえることができるか否かだと思った。きっかけをつかむために用意したいろいろな小道具をもって、訪問を繰り返した結果、これまで会うことができなかった多くのひきこもりの人たちと会えるようになった。ただ、会うことはできても、すぐに事態が動き出す事例は少なかった。

私は「ひきこもり」を解決し、私との関係を終結させることを目指すのではなく、関係の継続を目指すことにした。また、過去に原因を求め、彼らの未来を考えるのではなく、今に目を向けることにした。戻ってこない過去でも、分からない未来でもなく、大事なことは今であり、今の繰り返しが未来につながると考えることにした。小道具を媒介にして、本人と会うことができ、「今、何をしているのか」「今、何をしたいのか」などといった具合に、今に注目しながら話をしていくと、事態が動き出すようになった。

また、訪問以外にセンターでの経験を活かし、管轄内の市主催でマリオカート選手権を開催するとともに、作業体験の場としてワイン用葡萄を栽培する農園や地域の高齢者に昼食を提供する場所などの協力を得て、不十分ではあっても家族、個人、集団、就労の各段階をとおしたひきこもり支援を提供することが可能になった。

結果が出てくると、外部から実践報告をしてほしいとの依頼を多く受けるようになった。報告を重ねるなかで、予想以上に多くの人が「ひきこもり」への対応に困っていることに気づき、そうした人に私の経験が役に立つかもしれない、自分の経験をまとめてみたいと思うようになった。そんな想いを信州大学大学院でお世話になった金早雪先生に相談したところ、出版社（生活書院）を紹介され、二〇一八年七月にひきこもり支援についてまとめた本を出すことになった［芦沢 2018］。私自身がひきこもり事例の家族と出会い、その後本人とつながり、どのように悩み、考えながら、関わっているのかを具体例を示しながら解説した内容となっており、タイトルは『ひきこもりでいいみたい』とした。こうして、本書よりもひと足先に彼らから学んだことを多くの人に伝えられる機会を得た。

私はこれからも彼らと関わっていく。今後、彼らとの関係がどのように進んでいくのかは分からない。うまくいくこともあるかもしれない。ダメなときもあるかもしれない。ただし、どのような状況になったとしても、「ひきこもりでいいみたい」というスタンスを保ちながら、関わり続けるだろう。それが彼らから私が学び、受け取った大きな贈り物のような気がする。

参考文献

芦沢茂喜　2011「『病院の子』が地域で生活するために――精神科長期入院者への地域移行支援」『ソーシャルワーク学会誌』23：74-75

――2015「ひきこもり事例への社会参加支援――コンビニエンスストアを活用した取り組みを通じて」『平成二十六年度山梨県立精神保健福祉センター　研究紀要』

――2016「集団支援段階以降のコンビニを活用したひきこもり事例への支援」『ソーシャルワーク研究』42（3）：50-55

――2017「集団支援段階以降のひきこもり事例への支援」『医療社会福祉研究』25：55－61

――2018『ひきこもりでいいみたい――私と彼らのものがたり』生活書院

――・小石誠二　2017「ひきこもりケースへの県立精神保健福祉センターにおける就労支援の取り組みの報告」『思春期青年期精神医学』27（1）：74-80

齊藤万比古ほか　2010「ひきこもりの評価・支援に関するガイドライン」（厚生労働科学研究費補助金こころの健康科学研究事業［主任研究者／齊藤万比古］「思春期のひきこもりをもたらす精神科疾患の実態把握と精神医学的治療・援助システムの構築に関する研究」）（http://www.ncgmkohnodai.go.jp/pdf/jidouseishin/22ncgm_hikikomori.pdf）

内閣府　2010『若者の意識に関する調査（ひきこもりに関する実態調査）』（http://www8.cao.go.jp/youth/kenkyu/hikikomori/pdf_index.html）

四——うつ病からの職場復帰を支える

ステップ・バイ・ステップで埋める、支援の空白

伊藤かおる

伊藤かおる（いとう　かおる）
長野県松本市生まれ。二〇一七年、信州大学大学院地域社会イニシアティブ・コース修了。精神保健福祉士、産業カウンセラー。大学では産業社会学を専攻し、東京で会社勤務のあと、郷里松本に戻り、一九九三年、就労支援事業を担う「コミュニケーションズ・アイ」を起業。長野県教育委員、松本市監査委員、長野県男女共同参画推進会議委員などを歴任。

1　病気は「治った」のに職場に戻れない

「伊藤さん、医師から復職にむけて会社と話を始めていいといわれたので面談をお願いしたいのですが……」。そんな電話をうつ病が原因で休職中の男性A氏から受けた。精神保健福祉士として企業のメンタルヘルスを支援する会社を立ち上げ、数年が経過していた頃のことだ。A氏と相談し、数日後に契約先企業のカウンセリングルームで最初の面談を行うことにした。さてその当日、本人から「面談を受けに会社に行こうと思っていたが、昨日から眠れず、体調が思わしくなく、今日は行くことができない」という連絡が来た。医師からは復職可能と診断され、本人も会社に戻る意思があるから、復職に備えて面談を希望してきたのである。それなのに、会社に来られないとはどういうことだろう。

いっぽう、会社からは、「もう治ったのか、まだ治らないのか」と聞かれる。会社側は、本人に「普通」の勤務（八時間労働）を求めてもいいかどうかを尋ねているのだ。「治った」のなら働けるはず……、会社で働けるということは、以前と同様に何があろうとも毎朝定刻に会社に来て最低八時間は勤務できることを意味する。会社という場所、そこで過ごす時間、そして、そこでの人間関係。「治った」のなら、この枠組みの中に戻れるだろう、と自然に考えられている。

ふと思う。そうした枠組みに適応し、戻ることができることが「普通」のことなのか。健康者という言葉があり、病気の人という言葉がある。だが、現実には、その中間の領域にいる人がいる。病気と認定されることは望まないが、健康者という枠組みに入れられ、健康者として振る舞うことを求められるのは不安だという人たちである。私たちの社会は、さまざまな枠組みを作っており、人は必ずどこかの枠組みに入ることを要求される。私が携わってきている「復職支援」とは、どこにも入れない状態にある人をどこかの枠組みに無理やり押し込めるという役割なのだろうか。

医療の場では「復職可能」と言われた人がなぜ職場に戻れないのか……。精神保健福祉士として復職支援を積み重ねていくなかで、私はこの問題に正面から取り組まざるをえなかった。現在のところでは、「復職」とは、「治ったのなら」、「元通り」の仕事をするのが当然とする考え方が一般的である。しかし、うつ病などのメンタルヘルスの問題を抱えた復職者にとって、症状の消失や私的生活の安定が、職場に復帰し、以前と同じような社会的役割を担える状態を取り戻すことにストレートにつながっていくわけではない。身体的な回復を達成したとして、次の段階では、発病前に職場（あるいは会社）において果たしていた社会的役割・責任にどのように再適応していくのかという問題を克服しなければならない。これまでの支援の考え方では、この段階はあまり重視されなかった。いや、むしろ、その存在さえ認識されない「空白領域」であった。しかし、うつ病からの職場復帰のためには、この段階において、どのような支援を行うかが決定的に重要となる。この場合、支援は、自らに期待される社会的役割に復帰しようとする復職者本人の問題であるばかりではない。うつ病を生み出した職場（会社）の環境、会社側が暗黙のうちに本人に要求していた社会的役割についても、会社側に対して再検討をうながすことが必要である。メンタルヘルスをめぐる職場の環境が改善されていなければ、戻ったとしても再発しかねないし、また、第二、第三のうつ病が発生する可能性もある。したがって、職場復帰に際しては、本人と職場（会社）の関係のあり方の双方向性を考え、本人が職場復帰へと歩んでいく段階の変化に沿って、段階的に（ステップ・バイ・ステップ）行なっていく系統的な支援の手法を構築していく必要がある。

2　支援の「空白」と新たな支援プログラムの提案

うつ病からの職場復帰における三つの問題点

医療の場での「治った」という認定と実際に職場復帰できるまでの間には、大きな支援の「空白」が横たわっている。この「空白」には、三つの問題分野がある。第一は、職場復帰を視野に入れていない医療の問題、第二は、うつ病を発生させる職場環境の改善と職場復帰が関連づけられていないという問題、第三は、うつ病治療を終えた人が完全な職場復帰を果たすまでの系統的な支援システムが準備されていないという問題である。これまで、こうした支援の空白はほとんど問題として意識されてこなかった。スムーズな職場復帰を実現しようとするなら、この空白を埋める支援を考えていかねばならないが、その前提として、三つの空白について検討しておこう。

［第一の空白――職場復帰を視野に入れない医療の問題］

最近まで、医療の分野では、就労とうつ病との関係はあまり注目されてこなかった。精神科医療では統合失調症の患者が七〇パーセント以上を占めてきたが、ここ十数年は、精神疾患で医療機関を受診するうつ病患者が急増している。しかし精神科では、うつ病は「繰り返すことはあったとしても、本来進行性のものでも、後遺症的なものを残すわけでもない経過良好の病気」として受け止められてきた［野村 2006］。そのためか、うつ病の急増と休職の長期化についても、その連関性は強く意識されなかったようだ。うつ病患者が回復して、復職の可能性を判断するに際しても、本人がかつて働いていた職場の状況が考慮されているわけではない。

精神科医を対象とする復職に関する意識調査では、復職可能の診断書を発行する際の判断根拠として、主治医が「重視する」項目内容は、病状・気力・体力・生活リズム・身体的活動性・精神的活動性の回復程度の順である。回復程度の目安は八〇パーセントの回復程度を目安にしている専門医が約半数であった［島 2004］。主治医が就業能力の評価を下す際の考え方として、「就業能力は日常生活における活動を評価することにより間接的に評価可能である」が一番多く、「就業能力の判断を主治医が行うのは困難である」が続く。このように、医師の側が就業能力についての判断に明確な考え方と基準を持っていないにもかかわらず、職場の側が復職の判断を医師に全面的に委ねている状況には問題がある。

会社での就労を意識しないようにして回復を図ってきた医療的な回復支援の機能が、職場に戻ったとき、有効に発揮されるという保証はない。したがって、医療の側は「治療を終えた」と宣言して、そのまま職場に引き渡すのではなく、本人が職場復帰していく過程においても医療的な支援を継続していく必要があるのではないだろうか。実際に、そうした試みも行われていないわけではない。散発的にではあるが、現場の必要に迫られて、民間の支援団体や企業ベースで「うつ病者のためのリハビリテーション」(「うつ病リワーク rework」とも呼ばれる)の活動が立ち上がってきているという状況もある。

たとえば、うつ病の人の職場復帰を支援する活動をしている「うつ病リワーク研究会」では、精神疾患の患者が再発せずに復職できる状態にあるかどうかの判断を重視し、それを「職場復帰準備性」と呼んでいる。だが、この研究会の調査では、医療リワークに同一企業内の社員を入れることに積極的ではないと報告されている[五十嵐 2012]。復帰プログラムは、職場を感じさせる要素を極力少なくすることで適応力を高める構成となっており、これでは職場に対してもつ緊張や葛藤を、リハビリテーションの過程で体験し、それを克服するトレーニングはできない。医療と職場との間の空白は、医療側からのアプローチだけでは埋められず、両者を連携させることが大事であり、「医療リワーク」には、職場(会社)という社会的場所とそこで過ごす社会的時間への再適応を積極的に組み入れるべきであると考えられる。

[第二の空白――うつ病を発生させる職場環境が改善されない問題]

うつ病治療を終えた人が職場に「復帰」していくとき、その人が精神疾患になってしまった職場は改善され、安全なメンタルヘルスの環境が整えられて、その人を待ってくれているのだろうか。そうではない。ほとんどの場合、うつ病を発生させた原因も究明されず、再発防止策もとられないまま、何も変わっていない環境の中に、「治りました」と戻ること・戻すことが「復職」とされているのである。

普通、社内で労働災害が発生した場合は、対象者の治療と同時に、発生原因の調査が行われ、原因解明の後、再発防止策がとられ、その結果は安全衛生委員会に報告され、報告書も残されることになっている。しかし新しいタイプの労働災害である精神疾患等による過労死・自殺等の場合、こうした安全管理システムは適用されない。

近年、メンタルヘルス上の問題は、個人の不十分な健康管理が原因であるよりは、職場の労働環境が大きく影響していることが明らかにされている。過労自殺や過労死および精神疾患をめぐる労災裁判では、職場の安全配慮義務違反と、上司の予見可能性が問われるようになってきた。しかし、職場の安全配慮不足と管理監督者のマネジメントの不備に、問題の本質があるにもかかわらず、労働行政は職場におけるメンタルヘルスの問題を個人の健康管理問題に還元してしまう傾向がある。「心の健康」という名のもとに、労働問題が精神医学やストレス心理学の領域で扱われるべき問題へと置き換えられているという指摘もある［山田 2008］。

二〇〇三（平成十五）年、厚生労働省から『心の健康問題により休業した労働者の職場復帰支援の手引き』が出されたが、この表題に示されているように、関心は「職場の安全配慮義務の問題により休業した労働者」ではなく、「健康問題で休業した労働者」に向けられている。さらに平成二十七年度改訂版では、「心の健康問題に適切に対処するためには、産業医等の助言を求めることも必要である。このためにも、労使、産業医、衛生管理者等で構成される衛生委員会等を活用することが効果的である」と書かれており、個人の健康を管理する医療面に解決の軸足を置いていることが読み取れる。メンタルヘルス問題を解決する自発的な力が職場に生まれないのは、うつ病などの問題をこのように個人の「心の健康問題」に還元してしまう労働行政の姿勢が影響しているからではないだろうか。

制度的には、職場における労災事故防止のための安全対策は事業場・管理監督者と現場が中心となる安全委員会が担当し、労働者の健康保護対策は産業医を中心とする衛生委員会が行うことになっている。ここでは、職場の精神的健康問題を対象とする安全行政は完全に欠落していると言えよう。こうした機能不全の体制のもとで、メンタルヘルス対策を担う役割を任されてきたのは、衛生委員会であり、産業医である。しかし、職場の精神的健康問題を管理し、改善していくうえでは、衛生委員会も産業医もスタッフ的な位置にある。中心的な担い手は、やはり安全対策と同じように管理監督者および現場の関係者でなければならない。職場における心の健康問題の重要性が一〇年以上にわたり指摘され、国からは指針や手引きが出され、労働安全衛生法の改正によりストレスチェック制度も義務化されたが（二〇一五年施行）、精神障害の労災請求は過去最高を更新し、いっこうにその数を減らす傾向はない。その理由は、メンタルヘルスに関する労働行政やそれに基づく職場の制度がメンタルな問題を生み出す「現場」を改善するために有効に機能していないからである。

［第三の空白――職場復帰過程での系統的な支援システムが準備されていない問題］

うつ病治療を終えた人が職場への完全な復帰に向けて歩んでいく経路はストレートではない。復帰しようとする人は、発症する前に自分が担っていた社会的役割を見直し、復帰してからはどのような社会的役割を果たしてゆくのかを改めて選択しなければならない。それは、「再適応」の過程と呼ぶことができる。「再適応」は本人の職場への適応という方向のベクトルばかりではない。同時に、職場のほうでも、復帰者に「適応」していかねばならない。職場への復帰は、個人的なメンタルヘルスの次元の問題ではなく、企業側が復帰してきた本人に職場における役割をどのように求めるのか、本人は、それに応じて、どのような役割を果たしてゆこうとするのか、本人と職場（あるいは会社）は改めてどのような関係を築くのか……、という相互方向性を持つ問題である。

しかし、現在のところ、職場（会社）側の復職者への対応は、本人の健康状態に合った作業内容や勤務時間などの物理的労働負荷の軽減という保護的視点が中心であり、企業側の社会的役割、復職者自身の社会的役割に検討が加えられることはほとんどない。この結果、復職したとしても、また休職してしまうケースや、長期間の保護的職場配置と作業指示が必要な状態が続くケースが増えている。したがって、職場復帰がスムーズに進み、安定していくためには、本人が自らの役割を見直し、適応の努力を行うとともに、職場（会社）のほうでも、本人に求める役割を見直し、問題を生んだマネジメントのあり方についても見直していく必要がある。本人が職場環境に精神的に再適応するためには、本人と職場、それにカウンセラーやソーシャルワーカーなど第三者の支援が密接に連携し、職場環境における精神的リスク要因を排除していくための系統的な支援システムを構築していくことが不可欠である。

支援の「空白」を埋める新たなプログラムの提案

図1では、うつ病などの精神疾患の人が職場に復帰していく状況を、通常の労働災害を経験した人の職場復帰のケースと対照させて示している。精神疾患の場合には、通常の労働災害に比べて、復帰に際しての支援の「空白」がはるかに大きい。精神疾患の人のスムーズで安定的な職場復帰を実現するためには、こうした支援の「空白」を埋めるプログラムを構築する必要がある。このために私は、図2に示したように、通院治療が終了した時点から、復職へと向かう過程で、①社会的場所・時間への再適応、②社会的関係の再構築、③社会的役割の再設定という三つの段階を設定し、それぞれの段階に応じた支援を行うことを提案している。

このプログラムの特徴は、それぞれの段階に応じて（ステップ・バイ・ステップ）、本人、医療、職場（会社）、および第三者支援が連携しながら、支援を進めていく点にある。①の段階では、主として医療機関における職場復帰のためのリハビリ（リワーク）が対応するが、②と③の段階では、カウンセラーやソーシャルワーカーなど専門的な第三者の支援者が関わって、本人と会社や社会とのあいだの橋渡しをしながら、支援を行う。また、各段階に応じて、職場の側でも、復帰者受け入れのためのメンタルヘルスの環境を整える準備を進めていかねばならない。

先に紹介した厚生労働省の改訂版『心の健康問題により休業した労働者の職場復帰支援の手引き』（以下、『手引き』）では、図3のように、復帰までの過程を五段階に分けて示しているが、本人の社会的な再適応過程に対する支援の問題とメンタルヘルス問題を発生させた職場環境の改善問題は配慮されておらず、問題を本人の精神的な健康問題の回復に還元しており、病気から「治った」人を

図１　現在の職場復帰のパターン

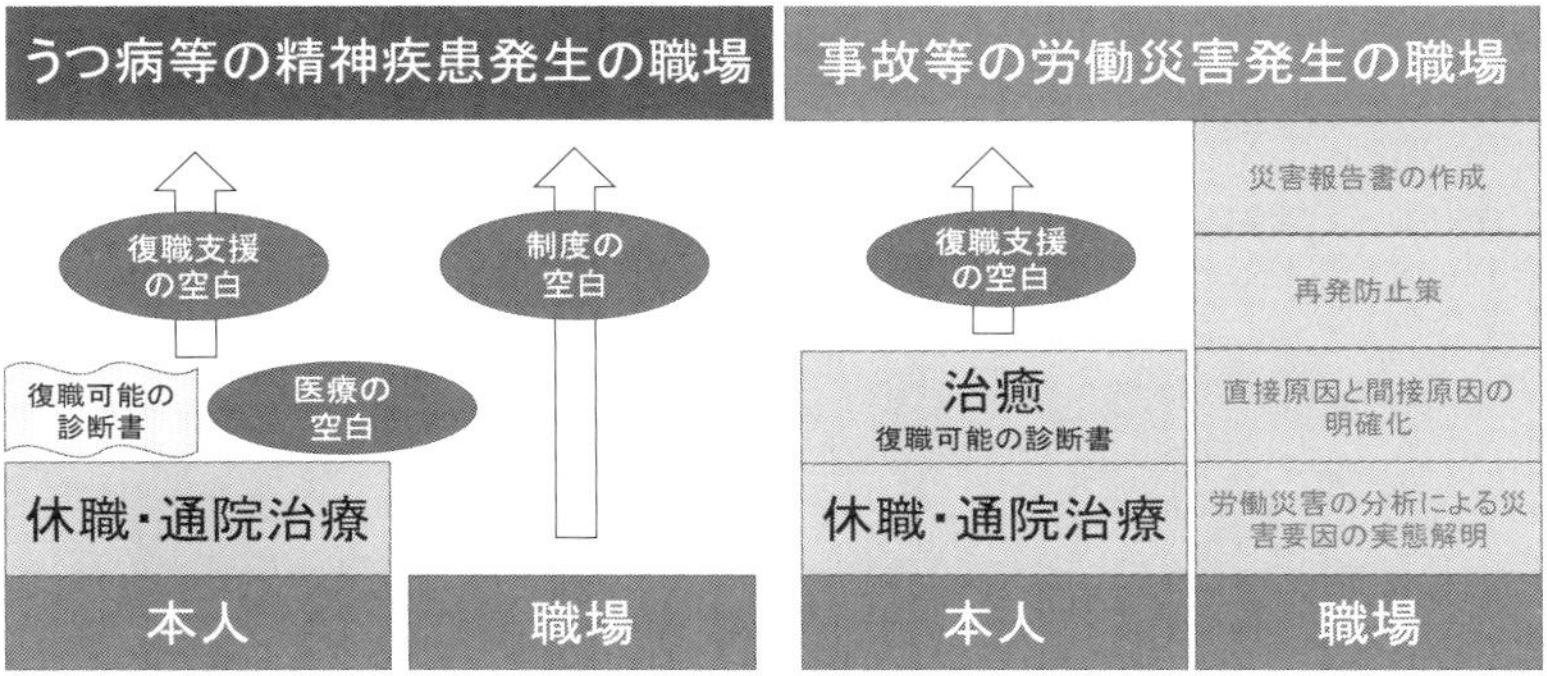

出典：筆者作成

図２　「再適応」の復職パターン

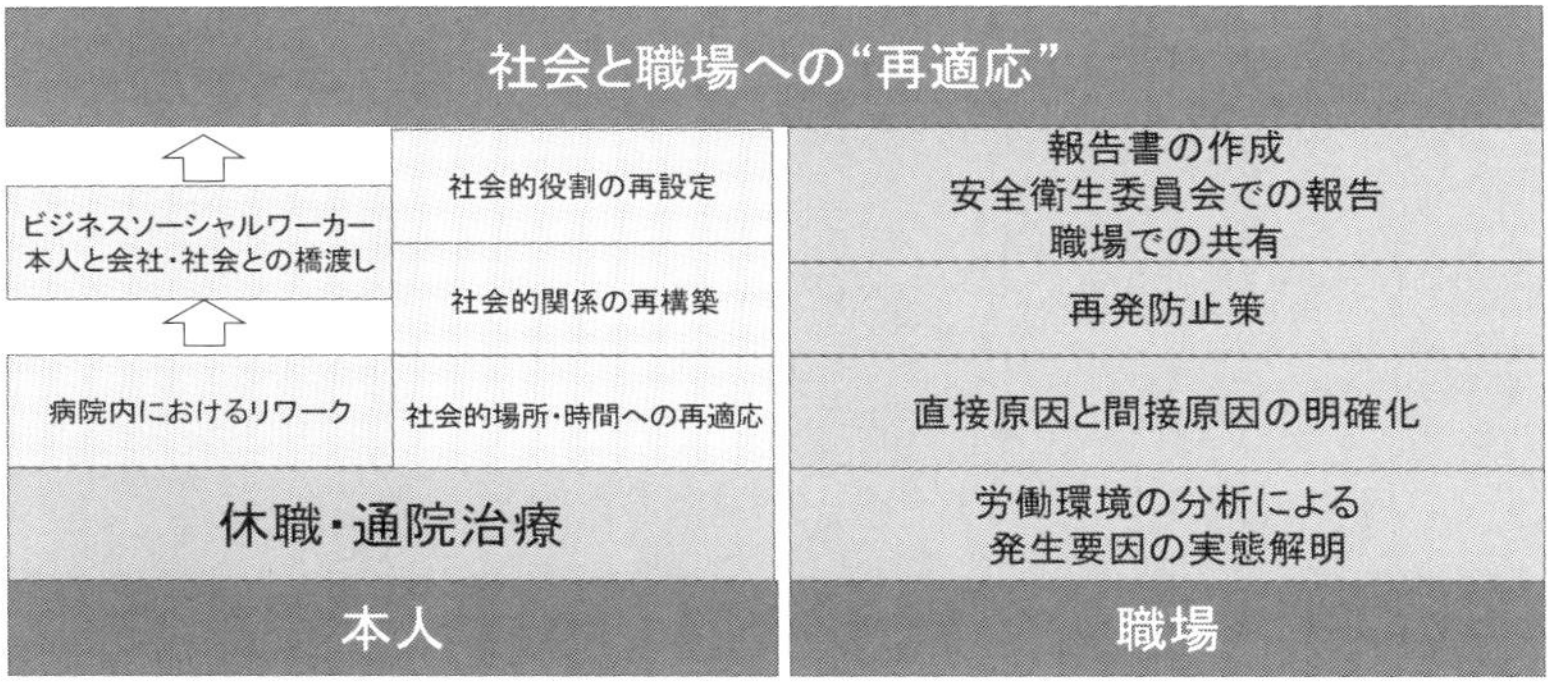

出典：筆者作成

図3　厚生労働省の『手引き』による復職支援プロセス

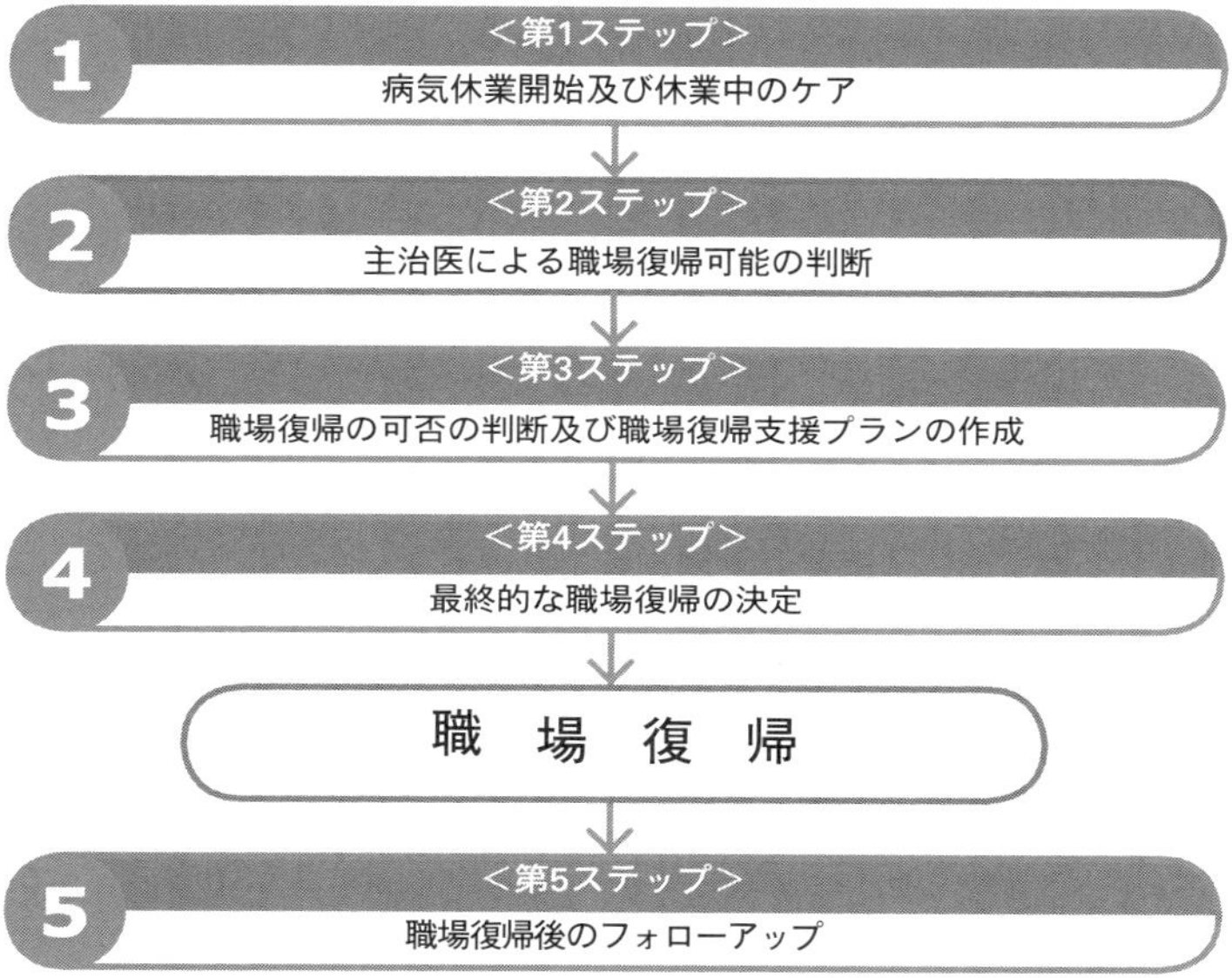

Key Word《キーワード》

職場復帰支援プログラム …………職場復帰支援についてあらかじめ定めた事業場全体のルール

職場復帰支援プラン …………休業していた労働者が復職するにあたって、
復帰日、就業上の配慮など個別具体的な支援内容を定めたもの

出典：厚生労働省［2010：1］

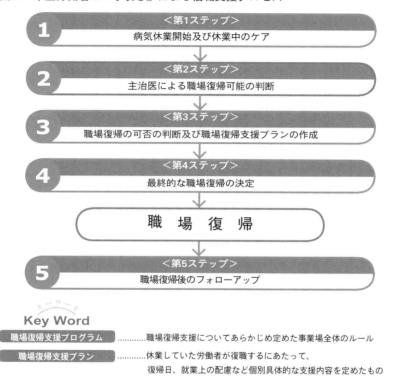

「保護しつつ」復帰させるという発想に立っている。

『手引き』に欠落している復職ステップにおける空白をどうすれば埋めることができるのかについて、私はこれまでに行ってきた支援の実績に基づきながら、考え続けてきた。そして厚生労働省の『手引き』を大きく改善するかたちで、新たな再適応支援マニュアルを考えてみた。ただし、問題は単にマニュアルの改善のレベルにとどまるものではない。職場におけるメンタルヘルスの問題について、労働行政をはじめ、医療や会社などの関係者の基本的な考え方と制度が大きく変革されることが前提となることをことわっておかねばならない。

私が提案する「新・再適応マニュアル」と厚生労働省の『手引き』を対照したものが表1である。両者の違いを大まかに説明しておくと、『手引き』では、職場復帰までに、五つのステップを設定しているが、「新マニュアル」では、復帰に至る過程、復帰後の過程の段階を配慮して、七つのステップを設定した。また、『手引き』では、各ステップは、本人の「回復」の度合いが復帰につながる目安として区分されているが、「新マニュアル」では、それぞれの段階は、本人の社会的な「再適応」の進展に応じて区分され、それぞれのステップに対応して、どのような支援が必要であるのか、支援にどのような主体が関わるのかを対応させている。また、『手引き』では、職場（会社）側の対応は視野からほとんど抜け落ちているが、「新マニュアル」では、復帰の本人と並行して、職場（会社）がどのような対処を行い、かつ本人と関わっていくのかを重視している。

表1　筆者提案の「新・再適応マニュアル」と厚生労働省『手引き』との対照

	新・再適応マニュアル（筆者提案）		厚生労働省『手引き』
	復職者	職場	復職者
第1ステップ	心身の健康と安定の回復過程	職場環境の分析による発生要因の実態解明	[第1ステップ] 病気休業開始および休業中のケア
第2ステップ	社会的場所・時間への再適応の準備 【医療リワークの開始】	問題発生の直接原因と間接原因の分析 復職者の再適応状況の情報共有	[第2ステップ] 主治医による職場復帰可能の判断
第3ステップ	社会的関係の再構築の準備 【カウンセラー、ソーシャルワーカー等との面談】	再発防止策の検討と策定 復職者の再適応の情報共有・支援関係者との連絡	[第3ステップ] 職場復帰の可否の判断及び職場復帰支援プランの作成
第4ステップ	社会的役割の再設定 【社会的活動の開始と共有】	職場環境の改善についての報告書の作成と関係者による共有 復職者の再適応状況の情報共有・支援関係者との連絡	[第4ステップ] 最終的な職場復帰の決定
第5ステップ	社会的関係の再構築の開始 【会社関係者との面談開始】	安全衛生委員会での改善策の報告 復職者との直接接触開始・職場復帰プログラムの作成	
第6ステップ	社会的場所・時間への本格的な再適応 【会社での短時間勤務開始】	職場内での再発防止策の実施 復職者の職場復帰の決定と支援	[第5ステップ] 職場復帰後のフォローアップ
第7ステップ	通常勤務後の再発防止支援	再発防止策の効果検証 復職者のフォローアップ	

出典：筆者作成

3　「新・再適応マニュアル」における復帰者支援のポイント

表1に見るように、私が提案する再適応支援のプログラムにおいては、主治医から職場復帰可能の判断が下された時点から、実際に職場復帰に至るまでには、大きな壁があり、それを克服するために、ステップ・バイ・ステップをモットーに段階を追って進んでいかなければならないこと、それに沿って支援を行っていかなければならないことを重視している。乗り越えなければならない壁とは、「社会的場所・時間への再適応」と「社会的関係の再構築」と「社会的役割の再設定」である。この壁を克服していくプロセスと支援をめぐるポイントを表2にまとめてみた。

「社会的場所・時間への再適応」の開始の段階

［初期段階での強い不安と緊張感］

本人が心身の健康と安定を取り戻し、医師から「回復」が告げられると、いよいよ復帰に向けての準備が始まり、「医療リワーク」やカウンセラーによる支援が開始される。この時点では、本人は強い不安と緊張を抱いており、支援は、まず復帰に対する抵抗感を取り除くことから始まるが、その前提として、本人と専門的な担当者との間に、信頼関係を築くことが必要である。自由に感情を表に出し、話せる雰囲気を作ること、安全・安心な環境を提供すること、本人の心身状態のアセスメントをたえず行い、復職者が自分の状態を客観的に見られて、支援者と共有することが大事である。不安はまず会社という社会的な場所に出向くことへの抵抗感として現れることが多い。冒

表２　「新・再適応マニュアル」の概要（職場向け）

社会的場所・時間への再適応	１　再適応への支援関係形成 （ａ）専門的担当者との信頼関係形成 （ｂ）抵抗感の整理　抵抗を感じる場所、時間、対人関係等とそれぞれへの反応 （ｃ）再適応計画の検討 （ｄ）会社の制度に関する情報提供 ２　社会的場所への再適応 （ａ）興味関心分野での行動化 （ｂ）段階的な場所への適応 ３　社会的時間への再適応 段階的な社会的時間への適応
社会的関係の再構築	（ａ）抵抗感の状態、心身反応の回復傾向等、再適応計画等の共有、活動の視覚化 （ｂ）段階的信頼関係の構築
社会的役割の再設定	（ａ）新しい行動の実験 （ｂ）職場での行動の悪循環の整理 （ｃ）新しい役割の中心に置く価値観の整理、核になるものと自由の獲得

出典：筆者作成

頭に紹介したA氏（四十代男性・技術者・うつ病と診断）の場合も、医師から「職場復帰の話をしてください」との依頼により、私がカウンセリングを開始した際、「まだ会社の敷地に入れない」という反応を示した。復職の話はしたいが、会社に足を踏み入れることには強い抵抗がある。医療は、会社という社会的場所、そこでの社会的時間に対する強い抵抗感を取り除くことはできない。いっぽう、会社側はこの抵抗感を認識できず、結果としてそれを無視し、会社という社会的場所に来ることを当たり前のこととして強要することが多い。復職に向けての第一段階に立ちはだかる典型的な壁と言えよう。

［抵抗感の原因を社会的な関係において捉える］

環境への過敏さが別の表れ方をすることもある。プレッシャーの正体が具体的に何であるかを本人が言葉にすることが難しく、よくわからないけれど身体が動かない、といったあいまいな表現となることが多い。そのため、何が本人に抵抗感をもたらしており、その抵抗感はどの程度なのかは、会話や本人の身体反応の中から拾い出す作業によって突き止めていくことになる。ここでは、復職者の心身症状を、症状の継続・悪化といった個人的な病気の問題としてのみとらえるのではなく、社会的な問題＝職場（会社）との関係の表出としてとらえる視点が重要である。

［段階を追って進めることの重要性］

職場（会社）という社会的な場所への再適応とともに、働く時間という社会的な時間にも再適応していく必要がある。一定時間以上、社会的な場所にいると、帰宅後は非常に疲れ、だるさや眠気の症状が出る場合が多い。そのために、抵抗を感じる場所に定期的に滞在する計画を立てると同時に、訪れる頻度や滞在する時間、場所を工夫して、慣れるようにしていく。社会に戻るということは、決められた場所に、決められた時間だけいることができるかどうかに関わり、とくに、仕事に戻るためには、会社によって設定された場所と時間に再適応できるかが問題となるからである。社会的な場所と時間に慣れるプロセスは、じっくりと段階を追って進めていかねばならない。

たとえば、休職に入った当時のA氏は、会社を意識するだけで身体は動かず、不安感が強く眠れない、食べられない等の症状が出ていた。それが第一回目の面談時では、抵抗感と身体症状は出たが、会社にたどり着くことはできた。「症状は出るが、行動はできた。また症状はその時一定のレベル以上に悪化しなかった」という。これは先に進むための重要な条件である。これを繰り返すことにより、身体を新しいリズムに慣らしてゆくことが可能だ。敷地や建物といった実在する場所としての「会社に入る」ことを復職の第一段階とするならば、それを克服するための非常に小さなステップである。

支援する担当者の側は、一回一回のプロセスを本人と共有し、緊張しながら動いた気持ちに共感することが大切だ。新しい場所への挑戦は健常者が思っている以上に不安が強く、自信が持てない。それだけに常に本人の挑戦をフィードバックし、行動を強化する併走者の存在が欠かせない。小刻みなステップを踏む行動化や本人の行動に対する共有と支援がないと、いきなり大きな挑戦をして自信を失ったり、動悸がするといった心身の反応に過敏になり、これでは無理だという評価を下し、せっかくの挑戦の効果を失うことになりやすい。

〔再適応計画の検討と関係者による理解と情報の共有〕

開始時に重要なのは、本人の抵抗感と身体反応を克服するために必要なステップの各段階について十分な説明を行うことである。抵抗感を感じていることは、当たり前であり、大切なことであると本人に伝え、それをないものとして動くのではなく、抵抗する場所に慣れるまでゆっくりと時間をかけ、抵抗反応が強ければ無理をしない、途中で引き返すことも自由であると本人に説明する必要がある。社会的場所への抵抗を理解しない支援者は、「行けば何とかなる」「入ってしまえばだいじょうぶ」「気持ちの問題だ」などと強引に引き立てるような説明をし、そこへ行くことを強要しがちである。このような対応は、回復過程を反転させかねない。抵抗感を持つ社会的場所へ向き合うためには、上記のように細かいステップを踏んだ段階的対処が重要である。

復職を考え始めるとき、さらに多くの問題が本人の目の前に立ち現れることがよくある。家庭の経済的問題、家族との関係、会社の再編統合・部署異動など、社会に向かい合おうと目を上げたとたん、多くの情報が本人に押し寄せてくる。それゆえ、いっしょに情報を整理し、優先順位をつける手助けをすることも、カウンセリング担当者の重要な役割となる。

いっぽう、復職者の再適応計画とその進展状況について、復帰を受け入れる職場（会社）側も情報を共有しておくことが大事である。先のA氏の事例では、会社側も再適応計画を理解し、本人の決定を尊重してくれた。会社が計画を理解し尊重したことは、本人の会社への抵抗感を緩和することに大きな効果があったようだ。さらには、再適応計画について、医療側とも情報を共有し、適切な連携を取る必要がある。復帰者本人をめぐるさまざまな関係者・組織の理解と協力を求めるためには、再適応計画とその進展状況についての情報を、第三者にもわかるように整理し、伝えておくこともカウンセラーなどの専門的な支援担当者の役割でもある。

「社会的関係の再構築」と、「社会的役割の再設定」

「小さな挑戦の一つ一つが根っこを強化する」

A氏の事例では、初回面談で、自分でできる復職に向けた取り組みとして、家での過ごし方を検討した。A氏はスキーが趣味であったが、三回目の面談前日に、発症までの数年、まったく行くことがなかったスキーに行ってみたという報告があった。

A氏は「自分が、仕事に向かうという緊張に向かい合うためには、カウンセラーからの、スキーをやってみたらという助言がポイントだった。得意な分野で新しいことにチャレンジしてゆき、自分でできるという自信のレベルがだんだん上がってきた。職場に行けるための根っこの部分が強化されている気がする」と面談中に振り返った。

それに加えて、「根っこのところを強化する、人間形成のやり直しがあった。新しい挑戦は自分の満足度も上げるが、すごいねとか言ってもらえると自信が深まった。達成したことを共有してもらい、小さいことが積み重なってくると、会社の組織が変わらなくても行ってみようと思えてきた。自分が仕事をしていたビルに足を踏み入れるのかということも最後は自分で決めればいいのだと踏ん切りがついてきて、会社に復帰してもいいかなと思えるようになった」とも語る。

新しい行動を小さく繰り返し、その達成を他者と共有する。肯定的フィードバックを繰り返し受け取ることで自信を積み重ねる。「根っこの強化」とA氏が表現したこのプロセスこそ、再適応する人にとって重要なポイントである。A氏が場所、時間、関係、行動を変化させてきたそれぞれのプロセスは、A氏自身が決めた小さな挑戦（行動）で構成されている。その小さな挑戦の一つ一つは、実験的に行うことが重要ではある。そしてそれを他者に話し、共有し、共感や肯定的なフィードバックをもらう作業の積み重ねが、A氏の根っこを強化し、再適応へ踏み出す力をよみがえらせたのである。

復職者が新たな社会的役割に向かい合うには、職場で保護され、いたわられるような受け身の存在ではなく、能動的に、仕事と職場環境に再適応していく主体性を回復することが望まれるのである。その後、A氏は休職前の上司と話をするまでの段階に達し、その際、仕事を何かしたいと要望を出すに至っている。

［社会的役割を再確認するための葛藤の整理と価値観のリセット］

社会的な場所・時間への再適応が進んでくると、いよいよ、実際に職場に戻り、仕事をしている自分を想定する段階に入ってくる。この段階では、自分の今までの働き方の振り返り作業を繰り返して行う訓練が有効である。仕事時の自分と会社で起きることに向かうときの気持ちや考えの悪循環を紙に書いて、整理し、カウンセラーとそれを共有しながら検討する。気づき、立ち止まり、検討し、適切な行動を決め、現場で試行する。それを再び共有し、強化してゆくことを繰り返していく。この訓練では、ソーシャル・スキルズ・トレーニング（SST　社会生活技能訓練）の手法を取り入れている。SSTとは精神障害のある人たちに対して作られたセルフケアツールで、自分の心身の状態を把握し、自分に合った対処プランで辛い症状を軽減・予防し、目標に向かって取り組む系統だった手法である。

この段階で、次のステップに進むためにきわめて大切なことは、これからの働き方についての基礎をしっかりと固めることである。なんのために働くのか、自分の人生の役割とは何か、会社における責任とどう向かい合うかなどについて整理してゆくことが重要となる。A氏の事例では、働くための根っこの部分には何があるかを何度もカウンセラーから聞かれ、考えた結果、それは家族だと思ったと追想される。家族優先でやっていこうと思い定めると、いろいろなことが「まあいいや」と思えるようになり、自分の価値観にリセットをかけることができた。それは「自由度の獲得だと思う」とも語る。A氏は職場の求める社会的役割を当たり前のものとして受け入れ、以前と同じように働くのではなく、抵抗や葛藤を整理し、価値観をリセットし、新しい社会的役割を自ら明確にすることで「自由」を獲得して働き始めた。ここに、復職に向けての「再適応」を主体的に達成しつつある姿を見ることができる。

4 「新・再適応マニュアル」による職場（会社）向けの支援プログラム

うつ病からの職場復帰という問題において、本人の復帰への努力と同じ程度に重要なのは、職場（会社）側の努力である。この点は、先に指摘したように、現在の労働行政ではまったくと言っていいほど見落とされている。私は、うつ病の発生から職場復帰に至る過程に対応して、職場（会社）の側も職場全体のメンタルヘルス状況の改革と復帰者の受け入れに対する対応を進めるプログラムを提案している（前出の図2参照）。職場（会社）の取り組むべき課題には、職場のメンタルヘルスの改善問題（表3を参照）と復帰者への支援（表4を参照）という二つの領域がある。

休職発生の原因の解明と、職場（会社）のメンタルヘルスの改革

うつ病等による休職者を生み出した職場においては、一般の労働災害と同じような対応がメンタルヘルスの分野でも採用されるべきであると考えられる。つまり、災害を発生させた職場の環境要因を分析し、直接・間接の原因を特定し、それについて、再発防止策を策定し、職場でそれを共有して実行していくことである。ただし、物理的な原因による労働災害に比べると、精神的な疾患の場合には、人間的な関係も絡み、原因が複雑で、なかなか特定が難しいし、取り組みには困難な面があるにせよ、管理監督者を中心に、メンタルな問題が原因で求職者が発生した職場の問題点を整理し、書類として記録に残し、関係者の間で認識を共有していくことが必要になる。休職者のみならず、他の社員にも不調者が出ていないか、部署全体の健康状態を確認するなかで、問題の全体像が見えてくることもあるだろう。こうした検討の結果、対象職場および会社全体の「心の健康づくり計画」を見直し、または新たに作成することによって、休職者を発生させた職場のメンタルヘルスの状態を改善し、同種の問題を発生させない体制を整えていかねばならない。

復帰者と会社側との信頼関係の再構築

職場が復帰者を受け入れる過程では、復職者が再適応の訓練に入った段階から、職場側の関係者が情報を共有し、受け入れの体制を整えていく必要がある。復職者の再適応計画については、管理監督者、人事関係者、衛生管理者、メンタルヘルス担当者、産業医、保健師、事業場外産業保健スタッフの間で共有されねばならない。また、復職者が安心して復帰できるようにするためには、早い段

表３　「新・再適応マニュアル」による
職場のメンタルヘルスの改善プログラム

1　職場側の問題整理(総務人事部、管理監督者、衛生管理者等) （ａ）職場環境の問題点の整理と共有 （ｂ）部署全体の健康の確認、他の社員の状態確認 2　「心の健康づくり計画」の再設定、職場環境改善計画の策定（同上） （ａ）年度当初策定した心の健康づくり計画の見直し （ｂ）職場単位の心の健康づくり計画の策定 3　安全衛生委員会の開催 （ａ）職場の問題の共有 （ｂ）心の健康づくり計画、職場環境改善計画の検討 （ｃ）復職予定者情報の共有(本人の同意のもと)

出典：筆者作成

階から、復職者と職場側の人事担当者、管理監督者等との信頼関係を形成することが必要である。信頼関係が進んでいけば、職場側から、「心の健康づくり計画」など、職場改善が進んでいることの説明や、現在の社内体制、組織体制、仕事の状況など、復帰に備えて必要な情報を復職者に段階的に提供していくことが心の準備をさせることになる。

この段階で最も重要なことは、復職者と職場（会社）側との信頼関係を再構築することである。うつ病などのために休職に至った人は、職場（会社）に対しては、心理的に敵対感ないし疎外されたという思いを抱いている。それゆえに、復職とは、復職者と会社との間で信頼関係を再構築していくことを意味する。にもかかわらず、多くの場合、会社側は、復職者と会社との信頼関係が壊れていて、再構築する必要があることを認識せず、元に復帰して従来どおりに勤務してもらうことのみを考える傾向がある。それでは、復帰者は職場（会社）に不信感を抱き続けたままとなり、安定した復帰を実現することはできない。

表４　「新・再適応マニュアル」による職場（会社）向けの支援プログラム

復帰前の段階	1　復職者の再適応計画の共有(関係者) 2　復職者との信頼関係の再構築（復職者と人事担当者、管理監督者等） 3　現在の職場に関する情報の段階的提供(復職者に対し) 4　心の健康づくり計画と職場改善計画の説明(復職者に対し) 5　復職に関わる社内制度の説明(復職者に対し)
職場復帰の可否の判断／職場復帰支援プランの作成の段階	1　情報の収集と評価 　復職者側の情報（復帰意思・主治医の意見・本人の状態など） 　職場側の情報（休職者発生の原因解明とそれにかかわる職場環境改善） 2　職場復帰の可否についての判断 　復職者側の条件と職場側の条件についての評価・判断 3　職場復帰支援プランの作成 　職場復帰日／管理監督者による就業上の配慮／人事労務管理上の対応 　産業医等による医学的見地から見た意見など
職場復帰後のフォローアップの段階	1　復職者側へのフォローアップ （ａ）疾患の再燃・再発、新しい問題の発生等の有無の確認 （ｂ）勤務状況および業務遂行能力の評価 （ｃ）職場復帰支援プランの実施状況の確認 （ｄ）治療状況の確認 （ｅ）職場復帰支援プランの評価と見直し 2　職場側へのフォローアップ （ａ）職場環境等の改善等 （ｂ）管理監督者、同僚等への配慮 （ｃ）職場復帰支援プランの評価と見直しの共有 （ｄ）復職者の小さな挑戦への定期的フォロー面談

出典：筆者作成

会社側は、復帰者を元のままの部署に順調に戻せばいいのだと単純に考えるのではなく、復帰者が抱いている会社の体制、個々の制度や人間関係に対する不信感を整理・検討し、改革の結果と会社側が準備している復職プログラムの内容を復帰者に伝える必要がある。それによって、復帰者と会社との信頼関係が再確立されることが復職のキーポイントとなる。ここで望まれるのは、会社側の積極的な対応であり、実行の中心となる管理監督者の積極的な役割である。そのことが十分に徹底・教育されなければならない。

職場復帰の可否の判断と、職場復帰支援プランの作成における双方向性の重視

休職者の心身の健康が回復してくると、会社側は職場復帰の可否を判断する段階に入る。可否を判断するうえでは、必要となる情報を集めて評価することになるが、この場合、復帰の意思、本人の心身の状態、主治医の意見など復帰者本人に関する情報とともに、受け入れる側の職場環境等の評価を合わせて行うことが重要である。休職者が発生した職場には、どのような問題があり、それがどのように改善されたか、復帰できる職場であるかという問題であり、この問題を欠落させれば、再び同じ問題を発生させる可能性がある。

復帰が可と判断されれば、復帰の日程を含む「職場復帰支援プラン」の作成へと進む。プランが作成されるにあたっては、やはり復帰者と管理監督者との間の信頼関係が基礎となる。十分な面談を通じて、就業上の措置について情報を共有しながら、本人の新しい挑戦とそのステップについて計画を立てることが必要になるだろう。また、管理監督者は、他の社員に負荷等が偏っていないか確認し、復職者を迎える職場環境の改善に配慮する必要もある。そして、こうしたプロセスを衛生

管理者またはメンタルヘルス担当者がしっかりと監視する必要がある。

さらに、私は、職場復帰の後も安定した復帰がなされたかどうかを見守ることが必要であると考えて、厚生労働省の『手引き』では想定されていないフォローアップにおける支援のステップの新設を提案している。ここでは、疾患の再燃・再発、新しい問題の発生等の有無や治療状況、勤務状況、復帰支援プランの実施状況など、復職者側へのフォローアップと同時に、職場側がどのように対応しているのか、その対応はうまくいっているのかどうかを検証するフォローアップが重要である。職場側へのフォローアップでは、職場環境の改善状況、管理監督者、同僚等への配慮、職場復帰支援プランの評価と、必要とあれば見直しを検討すること、復職者の「小さな挑戦」への定期的なフォロー面談の実施状況などが検証されることになる。

うつ病からの職場復帰のプロセス全体を通じて改めて強調しておきたいのは、復帰は、心の健康を害した人が病気を克服して元の職場に戻るという問題ではなく、本人と職場（会社）の相互関係という位相において理解されなければならないということである。現在の労働行政や職場（会社）の考え方と体制は、そうした視点を欠落させていることが最大の問題であると考えられる。

5　うつ病からの職場復帰をめぐる基本問題

冒頭において、うつ病からの職場復帰をめぐる支援の現状においては、職場（会社）への復帰を視野に入れていない医療の問題、うつ病を発生させる職場環境を改善する視点の欠落、職場復帰過程での系統的な支援システムの不在という三つの「空白」を指摘した。この考えは、私が実際に復帰支援を重ねるなかで、どのようにすれば、この「空白」を埋めて、スムーズで安定的な職場復帰が実現できるかを考えた結果として生まれた。

とくに強調したことは、第一に、職場への復帰は、精神的な健康を損なって休職した本人が「保護される」受け身の存在としてではなく、主体的に、社会的場所と社会的時間に再適応していける存在になることによって実現されること、第二に、支援は、その目的のために、本人、医療、職場（会社）、およびカウンセラーなどの第三者が連携しつつ、ステップ・バイ・ステップで段階を追って進められるべきことである。その場合、本人との間だけでなく、関係者の間での情報の共有と連携を図っていく役割を担う「ビジネス・ソーシャルワーカー（仮称）」というような存在が社会的に定着する必要性も強く感じる。

同時に、問題を個人の心の健康問題に還元する傾向を持つ労働行政の姿勢を根本的に改革する必要があることも強調したい。問題の本質は、うつ病のような精神的疾患を多発させている職場環境にあり、そうした状況を改革する制度を構築しなければ、根本的には解決しない。うつ病からの職場復帰支援もそうした努力の中の一環として位置づけなければならないだろう。

参考文献

五十嵐良雄　2012『リワークプログラムの実施状況と利用者に関する調査研究』厚生労働科学研究費補助金事業

五十嵐良雄・林俊秀・うつ病リワーク研究会　2010「うつ病リワーク研究会の会員施設でのリワークプログラムの実施状況と医療機関におけるリワークプログラムの要素」『職リハネットワーク』六七：5-17

厚生労働省　2004・2010・2013『心の健康問題により休業した労働者の職場復帰支援の手引き』（二〇一〇改訂版　file:///C:/Users/joseol/Documents/101004-1手引き。pdf; 二〇一三改訂版 https://www.mhlw.go.jp/file/06-SeisA　kujouhou-11300000-RoudoukijunkyokuA　nzeneiseibu/H25_Return.pdf)

山田陽子　2008「〈心の健康〉の社会学序説——労働問題の医療化」『現代社会学』九：41-60

崎山忍・臼井卓士・横山和仁・高木邦子　2006「精神科医師・医療機関のための職域メンタルヘルス・マニュアル」厚生労働科学研究費補助金労働安全衛生総合研究事業

島　悟　2004「うつ病を中心とした心の健康障害を持つ労働者の職場復帰および職場適応支援方策に関する研究」厚生労働省労働安全衛生総合研究事業（平成十四年度〜十六年度）

野村総一郎　2006「うつ病医療におけるリハビリテーションの意義」『職リハネットワーク』No.58: 3

油谷桂朗　2005『メンタル不全者の職場復帰時の対応に関する調査研究』京都産業保険総合支援センター

五――死別の悲嘆を聴く

第三人称親密圏の共感空間、「ワールドカフェ寺ス」

飯島惠道

飯島恵道（いいじま　けいどう）
長野県松本市生まれ。二〇一四年、信州大学大学院地域社会イニシアティブ・コース修了。薬王山東昌寺（曹洞宗）住職。信州大学医療技術短期大学部卒業後、出家。愛知専門尼僧堂にて修行。さらに駒澤大学、同大学院にて仏教を学ぶ。その後、看護師として勤務した後、実家の東昌寺（尼寺）に戻り、再び僧侶としての生活を始める。死別悲嘆に寄り添う場と人とのつながりを作ることを目指して、任意団体「ケア集団ハートビート」を立ち上げ、寺を拠点として、死別の悲嘆を抱える人とそれに関わる人たちが自由に集う「ワールドカフェ寺ス」の活動を行っている。

1　看取りと死別の現場に立ち会う

看護師として、そして僧侶として

私の実家は尼寺で、祖母、母が僧侶であり、私も自然と僧侶になる育て方を受けた。しかし、看護の仕事に関心を持つようになり、大学では看護学を学んだ。卒業後、出家して、仏教系の大学院に進学し、さらに深く仏教を学んだが、やはり看護の現場に立ちたいと考えて、長野県下の病院で看護師として働くことになった。院長は「あたたかい医療」の実現を目指している人で、地域医療と全人的ケアに力を入れていた。スタッフたちもそうした方針を共有して働いており、新人の私も院長の言葉を目標として看護を担うことに誇りを感じた。

はじめに内科病棟、次に訪問看護に配属されたが、やがて新設された緩和ケア病棟に移ることになった。学生時代から終末期ケア、ホスピスケア、緩和ケアに関わりたいと願っていたから、緩和ケア病棟での勤務は、念願がかなった思いでうれしかった。この病院の緩和ケアは、入院している人、在宅で通院してくる人、訪問医療を受けている人、そのいずれであっても、すべて緩和ケア病棟の部署が担当することになっていた。だから、療養の場所がどこであっても、ケアの担当者は変わらず、良い形で継続的な看護ができていたと思う。

病院と在宅の両方で、看取りも経験した。病院内でももちろん細心の心配りはしていたが、在宅での看取りを経験してみると、人が住み慣れてきた家にはやはり病院にはないあたたかさがあり、患者も家族も病院では見せないような穏やかな表情で時を過ごしていることに気づかされた。ケアを担当する私までが癒されるような場面も少なくなかった。

充実した病院勤務の日々ではあったが、そのうち実家の寺に事情が生じたため、僧侶として寺に戻ることになった。寺では、当然ながら、葬儀や法事などの仏事に携わることになる。初めのうちは、病院でのケアから看取り、亡くなってからの寺での葬儀や法事へと移っていく過程で、故人と遺族(喪家)に対するケアが何らかの形で連続して行われていくものと考えていた。しかし、寺に戻って僧侶として立ち会ってみると、目にしたのは、死別によって遺される近親者たちが孤独のうちに取り残されている姿だった。故人の看取りに関わってきた医療・福祉ケア現場のスタッフと、亡くなった後の葬儀に関わる葬儀業者や寺との間に連携はまったくない。それぞれが担当する仕事を終えると、潮が引くように立ち去ってしまい、喪家とのつながりは切れてしまう。遺族には喪主・喪家としてしっかり振る舞う役割が期待されているが、その心情は置き去りにされているように感じられた。

葬儀のあと、喪家の希望があれば、私は月命日のご供養のために喪家を訪問する。しかし、それも月に一度の決まった日だけの関わりにすぎない。ご供養に赴いてみると、葬儀や四十九日が過ぎると、喪家の家族はいっそう取り残されたような形になり、寂しさと悲嘆を深めていることが伝わってきた。死別から時間が経過しても、遺族の悲嘆は、月命日のような区切りのときに限らず、遺影や遺品を目にしたとき、故人に由来する何かを耳にしたとき、あるいはなんの前触れもなく、ふと訪れるものであるようだ。供養は故人に手向けられるものであるが、それとともに、遺された生者の死別悲嘆へのケアも必要ではないかと強く思うようになった。英語では、以前から「グリーフ・ケア grief care」（悲嘆のケア）という言葉が使われており、欧米では、死別悲嘆ケアの必要性についての認識は日本より先行していたようだ。

「死」が片隅に追いやられる社会

人間はこの世に生まれた以上、遅かれ早かれ「死」を迎える。「死」は「生」の終焉であり、縁のあった者との不可逆的な別れでもある。仏教では、人間の苦しみを「四苦八苦」という言葉で表現する。「四苦」とは生・老・病・死で、これに怨憎会苦《おんぞうえく》・愛別離苦《あいべつりく》・求不得苦《ぐふとくく》・五蘊盛苦《ごうんじょうく》を加えて、「八苦」となる。このうち、「愛別離苦」は愛する者との死別の苦しみを説く。経典でも説かれているように、昔から、人はこの苦しみに向かい合い続けてきたのだろう。

遺される者にとって、死別という喪失はつらい。とくに親しかった人、つきあいの深かった人との死別は、関係の薄かった人に比べて、悲しみの深さや衝撃の大きさが異なる。流産で子を失ったり、年少者に先立たれたりした場合、親や年長者を亡くす以上に悲しみはひとしおであろう。また、突然の災害・事故・病による死や、ときとして自死ともなれば、遺された者に堪えがたい自責の念を起こさせることもある［坂口2012、広瀬2011など］。

どのような形であるにせよ、死と死別は誰にでも訪れるものだ。かつてのように多くの人が自宅で看取られて亡くなっていった時代には、「死」は身近な出来事であった。しかし、現代の「死」は見えにくくなってきている。最近では、死を迎える場所は病院や施設など、日常から隔離された場所であることが多い。隔離された場所で起きるゆえに、「死」という事実自体も、看取った近親者のほかには、治療や介護にあたった人たちなど限られた者の間での出来事となり、近隣や知人などにも伏せておくことさえできる。葬儀を行うにしても、親族以外の会葬を辞退して家族葬・密葬ですませることも多くなっている。学校や会社などでは、近親者の死に際しての「忌引き」の規定はあるが、構成員の身内の死は私的なこととされ、葬儀にも関わらないようにしているのが普通だ。こうして、死は、今や内輪だけの私的で、特別な出来事として、社会の片隅に追いやられようとしている。

ある人にとっては、ひとつの死が自分の人生が崩れてしまうほどの衝撃を受ける事件であっても、他の人びとには無関係で、それによって影響を受けることなどないかのように振る舞われていく。あたかも、その死がなかったように、人が往来しているなかで、死別悲嘆を抱える者は自らの悲嘆を外には出さないようにしていかなければならず、それは、このうえもなくつらく、生きづらいことだ。そうした思いをお寺や喪家で繰り返し聞かされてきたが、やがて私自身も母との別れに際して同様に体験することになった。

死と死別の悲嘆を表に出せないということは、「死」を公然と語ることのできない社会であると言い換えることができる。アメリカの社会学者ゴッフマン（E. Goffman）は、現代に特徴的な「公共の場における死に対する態度」を「儀礼的無関心」と名付けている［1980（1963）］。人はつねに群衆の中で存在するという状況が生まれた近代においては、たとえば電車で乗り合わせたり、街角ですれ違ったりする人を、私たちは、普通、興味深げに凝視したりせず、座ったり立ち止まったりするときも、適度に互いの距離を保つようにつとめる。それは、群衆の中で他者との関係に特定の意味や価値を与えず、お互いを「無関係な他者」として自己呈示しあうという暗黙の了解に基づくものだ。現代社会の死に対する態度とは、まさにこうした「儀礼的無関心」にほかならない。そして、このような背景が「死を語れない社会」を生み出している。しかし、本当に、それでいいのだろうかという深い疑問が湧き上がってくる。

2　死別の悲嘆に寄り添う場をつくる

「健康都市」から「共感都市」へ

一九八〇年代から、都市に住む人びとの健康を守る動きのなかで、「健康都市 healthy city」という概念が登場するようになった。それは「健康」を軸としてまちづくりをしていこうという考え方であり、「健康都市」とは「都市の物的・社会的環境の改善を行い、そこに住む人々が互いに助け合い、あらゆる局面で自身の最高の状態を達成するために、都市にあるさまざまな資源を幅広く活用し、常に発展させていく都市である」と定義されている［山崎 2012 : 1196］。人間の生活にとって「健康」であることは何よりも大事なことであり、物的なゆたかさや便利さではなく、「健康」を中心にすえて地域づくりをしていこうというのは、魅力的な考え方である。しかし、山崎浩司は、さらに一歩を進めて、「健康都市」の発想の中に、「死」や「死別」ということを取り入れていくべきではないかと考えている［2012］。コミュニティにおいて、成員どうしが苦境や悲しみに共感することで、「健康」と「死・死別」の共存が可能になり、成員どうしが「共感しあう」ことによって、見知らぬ者どうしが親密なつながりを生み出していくというのである。山崎によると、こうした考え方を打ち出したのは、「死」を社会学的な視点から研究しているイギリス人社会学者のアラン・ケリヒア（Allan Kelleher）という人である。ケリヒアは、人が互いの苦境や悲しみに共感しあうようなコミュニティを「共感都市 compassionate cities」という言葉で表現しているという。

「健康都市」はだれもが体験する死や死別が射程にはいっておらず、人々が健康的に死に向かい、看取り、死別を悲しむ環境の整備には言及していない。「健康都市」のこの限界を埋めるべく、ケリヒアが考案したのが「共感都市」である。「共感都市」では、同じコミュニティに住む人々の苦境や悲しみに共感することは、コミュニティの成員全員が健康に生きるためには欠かせない倫理であると考える。

［山崎 2012 : 1195］

山崎は、「共感都市」と呼ばれるコミュニティの特徴を次のような九つの点にまとめて紹介している。

①共感は健康にとって欠かせない倫理であるとの考えを踏まえた地域の健康政策をもつ。
②高齢者、致死的な病を生きる者、喪失を抱えて生きる者がもつ特有のニーズに応じる。
③社会的文化的な違い（たとえば宗教的な違い）に対して非常に寛容かつ前向きである。
④自治体の政策立案に際し地域の緩和ケアや死別ケアに携わる諸団体や市民を巻き込む。
⑤多様な支援に関する経験、かかわり、交流の機会があることを地域住民に広報する。
⑥マイノリティに対する配慮を持ち、地域にとって重要な彼らの喪失の歴史を記憶し記念することを推進する。
⑦緩和ケアや死別ケアを容易に利用できる。
⑧経済的に不利な立場にある人々の存在を無視せず、彼らを支援するプランがある。
⑨地域コミュニティがもつスピリチュアルな伝統を保護し振興する。

［山崎 2012：1196］

このように見ると、「共感都市」とは、「健康都市」をいっそうゆたかに発展させた考え方であることがわかる。「死」と「健康」は、一見、相反する概念であるように見える。しかし、人は「死」を免れない存在であり、たえず「死」と隣り合わせにあるのだとすれば、「死」と「健康」も隣り合わせであり、「共存」する関係にあると考えなければならないと思う。たとえば、一九八〇年代に、長野県で「ピンピンコロリ」という言葉がはやった。「ピンピンと健康なうちにコロリと死ぬ」というのが、死にゆく本人にとっても、介護する者にとっても望ましく、そうありたいという話である。「健康」と「死」との関係に焦点を合わせたコミカルで面白い表現だが、そうは言っても、「コロリと死んでいく」本人はともかく、遺された者は、予想だにしていなかった死に直面すれば大きな衝撃を受けるだろう。

死別に伴う悲嘆によって健康を害する例もしばしばみられる。この場合の「健康」とは、単に肉体的、生理的意味にとどまらず、心の健康を含んでいる。死別悲嘆による健康の損壊を防ぐためには、心のケアが必要であろう。「こころの領域」を導入することによって初めて、「健康」と「死」は共存できるようになると思う。そして、「死」という概念と共存することによってこそ、「健康」という概念はよりゆたかになるように思われる。山崎が紹介している「共感都市」の特徴では、共感、倫理、社会的、文化的な違い、スピリチュアルな伝統など、心や精神に関わる要因を重視していることが注目される。

そして、もう一つ、ここでは、「健康」と「死」の共存の問題は、個人や近親者という限られた私的な範囲の問題ではなく、地域社会全体、あるいは都市全体の問題として提起されていることに目を向ける必要がある。現在の地域社会においては、住んでいる人どうしは互いに疎遠で、「儀礼的無関心」のルールのもとに暮している。しかし、社会には、片隅に押しやられ、はじかれ、隔離されているような人たちがさまざまな形で存在する。高齢者や致死的な病を生きる人、エスニック・マイノリティや経済的に不利な立場にある人たちである。死別を悼む人もそこに含まれるだろう。

「共感都市」は、そうした人たちに配慮し、共感し、支援しようとする都市である。地域社会がこのような人たちを優しく包み込んでいくためには、まず、構成員どうしがお互いに関わり合い交流しあう親密な関係を持つことが必要であろう。お互いに疎遠だからといって、他の人の悲しみや苦しみを共有できないというわけではない。むしろ、そうした共感や共有を持つことによって、これまで疎遠だった他者どうしも親密な関係者に転じることができるのではないだろうか。ただし、そうした「共感」や「共有」は自然に生まれるわけではなく、意識的な努力によって創り出していかねばならない。そうした場と人のつながりを拡げていく努力こそが、「共感都市」への可能性を開くのではないだろうか。

「ケア集団ハートビート」を立ち上げる

悲しみを誰かに語ることにより、心が軽くなった……、そんな経験をした人は多いと思う。お互いに「儀礼的無関心」を示し合うことをルールとする現代社会ではあるが、そんなルールを打ち破って、社会のどこかに、悲しみを話せる場所と人のつながりがあったなら、生きづらさもいやされるのではないだろうか。そのような共感が広がる空間を地域に作ることが悲しみを包み込んでいくあたたかい社会づくりにつながっていくのではないだろうか。「愛の反対は憎しみではなく、無関心です」というマザーテレサの衝撃的な言葉がある。人は、隣人に対して無関心になってしまったが、愛のない社会に住みたいとは思わないだろう。本当は、人はみな無関心ではないのかもしれない。そうだとすれば、マザーテレサの言うように、無関心であることを止めれば、愛を取り戻すことができる。しかし、現代社会において無関心であることから抜け出すためには、関心を持ち合う場と関心を呼び起こしていくような意識的な努力と工夫・仕掛けが必要になるだろう。

そんな思いから、私は、自分が住職を務める東昌寺を活動の拠点として、子どもを亡くした親の会「たんぽぽの会」のメンバーなどの数人の仲間とともに「ケア集団ハートビート」を立ち上げた。その目的は、直接的な近親者や知人でなくても共感しあえる「第三人称親密圏」から死別悲嘆に寄り添う場と、そこに関わる人のつながりを作ることにある。誰もが人生の最期まで主人公として満ち足りた生を全うできるよう支え合うこと、また、大切な人を亡くしたあとも人びとが支え合いながら生きていくのがあたりまえであるような社会にしていくこと、そして、構成員がお互いに親しみを感じ合うような地域社会にしていくことを切なる願いとしている。活動の柱としては、①信州の地で誰もが有意義な人生を送るために必要な「支え合い」を考え育む、②誰もが避けられない死や死別を見据え、健康や人生について考え語り合う場をつくる、③地域社会で協力しあって「生老病死のトータルケア」の実現をめざす、の三つを中心としていこうと考えた。

「ワールドカフェ方式」による死別悲嘆を語り合う場づくり

「死」と「死別の悲嘆」への共感についての関心を呼び起こし、人のつながりを拡げていくという目的のために用いたのが、「ワールドカフェ」という手法であった。これは、ブラウンとアイザックスという二人の人が提唱したもので、「カフェのようにリラックスした雰囲気の中で、テーマに集中した対話をおこなう」方法である［ブラウン&アイザックス　2007］。このやり方は、①自分の意見を否定されず、尊重されるという安心を得られる場で、相手の意見をも聞き、つながりを意識しながら自分の意見を伝えることにより生まれる場の一体感を味わえること、②メンバーの組み合わせを変えながら、四人から五人単位の小グループで話し合いを続けることにより、参加者全員が話し合っているような効果が得られること、という二つの点ですぐれていると言われる。この手法によって、親密な対話の場を設定し、「自分の意見を否定されず尊重される」という安心感が保障されれば、心に抱え込んでしまった悲嘆の言葉を吐き出すことができるのではないか、そして、対話を重ねることで、人と人とのつながりが生まれてくるのではないかと考えた。

ワールドカフェ方式による活動の始まりは、二〇一二年六月に開催した第一回と、翌年二月に開催した第二回である（次ページの表を参照）。二回ともに、複数団体のジョイントで、いずれも死別の悲嘆を語り合うことをテーマにして開催したが、参加者は第一回が百人近く、第二回は五〇人ほどで、反響の大きさには驚かされた。第一回は「みんくるカフェ」と名付けたが、これは、孫大輔氏（東京大学医学部講師）が二〇一〇年に始めたカフェ型コミュニケーション活動の「みんくるプロデュース」にならった。第二回は、参加者どうしが安心して心を開き、心と心をつなぐことのできる「オアシス」となり、つながりをいっそう強め、また新たな出会いの場ともなるようにという願いをこめて、「Cocoカフェ」と名付けた。参加者は、死別の悲嘆を抱える人たちばかりではなく、医療や福祉に関わる人たち、宗教者たち、葬儀に関わる人たちも加わり、死別の悲嘆（グリーフ）について語り合い、参加者どうしのつながりも生まれた。

当初、死別悲嘆を語り合う方法としてワールドカフェが、はたして適切だろうかという懸念があったが、それはみごとにふっしょくされた。今まではなかなか語れなかったことを話せたという人が多かった。しかも、初対面の人たちが多かったのである。死別にまつわって同じような体験をして

「ワールドカフェ方式」による死別の悲嘆を語り合う集まり

第1回　みんくるカフェ――悲嘆学スペシャル　@信州まつもと（2012年6月）
開催日　2012年6月23日
会　場　ＪＡ虹のホール芳川
主　催　ケア集団ハートビート、ＪＡ虹のホール芳川、
子どもを亡くした親の会「たんぽぽの会」、みんくるプロデュース
ゲストスピーカー
孫大輔（家庭医、東京大学医学教育国際協力研究センター講師）
橋爪睦（緩和ケア認定看護師、諏訪赤十字病院）
宿原寿美子（一級葬祭ディレクター、日本ヒューマンセレモニー専門学校講師、㈱キュアエッセンス代表取締役）
茅野俊幸（松本市瑞松寺住職、シャンティ国際ボランティア理事）

第2回　Cocoカフェ――悲しみに優しくあたたかいオアシス（2013年2月）
開催日　2013年2月23日
会　場　ＪＡ虹のホール芳川
主　催　ケア集団ハートビート、ＪＡ虹のホール芳川、
ＮＰＯ法人信州地域社会フォーラム
ゲストスピーカー
山崎浩司（信州大学医学部保健学科准教授）
遠山玄秀（日蓮宗上行寺副住職）
飯島惠道（東昌寺住職）

きたということで、互いの距離感が一気に縮まる。見ず知らずだった人どうしが、カフェで語り合うことで、親密な関係に変化していった。カフェに集まった人びとは、言ってみれば互いに「第三人称」である。第三人称の関係にある人たちが、カフェを通じて深い話に入り込んでいく、知らない者どうしだけれど、同じようなつらい経験を持っているゆえに、経験や思いを共感しあい共有する。二回のワールドカフェ方式による集まりのあと、私たちは、これを「第三人称親密圏からの寄り添い」と名付けることにした［飯島・山崎・山下 2014］。

ワールドカフェにおける語り合いで気づかされたことは多い。その中でも意外であったのは、もっとも親密な関係にあるはずの「家族」（第二人称）が「家族だからこそ、思うように語れない」ということだった。家族葬が主流を占めるようになっている昨今であるが、離婚・再婚などで家族の形が多様化しており、家族という絆も変化して、構成員どうしの関係が希薄になりつつあることも背景にあるのだろう。死別悲嘆という普遍的でありながら特殊性を持つ体験を、いったい誰と語り合うことができるのか。死別悲嘆を抱えた人に寄り添い支えとなるには、家族や親族、地縁組織といった旧来の関係性に期待するよりも、むしろカフェ方式のようなスタイルによって、何かを共有する親密性をもつ他者の集まり、「第三人称親密圏」を作り出していくやり方が適しているのではないだろうか。二回のワールドカフェの実験的な試みを通じて、私たちは、その手ごたえをしっかりと感じ取ることができた。この手ごたえをもとにして、安心して死別の悲嘆を語れる場としてのワールドカフェをその後も定期的に開催していく気持ちを固めていった。

3　死別悲嘆をめぐるさまざまな問題

ワールドカフェの語り合いから浮かび上がってきたこと

ワールドカフェの語り合いから、死別の悲嘆にどのように寄り添っていくかについて、いろいろなことが浮かび上がってきた。なかでも、もっとも大切だと思われるのは、死別悲嘆に寄り添うためには、死別の語りに耳を傾けてくれる人が存在すること、「当事者」と「語りに耳を傾ける人」との間に良好で親密な関係が築かれていること、そして、このような語りを行える場が必要であること、などである。

いっぽう、サポートする立場にある側の人たちからは、「どのように接したらよいのかわからない」という不安やためらいの声が多く寄せられていた。死別の悲嘆を背負っている人に対して、その周辺にいる人たちは、一見、「無関心」のように見えながら、実際は共感を抱きながらどう表現し接すればよいのかわからず、ためらっている部分も多いことがわかってきた。また、医療・福祉のスタッフ、宗教者、葬祭関係者、相続関係者、あるいは民生委員など社会行政関係者などの関連する専門職の人たちもそれぞれに問題を感じ、悩みを持っていることもわかった。これまでに、死別悲嘆への寄り添いについて、このようにおおぜいの関係者が深く語り合った事例は少ない。以下では、このワールドカフェにおいて浮かび上がってきた多くの問題のなかで、今後の活動にとってとくに重要だと思われる点について考えてみたい。

看取りをめぐる患者本人と家族の関係

死別の悲嘆に至るドラマは、すでに亡くなる前の看取りの段階から始まっている。ケアは、死別という事態が起きてから始まるのではなく、それ以前のことを十分に視野に入れておかねばならない。亡くなっていく本人、看取りに当たる家族、医療・福祉スタッフなどがどのような関係を取り結ぶかは、ケアのあり方にとって重要な要因である。意外にも、本人と家族、あるいは家族どうしでは、あまり語り合われないという事実が多くの人から指摘された。亡くなっていく人の側からは、「家族や大事な人には迷惑をかけたくない」「家族に迷惑をかけることなく死を迎えたい」という気持ちがあるという。

いっぽう、看取る側には、「家族」であるゆえに、かえって「思うようには話せない」「通じ合えない」という側面がある。そして、死後に、「(死に逝く)本人と何も話せなかった」「元気なときに話しておけばよかった」という後悔が家族内で渦巻くことにもなる。ふだん会話が少ないような家庭であれば、なおさら、「死」という重い話題について語り合う言葉を持ち合わせてはいないであろう。「看取り」についての不安もある。「看取り方がわからない」「よくわからないような恐怖がある」「自分たちの手には負えないことのように思える」「先が見えない」などの言葉が寄せられている。

患者・家族と医療・福祉スタッフとの関係

医療・介護をめぐっては、患者・家族と医療・福祉スタッフとの間に、安定した信頼関係があることが望ましい。しかし、そうした関係が常に築かれるとは限らない。家族が医療に対して不安や不満を抱く場合も少なくない。たとえば、「病院の方針に沿って治療が進められ、自分の思いはとおらなくなるイメージがある」「希望していないのに、延命治療を施されるのではないかという不安がある」「転院すると主治医が変わり、そこからまた関係づくりをしなければならない」などの不安がある。また、患者本人と家族で、治療についての意見が食い違って対立する場合や、家族にないしょで治療を続ける患者もあるという。

家族には介護の疲労があり、患者の容態に一喜一憂するなかで、患者本人・家族と医療者との間で新しい人間関係・信頼関係を築いていかなければならない。しかし、それは一朝一夕に形成されるものではなく、タイムリミットのあるなかで、家族の心は大きく揺れる。

いっぽう、医療・福祉スタッフのほうでも、看取りにあたって、患者本人および看取る家族との間に「信頼関係」を作っておくことが大事だとする基本的な認識がある。しかし、この場合、「当事者たち（患者本人と看取りの家族）をはずして周囲だけで話をすることが多い」という指摘があった。専門職としての立場が優先され、しろうとである当事者は蚊帳の外に置かれることになるのだろう。カフェの場では、「本人がどうしたいか早いうちに確認して信頼関係を作っておくことが必要であり、そしてそれを後押しするのが医療であり福祉である」という専門職側からの意見が述べられ、共感が得られていた。

ただ、医療・福祉スタッフは、本人や家族との関係で専門職として踏み超えてはならない境界線を強く意識しているようだ。なぜなら、「患者さんの家族の代わりにはなれないし、また、家族になってはいけない」「死別の悲しみはプライベートな領域の問題であり、医療・福祉だけでは癒すことはできない」という認識があるからだ。言い換えれば、医療・福祉スタッフは、「死」に臨もうとしている患者とその家族が抱える「悲嘆」を「プライベートな領域の事柄」と捉えている。ただ、そこに立ち入らないということではなく、家族のような思いで見守りながらも、越えてはいけない一線を見据えつつ、専門職域でのできる限りの努力をしているということであろう。しかし、患者・家族双方の思いがわかるために、ときには、そのはざまで困難を抱えてしまうこともあるようだ。

「医療・福祉だけでは死別の悲しみを癒すことはできない」という発言は重く受け止めておかねばならない。そこには、医療・福祉は、「死」に臨みつつある人とその家族の心の領域には踏み込めないが、専門職以外の担い手によって埋められるべきケアの空白があるという認識が示唆されているように思える。自分たちがそこには踏み込めないゆえに、ケアスタッフは自らが抱えた悲しみを内に留めるしかなく、外に向けては「語れない」状況が作り出されているようだ。

これに関連して、患者とその家族に対するケアの問題だけでなく、その外側からケアを担当している人たちに対するケアの不足が見落とされがちであるという問題も考えておかなければならない。とくに介護スタッフには介護疲労があり、悲嘆を抱えている当事者に対して余裕をもてない状態で向かい合っていることが多い。

「死」に近い段階での「予期悲嘆」の問題

患者がいよいよ「死」に臨む段階では、関わりを持つ人たちには、悲しみがさらに深まる。それは予期された死に対しての悲嘆という意味で「予期悲嘆」という言葉で表現されている。予期悲嘆を意識しながら、医療スタッフは、患者本人や家族に対して、専門職としての心遣いをする。たとえば、「医療従事者として、終末期にあたり『患者が何をしたいか』ということを最優先にし、支える。たとえば、個人に合った告知を考える必要がある」と述べられており、また、「家族との接し方や病院の中での連携についても検討が必要である」ことが意識されている。

また、遺されていく近親者からは、「予期悲嘆の前にケアをしてもらえる宗教者とのつながりが欲しい」という要望も出されており、死別悲嘆のケアは、死別後から関わりが始まるのではなく、死別前の予期悲嘆の段階からの寄り添い、関係性の構築が求められていることがわかった。先にも指摘したことだが、亡くなる前の医療・福祉スタッフによる看取りと亡くなった後の葬祭が始まる段階の間には空白があり、遺族はその空白を孤独のままに耐えなければならない場合が多い。死別前から死別後までをとおして寄り添える立場としては、宗教者、葬儀社、相続業務関連業者などが考えられるが、実際には、この三者は葬儀後から関わるのが普通である。

私自身は、宗教者として、死別前の臨終の場に立ち会うことが理想的ではないかと考えている。しかし、「僧侶・お寺イコール葬儀」と世間では思われているため、法衣を着た僧侶が終末期のベッドサイドに登場することはなかなか難しい。なかには、葬儀の事前相談のために寺を訪問してくださったり、死亡前に相談にみえられたりして、その後、ご葬儀を担当し、毎月のご供養に伺っているケースもあるが、そうした事例は多くない。カフェ参加者からの「宗教者とのつながりが欲しい」という言葉には救われる思いがしたが、それは、反面、日常的に宗教者との接点がないことを示している。実際、カフェでも、寺院、僧侶とのかかわりが形式的になってしまっているという指摘が多かった。宗教者として、ニーズがあるのにそれに応えきれていない現実を打破する方法を考える必要があると感じている。

葬儀の間は泣けない遺族

本人が亡くなると、葬儀ということになる。「葬儀が終わるまでの間、忙しすぎて泣けず、悲しみを抑え込んだ」というのが、多くの場合に起きることだろう。昨今の葬儀は、死亡後約三日間で、枕経・通夜納棺・葬儀・火葬を終了させるというのが一般的である。葬儀業者のサービスが向上して、喪家の負担は減ってはいるが、弔問客を受け入れるための家の掃除や片付けからはじまって、やるべきことは多い。弔問を受けるだけでも大変で、家族は休む暇がない。忙しさの中で少しずつ悲しみを吐露できれば、死別悲嘆を抑え込まずにすむのであろうが、なかなかそうはならない。

葬儀の参列者たち

葬儀は、何らかの形で故人に関わる人たちが参列する場である。そこで遺された遺族の悲嘆をなぐさめ、その後も、遺族たちに寄り添っていくような関係性が生まれる場合もありうる。また、参列者どうしが亡き人への想いを絆にして、つながりを深める場合もあるだろう。しかし、現在では、そうしたことは、だんだん少なくなってきている。今は、携帯電話をとおして、個人と個人とがつながる時代であり、家族といえども、互いのつきあいの範囲を把握することはむずかしくなってきている。葬儀に参列する人たちがそのまま遺された家族の死別悲嘆に寄り添える人たちであるとは限らない。葬儀の簡略化の背景には、葬儀費用の高騰のほかに義理づきあいの会葬を嫌う風潮もあるようだ。それよりも、親密な関係を持っていた人たちだけで、あたたかな葬儀を望む人が増えている。

木犀　図書案内

vol.A-11

神の樹とされるインドボダイジュ。ビハール州ミティラー地方。『インド櫻子ひとり旅』より

pustaka-mālā

樹木は古くから聖樹(生命の樹)として崇拝されてきました。木犀社は、香りのよい花を咲かせるモクセイを生命の樹になぞらえて社名とし、出版によって人間の叡智を豊かに稔らせたいという願いをこめました。シンボルマークのサンスクリットpustaka-mālāは、丹精した本が綴り合わされて美しい花環となる様をイメージしています。　ロゴマーク制作 / 岡崎 立

木犀社
(もくせいしゃ)

〒390-0303 長野県松本市浅間温泉 2-1-20
TEL.　0263-88-6852
FAX.　0263-88-6862
郵便振替口座　00140-3-43181
https://www.mksei.com

●価格は本体価格です。●書影下の数字は ISBN コードです。

定本 インド花綴り

西岡直樹（絵と文）

品切れ

インドに魅せられ、インドの植物に親しむ。その出会いを一つひとつ描いて全136編。花や木や草たちのかたわらには、のびやかに生きるインドの人びとがいる。

3700円

978-4-89618-029-9
（以下978は省略）

とっておきインド花綴り

西岡直樹（絵と文）

ロングセラー『インド花綴り』正篇・続篇を一冊にした『定本　インド花綴り』刊行から18年。日本とインドに居を構え、足しげく行き来し、、植物染めと手織りの工房を営みつつ重ねた植物探索。新たに著者とっておきの64編をまとめた。

2700円

4-89618-070-1

黒帯、インドを行く

三浦　守

品切れ

コメディアンの付き人だった著者が、新世界を求めて目指したのはインド。思いがけず柔道コーチを引き受けたことから、抱腹絶倒のドラマが始まる。

1900円

4-89618-015-2

バナーラスの赤い花環

上田恭子

バナーラス（ベナレス）で出会ったミニアチュール絵画の心惹かれる赤の魅力は、心温まるかたわらの人びとに似る。匂い立つばかりに綴られる、ガンジスの水に浮かぶ古都の日々。カラー8

4-89618-031-2

阿部櫻子著　インド櫻子ひとり旅　◉増刷出来

上田恭子　評　(『バナーラスの赤い花環』著者)

一読、ぐいぐいと未知の世界に突き進むエネルギーに圧倒されます。一方、ページをめくれば、インドを少しでも知る者にとっては既知の空気が漂い、一気に懐かしさの渦に放り込まれます。特に私はビハール州と同じくインド一の保守的地域といわれるところにいたので、日常における人との接触、社会のどこからでもある種、監視、というか見つめられている(特に外国人だし)感じ、若い人までが不思議な諦念にも似た眼差しでいっとき放心状態に陥ること、などなど、今となっては懐かしいとしか言いようのない滞在初期のことがよみがえってきました。

だけど読み進むにつれ、著者の突き進んでいくその進みようが、熱を帯びたひとすじのところに収斂されていく様が見えてきます。とりわけボーパールから刺青の部族を求めて分け入る姿は、もう他のことはいっさい邪魔をせず(実際には交渉とかいろいろ厄介なことがあったでしょうが)、ひたすら彼らとの出会いと、刺青そのものの深みへと進んでいく。つまり「ミティラー画は女たちの心の影を鮮やかに表現した民族画」(本書74頁)という表現されたものから、「先住民バイガの女になるためには、だれもがあの針の束を額に刺す。いわば成女式なのだが、しかしそこには女になるためだけでなく、二つの目の上にもうひとつ、バイガになるための眼を入れる開眼式なのかもしれない」(273頁)という、シヴァ神みたいだけれどヒンドゥー教徒とは違う在りように生きる人たちの生き方の深奥に及んでいきます。この進み方が尋常ではありませんね。

成女式とはいえ、力づくでも入れさせる、結婚相手の額にしか入れ墨がないのはいやだ……こういう考え方は部族のアイデンティティーとして伝統になった一種の通過儀礼とも言えるでしょうが、入れ墨をする時の痛みの記憶なんかはトラウマになったりしないんでしょうか。死ぬ時も入れ墨だけは一緒、というのも、ほんとうのところちょっと悲しい話ですね。入れ墨を入れるのも女、入れられるのも女、また大地を画面に絵を描くのも女、そういうとき女は地母神のようにあるんでしょうね。

さて、難点を言えば、ところどころ話し言葉がそのまま写されて、省略されてしまっている言葉があるように思いました。しかし語られている内容の勢いと相俟って文章の勢いというものがありますから、まあ深く気にすることはありません。なによりも、二度と繰り返すことのできない旅の醍醐味がたっぷり描かれていて、ぐいぐいと押されて読みました。[二〇〇九年八月記]

(上田恭子さんは、二〇二一年の夏、逝去されました。76歳)

菊地信義さんを偲んで

初めて菊地信義さんにお会いしたのは、八重洲ブックセンターで催された菊地さんの装幀本を集めたブックフェアでだった。講演会のあと、著者のサイン会に並んで会場で求めた著書にサインしていただく機会を得た。

順番がきて、自己紹介をすると、あなたがEさん?と言いつつ見上げた顔が少しほころんでいて、ようやくお目通りがかなった嬉しさがこみあげた。電話機から聞こえるいつもの歯切れのよい声だった。たまにだが菊地さんから電話があるときは、受話器を取り上げたとたんに、キクチノブヨシデス、とぶっきらぼうに一言だけのあいさつだった。こちらも、カワリマス、と一言返す。それだけなのに緊張しきってしまう。忙しい菊地さんの相手は気が抜けないと思うからだ。電話を代わったSの声が上ずっているのがわかる。

二冊目の本からずっと装幀をしていただいている版元の代表としては、お会いするまでの年月が経ち過ぎている感もあったが、二人だけの出版社としては菊地さんの担当はSと分担を決めていたからであった。

銀座の喫茶店「樹の花」や近くの事務所で菊地さんと打ち合わせをするのは編集者Sで、その下準備の仕様書づくりと本文の組見本と束見本とを用意するのは、制作担当者たる私の役目である。木犀社には影の制作担当者がいるようだが、いっこうに本人が打ち合わせの場に登場しない。Eさんてどんな人なの?と、同様にマイナーな他の出版社の人にたずねたことがあるらしい。

本の厚さの見本となる束見本を作るのは、ひと仕事だがまた、ひとつの楽しみでもあった。菊地さんは年初に今年はこのスタイルを基本にする、と決めて仕事を進められると聞いていたので、それなら今年はこんな用紙でいくのかな、と賭けをする気分で束見本の用紙を決める。たまさか、本番で同じ用紙が指定されていたときは、やった!と快哉を叫んだ。もっとも、カバー・表紙・帯・見返し・扉すべてで用紙の指定が一致したことは一度もなかったのだが。わたしは、この過程をひそかに「菊地る」と名付けて楽しんだ。束見本を打ち合わせ場所に持参して、対峙できたら、緊張と恥ずかしさでもだえたかもしれない。菊地さんと同じ時代を出版の世界で過ごし、その新刊を書店で手に取って装幀に心をときめかせられた幸せを思う。

遠藤真広（木犀社代表）

看取りにあたった医療・福祉関係のケアスタッフは、死亡をもって関係が途切れてしまうことを気にかけているようだ。だが、多忙な職場を抜け出し、他の患者や利用者のケアを置き去りにしてまで、一人の患者の葬儀に参列することはできないという場合が多い。亡くなった人に対する悲嘆を抱えながら、つぎつぎに医療や介護の仕事をこなさなければならないというのがケア現場の現実である。死が囲い込まれているような社会状況の中で、ケアスタッフ自身が抱える死別悲嘆も行き場を失っていることがうかがわれる。ケアスタッフも患者との死別後の家族のケアが必要だと考えながら、その想いが実現されることがないまま、胸中に浮かんでは消え、それでも消えない想いが澱のように心に積もっているのではないだろうか。ケアスタッフもワールドカフェのような交流の場に来ていただいて、心の中の澱を吐き出していただき、ケアスタッフ自身に対するケアについていっしょに考えていくことができたら、と考えさせられた。

区切りも終わりもなく続く死別の悲嘆

葬儀が終わり、弔問客も、葬儀社も、みな引き払ってしまい、祭壇と共に過ごす日々が始まる。「四十九日の頃、さまざまな精神的変化があり、病的な感じになった」と語ってくれる人がいた。とくに唯一の家族を失って単身になってしまったような場合、心情を吐露するどころか、ふだんの話し相手さえもいなくなってしまう。寄り添う存在の必要性がとくに痛切に感じられるのは、この段階である。

死別の悲嘆に、区切りや終わりというものはない。私自身も母を失った際に経験したが、周囲からは四十九日忌が過ぎたから、一年経ったから、二年経ったから、もう悲しくはないだろう、日常に復帰できるだろうと勝手に推し測られることがつらかった。カフェでも、「期間で区切って考えられてしまうため、悲嘆が癒されていないことを言い出しにくい」という人がいた。またある人は、職場で「いつまでも悲しんでいるのは、周囲を暗くするからやめてほしい」と言われ、とても傷ついたという。「忌引き」の日数を終えて会社や学校に復帰しても、すぐに死別悲嘆から回復し、新しい日常を歩み出せるわけではない。否応なく日常に引き戻されることで、悲しみをまぎらすという人もいないわけではない。しかし、長く続いていく死別悲嘆に共感し、ケアを続けていくならかのケアの工夫が必要だと考えさせられた。

寺の立場からすると、近年は菩提寺でも七日参りの法要はしなくなっているが、喪主や檀信徒さんの置かれた状況をみて、ご供養の方法を変えても良いのではないだろうかと思っている。そうすることで、寺とのつきあいを「形式的」な関係からもっと実質的な関係に変えていけるかもしれない。

寄り添うには、「心と体の近さ」が大事

いつの時代にあっても人間は死別の悲しみと隣り合わせていた。そして何かのきっかけで悲しみが首をもたげ、自身の心の中の黒雲が増す。現代社会においては、私的なことはなるべく他の人には見せない、悲しみは表に出さないという暗黙のマナーがあるため、人びとは自身の心のうちに悲しみを閉じ込めようとする。悲しみを抱えた人が大声をはりあげて泣かない限り、周囲は気づかない。たとえ泣いているのを見ても無視する人もいる。泣き止むまで放っておくのが最良の方法だと考える人もいる。泣くのも泣き止むのも自己責任、他者の介入は不要と考える人もいる。しかし、そのように人が人に対して無関心である社会は、とても寂しい社会であり、そして、生きづらい社会で

ある。多くの人は、そんな社会を望んでいないはずだ。

地縁共同体が解体し、死別の悲しみに寄り添えるような近隣のつきあいはなくなって久しく、だからこそ、死別の悲しみに対して寄り添う人を求める声も聞こえている。過度な気遣いは不要だが、少しの気遣いがあればそれだけで救われることも多いだろう。実際、ワールドカフェの参加者が出した意見を大づかみに読み取れば、悲嘆を抱える人が求めているのは、「心と体の近さ」ではないだろうか。周囲の人に必要なのは、時間をかけてでも「言葉を待つ姿勢」「逃げない姿勢」であろう。死別悲嘆者に対して「思いを抱き、心を寄せる」ことによって、「心と体の近さ」が実現する。

死別悲嘆を抱く人は何を求めているのか

「死別悲嘆に寄り添う」とは、具体的には、どのような行為が望まれるのであろうか。当事者はどうしてほしいと願っているのであろうか。カフェでは、「死別悲嘆を語れる場、語れる人がほしい」「いっしょに泣きたい」「いっしょに悲しむ信頼関係がほしい」「悲しみを思うように話すことができなくても、いっしょに時間を共有するだけでもよい」「心の拠り所がほしい」などの発言があった。それは誰であってもよいというのではない。先にも述べたように、「近さ、親密性」を感じる人たちでなければならない。「死別の悲嘆は体験した人にしかわからない」から、「同じような体験をした人」「同じ痛みがわかる人」でなければ、話を聴いてもらおうという気持ちにはなれないという。また、「自分のつごうの良いようにしか聴かない『傾聴』というのはかえって迷惑」だし、「『はい、お気持ちわかります』などと言われると、よけい腹が立つ」という意見もあった。ここに耳を傾けることの難しさがある。

また、家族や親族の中での関係がこじれてしまっているような場合、カウンセラーのような第三者という立場の人ならば話ができるという場合もある。話せる相手として、医療・福祉スタッフや宗教者のほかに、葬祭業者や相続業務の関連業者を挙げている人がいるのは、相手が専門職であるゆえに、距離の取り方が明確で話しやすいためであろうか。「ケア」といえば、医療・福祉の仕事であり、心のケアは宗教者の仕事だと考えられているが、カフェで出された意見では、死別へのケアはもっと広い範囲で理解されているようだ。「葬儀の進行役の語りで気持ちが溢れて感情を外に出すことができた」という人もいる。また、弁護士、司法書士、行政書士など、本人の死後の相続業務に当たる関係者は、ケアというより実務のサポート役ではあるが、遺族としては、淡々と事務的に処理するのではなく、悲嘆の思いをおもんぱかりつつ対応してほしいという思いがあるのだろうか。

死別悲嘆を語れる場所としては、病院、施設（高齢者ケア関連）、寺院などが挙げられていた。寺院を挙げた理由として、「葬儀以外にも関係がある」「寺と檀家の濃いつきあいがある」「菩提寺以外の信徒寺とのつきあいもある（月に一度会う）」「枕経の後、お坊さんと話をするなかで、お坊さんと家族との関係性ができあがっていった」などの理由が挙げられていた。「葬式仏教」という表現が聞かれて久しいが、そのようななかで、多くの人たちが、寺院を「死別悲嘆に対して寄り添いが可能な場」と捉えていたことは、意外なことであり、私にはうれしいことであった。社会の中にはこのようなニーズがあることを、寺院側としては強く再認識する必要があると思う。

4　死を悲しみ、死を語れる社会を目指して

人はそれぞれに「死」の問題を考えている

二回のワールドカフェを通じて、「死別の悲嘆」を抱えつつ、外に向けては表現することができず、孤独の中にたたずんでいる人が多いことがわかった。しかし、その周辺の人びとは、そして社会は、「死」と「死別の悲嘆」を抱く人たちに対して、外見ほど無関心で冷淡なのだろうか。実を言えば、そうではなかった。カフェを通じて、同じようにわかってきたことは、「死」の問題を心にかけている人が予想以上に多いということである。「死について考えることができない人間になってしまっている」自分を振り返る人もいる。また、「自死をした知人の心のうちを聴いてあげられず、自死を考えるほど追いつめられていることに気づいてあげられなかったことを今でも悔いている」人もいる。近隣の住民の死、あるいは同じ職場のスタッフの死をとおして、「自分に何かできることはなかったのだろうか」という思いを抱え込み、やり場のない悲しみに襲われているという発言もあった。死別悲嘆を抱えた人に対して「腫れ物にさわるような」態度をとってしまい、もう少し、別の関わり方はなかったのかと今も悩んでいる人もいる。また、地域社会や会社、学校などが死別の悲しみを受け入れる組織であってほしい、悲しみを理解してくれる地域であってほしい、死について軽く話す死の「日常化」が必要、公教育の中に死を考える基盤としての哲学や宗教をもっと取り入れるべきではないか、などの意見もある。また、孤独死に対して、地域社会の社会資源をどう

使えば良いかについての対策が講じられておらず、対応が遅れていると指摘する人もいる。民生委員の経験のある人からは、行政上の制約により玄関に入ってはいけないルールがあり、寄り添いたいけれど寄り添えないという問題が提起された。多くの人は、それぞれに「死」の問題にめぐり合い、「死」の問題をそれぞれに考えていることがわかってきた。

もちろん、こうした問題が一挙に解決できるわけではない。問題を指摘して終わるのではなく、具体的な行動ができるように、人のつながりを深めていく必要がある。しかし、ワールドカフェで、「死」と「死別悲嘆」をめぐる意見がほとばしるように出されたことは、「死・死別」に関わる問題に世の中の人はけっして無関心ではないということを示している。必要なのは、こうした思いや意見を互いに伝え合い、語り合い、そして、行動に移していく場と、そうした場を作り出し、つなげていくリーダーやコーディネーターの存在であると思う。すでに、そうした活動を展開している民間団体も生まれているが、やはり、まだまだ不足しているのが実情である。また、そのような活動に関する情報が行き渡っていないという問題もある。こうした活動が一つずつ形作られ、社会の中で知られ、つながり合っていくことで、ようやく「死を語り、死を悲しむことができる社会」の実現に向けて、一歩を踏み出したと言えるようになるだろう。

「死」をめぐる宗教者の役割

宗教者として、一つの寺を預かる私自身も、今後は、寺を拠点にして、死別の悲しみに自然に寄り添えるような社会の実現に向けて、ささやかながら、活動を拡げていきたいと思っている。ワールドカフェをとおして、私が考えている以上に、多くの人が「死」と「死別」に際して、導きの役割を宗教者に求めていることがわかった。しかし、ご遺体を前にし、死別の悲しみにくれている人に対して、どんな言葉を投げかけたらよいか、どのような態度で接したら良いのか、僧侶でさえ深く悩んでいる。いや、悩みもせずに、「葬儀さえ従来の形式どおりにこなせばよい。それ以上でもそれ以下でもない。自分たちの役割はそれだけだ」と考える宗教者もいるかもしれない。しかし、多くの人は、死別悲嘆の現場に何度も立ち会ってきた宗教者に対して、近親者の「死」にどのように向かい合えばいいのか教えてほしいと望んでいるのだ。宗教者と死別悲嘆の当事者が深い会話を交わすことによって、その回答が自然と生まれてくるかもしれない。カフェでは、そのことを期待したが、最初の二回の開催では、宗教者の参加が少なかったために、成果はあまり得られなかった。次の機会には、その実現をぜひ目指したいと考えている。

死別悲嘆のケアはもともとお寺・宗教者の仕事であったはずである。しかし、お寺・宗教者だけでできることではないことは、もはや言うまでもない。地域や社会につながり、地域の人たちと交流を深めることによって初めて、そうした役割を果たしていけると考えている。この目的のために今後は、お寺で、地域に開かれたワールドカフェ方式の交流の場を定期的に開いていこうと計画している。ちょっぴり洒落て、「カフェテラス＝カフェ寺ス」……。いかがでしょう?

皆さま、「カフェ寺ス」にぜひお越しください

住職の私が言うのは変かもしれないが、お寺というところは、みんなにとっては、「窮屈な場所」であるにちがいない。葬儀や法事の場では、お坊さんは「お坊さんらしく」振る舞い、自身が宗教者として心に抱く痛み、悲しみについては、話をしないことが多い。参列者も、そのような場では心に抱いた悲しみを語ることはしない。喪服を着て、読経の間は正座し、よくわからない仏教の話をつつしんで拝聴する。寺の側も参列者の側もともに、形式にのっとってなるべく短い時間でこの場を済ませたい、そんなふうに考えているように思う。

「ワールドカフェ寺ス」は、そんな窮屈さをぶっとばして、檀家であるかどうか、宗派が何かを問わず、あるいは仏教や信心とは関係なくても、お寺に来ていただいて、ゆっくりと語り合いませんかという提案である。「行きつけのカフェ」ならぬ「行きつけのカフェ寺ス」である。大切なのは「思い」だと思う。人間は、いつ生・老・病・死の苦しみに見舞われ、悲しみに襲われるかわからない。そのような生身の人間どうし、生き死にについて思う存分に語れるカフェでありたいと願っている。

「カフェ寺ス」には、死別悲嘆に思いを寄せ、心を痛めている人びとが集う。悲しみを一人で抱え込んでしまった人、そのような人を見過ごせない人、死にゆく人を目の前にしてどうしたらよいかわからず素通りしてしまったことに罪悪感を抱き続けている人、自身の悲しみが周囲に理解されずに苦しんでいる人、さまざまな背景の、さまざまな思いを抱えた人が集まる。死別悲嘆を語り合い、かつ聴き合ううちに、時間が過ぎるのを忘れる。語り手の言葉に心を寄せ、自身の体験と重ね合わせて共感し、ともに涙する。涙が心の中にたまった澱を流してくれる。

集まりの場所は、本堂である。なぜなら、そこでは、先に旅立った人も「不在」という形で参加しているような気がするからだ。亡き人の存在を近くに感じながら語るにはお寺は最適な場所である。そこは仏事を執り行う場所ではなく、みんなの「カフェ寺ス」に変わる。お茶を飲みながら本堂で話をする……、それだけのことと言えばそれだけのことである。東昌寺の檀信徒さん以外でも誰でも参加してほしいし、宗派の違うご住職も歓迎したい。僧侶も来ていただきやすいように、友引の土曜日か日曜日に、息長く継続して開催していきたいと考えている。

赤の他人どうしでも、互いの悲しみに寄り添い合えるような「第三人称親密圏」の共感空間……、祖母から母へ、そして母から私へと譲られ、今、私が預かるこの東昌寺をそんな場所に育てていきたいと願っている。皆さま、ようこそ「カフェ寺ス」へ！

参考文献

飯島惠道・山崎浩司・山下恵子　2014「死別の悲しみに温かいまちづくり（1）ケア集団ハートビートの活動と理念――第三人称親密圏からの寄り添い」第三十八回日本死の臨床研究会年次大会（大分市）
ゴッフマン（丸木恵祐・本名信行訳）1980『集まりの構造　新しい日常行動論を求めて』誠信書房（原著 *Behavior in Public Places* 1963）
坂口幸弘　2012『死別の悲しみに向き合う――グリーフとは何か』講談社現代新書
中筋由紀子　2013「〈第三人称の死〉を考える――ベン・シャーン〈ラッキードラゴン〉から」『愛知教育大学研究報告』（62）：129-136
広瀬寛子　2011『悲嘆とグリーフケア』医学書院
ブラウン、アニータ＆デイビッド・アイザックス（香取一昭・川口大輔訳）2007『ワールド・カフェ――カフェ的会話が未来を創る』ヒューマンバリュー

山崎浩司　2012「死生を支えるコミュニティの開発」『老年精神医学雑誌』23 (10): 1194-1200
山下恵子　2014「悲しみに温かい地域社会を目指した包括的ライフエンディング・サポート活動」『松本短期大学研究紀要』22: 69-75
Allan Kellehear　2007　*A Social History of Dying* Cambridge University Press
――　2005　*Compassionate Cities: Public Health and End-of-Life Care*　Routledge

六——高齢化時代の共生社会を考える

北欧の国が歩んだ道と、信州の村が育む畑の話

下倉亮一

下倉亮一（したくら　りょういち）
長野県生まれ。二〇〇九年、信州大学大学院地域イニシアティブ・コース修了。大学院では、ミュルダール著『人口問題の危機』（スウェーデン語・英訳も未刊行）を材料に、家族と住宅の問題を中心に研究した。長野県庁、社会福祉法人長野市社会福祉協議会を経て、二〇一四年から公益財団法人長野県長寿社会開発センターに勤務。地域社会における高齢者の暮らしについて関係機関の協働を図る仕事をしている。

1　今、日本社会のあり方が問われている

人生百年時代が絵空事ではなくなってきた今日、「健康転換」（health transition）と呼ばれるパラダイムの転換が起きている。時代とともに、人口構造が変化し、保健医療や福祉ばかりではなく、社会や経済のあり方が変わり、「健康」と人の生き方にかかわる、すべての状況が変わりつつある。私たち日本人は高齢期の生き方というよりは、むしろ日本社会のあり方そのものが問われる時代を生きている。いかに生き、いかに終わるか。人のあり様とともに、地域社会のあり方も問われる時

代を迎えた。

厚生労働省が提示した「地域包括ケアシステム」を基本において地域づくりが求められる昨今、地域の行政や社会福祉協議会のワーカーたちは、「うまくいっている」地域実践の事例集めに東奔西走している。高齢者の生活支援や孤立防止を進めるために、何か秘策はないだろうかと……。高齢者のサロンづくりや地域の助け合いなど、さまざまな地域で多様な実践がおこなわれている。しかし、考えてみれば、「うまくいっている」とは、いったいどういうことを意味するのであろうか。

このように問いを発してみるとき、私の脳裏に浮かぶのは、はるか北欧の国、スウェーデンがたどった体験である。スウェーデンは福祉の分野では常に先進地として多くの日本人を魅了してやまない。高齢者も障がい者も、地域社会の中で自然に暮らしている姿は、そもそも社会のあり方と人の生き方についての哲学が違うのではないかとさえ思えてくる。スウェーデンにおいて、「福祉」とは、社会的な政策や制度というよりは、社会のあり方そのものとして意識されているのかもしれない。しかし、この国においても、かつては、そうではなかった。一九四〇年代、スウェーデンでは、都市化が一段と進み、出生率が低下する一方で、地方では高齢者人口が急増し、障がい者も高齢者も過密な住環境のもとでの束縛された生活を余儀なくされていた。そうした老人ホームでの暮らしは、さながら「姨捨山」にたとえられてもよさそうなありさまだった。このような状況を変えるきっかけとなったのは、一九四九年に出版された一つのルポルタージュである。老人ホームの生々しい実態の記録がスウェーデン社会に大きな衝撃を与え、高齢者を一つの場所に集めて世話をする「施設ケア」から地域社会の中で自然に暮らせる「在宅ケア」へと舵を反転するきっかけとなった。

七〇年前のスウェーデンに起きた歴史的な福祉パラダイムの転換のドラマを想いおこすとき、私が比べてみるのは、信州の東端にある南牧村《みなみまき》の「行き活き農村広場」で表現されている高齢者の生き方、そして社会のあり方である。時空を隔てた二つのイメージを重ね合わせながら、超高齢化時代における共生社会づくりを考えてみたい。

2　スウェーデンにおける福祉思想の大転換

『老い』――社会に衝撃を与えた老人ホームのルポルタージュ

二〇世紀の初め、スウェーデンには「スタッタレ」と呼ばれる農民たちがいた。彼らは自分の土地を持たず、地主のもとで一年の年季奉公で働く雇われ農夫の家族である。スタッタレの社会的地位はきわめて低く、報酬は現金ではなく現物支給だった。地主が所有するバラックに家族で暮らし、結核などの感染症に苦しむ生活を強いられた。しかも、地主がスタッタレに対して鞭打ちなどの身体的懲罰を加えることさえ合法化されていた時代だった。年季の明ける十月末は「空腹の一週間」と呼ばれ、家財道具を荷車に載せたスタッタレの一家が次の場所を求めて通りを行き来する姿があちらこちらで見られたという。

一九三三年、スタッタレの暮らしを描いた小説『大地よ、お休み』が出版された。スタッタレ出身であったイヴァール・ロ・ヨハンソン Ivar Lo-Johansson（一九〇一～一九九〇）は、制度の廃止を願い、小説を通じてスタッタレの実情を世に訴えた。彼の思いは社会を動かし、一九四五年のスタッタレ制度廃止へと実を結ぶ。しかし、制度廃止という大仕事を成し遂げた後、ロ・ヨハンソンには、取り組むべき次の社会的な課題を見いだせずに、もやもやしていた時期がしばらく続いたようだ。そんな折に持ちあがったのが地方の老人ホームの取材の話であった。この企画は、年金受給者の全国組織「スウェーデン年金受給者協会（ＳＰＦ）」で機関誌「年金生活者」の編集に携わっていたヨン・ビョーンヘデンから持ち込まれた。

一九四八年、作家とカメラマンのスヴェン・ヤーロスがスウェーデン各地の老人ホームを取材するために旅立った。この取材旅行を通じて見聞された高齢者の施設での暮らしは、翌一九四九年、週刊誌に掲載されるとともに、『老い』（*ÅLDERDOM*）という書名で出版された。また、ラジオ放送を通じてもその内容が伝えられると、瞬く間にスウェーデンの世論に大反響を巻き起こすことになった。

ルポルタージュ『老い』は、南部のマルメから北極圏ラップランドのユッカスヤルヴィに至るスウェーデン各地の老人ホームの実態の記録である。ロ・ヨハンソンが老人ホームや地域社会で暮らす当時の高齢者のようすをレポートし、ヤーロスが足の踏み場もないほど入所者であふれる過密な老人ホームの現場をカメラで切り取った。ペンと写真による記録は、当時のスウェーデンの高齢者施設とそこでのみじめな暮らしの実態を目の当たりに突きつけるものであった。

高齢化と老人ホームにおける高齢者の暮らし

その頃、スウェーデンでは、六五歳以上の人口比率が一〇パーセントを超え、世界に先駆けて高齢化時代に入ろうとしていた。二〇世紀の初頭から産業化が一段と進み、経済と社会が大きく変ぼうしようとしていた時期である。乳幼児死亡率の低下や平均寿命の伸長を背景に、二〇世紀初めには五千万人台だった人口は、三〇年代には六千万人台へと膨らんだが、反対に出生率は急速に低下し、一九〇〇年初めには一三万人台だった出生児数は三〇年後には九万人を割り込んだ。その一方で、農業の近代化が進み、働き手の世代は雇用機会の多い都市部へと大挙して移動しつつあった。この結果、地方から都市部への人口流出が加速し、一九三〇年代には国全体に占める都市部の人口比率は地方を上回った。その結果、地方では、若者世代から取り残され、生活上のケアを必要とする高齢者が増えていた。

都市化が急速に進んでいた時代ではあるが、都市部を少し離れれば農村地帯が広がっており、高齢者の多くは上下水道や電気もままならない時代遅れの家に暮らしていた。こうした居住環境のもとでは、自立した暮らしが困難になったとき、住み慣れた自宅での生活を続けようとしても、生活を支えてくれる人がいなければ、きわめて難しい。当然のことながら、当時、そうした仕事は女性が担うものと考えられていたが、世話をする人材を確保することなど望むべくもなかった。そこで、在宅での生活が困難になった高齢者は、公営の「老人ホーム（ヴォードヘム Vårdhem）」と呼ばれる施設に入居することになる。そうした施設は、貧しい高齢者たちで溢れつつあった。

しかも、当時の高齢者施設は大きな問題をはらんでいた。これらの施設は伝統的な救貧法のもとで運営されており、建物や設備が劣悪であったばかりでなく、入所者の日常生活は厳しく管理され、人権を無視した懲罰的な扱いが横行していた。体罰が加えられるのも普通で、一九四〇年代まで入所者は選挙権すら奪われている状況であった。そのうえ、当時の老人ホームには、高齢者だけでなく、精神障がいや知的障がいを持つ人も入所しており、いっしょに生活していることが多かった。こうした人たちもそれぞれの専門的な施設でケアを受けることなく、一括して収容されていたのである。当時の老人ホームは、高齢者にとっても、障がい者にとっても悪夢のような存在でしかなかった。

このような状況にあって、高齢者問題は社会的な論議の的となり、国にとっても、深刻な政策課題となりはじめていた。ここには二つの問題領域があった。一つは退職後の経済的保障としての年金改革の問題であり、もう一つは、自立した暮らしが難しくなった高齢者のニーズにどのように対処していくかという問題である。そして、後者の問題について、激論が続いたのちに選択されたのは、少数の職員で効率よく高齢者の生活をカバーできるような近代的な高齢者施設を建設するという政策方向であった。国としても、従来の救貧院的な施設の弊害を認めるようになっていた。そこで、懲罰的な生活管理という側面を改革し、建物や設備も近代化し、効率的に高齢者の世話をする施設を整備するという方針を立てたのだった。前述したスタッタレの廃止問題で有名になった社会派作家のロ・ヨハンソンに、老人ホームの取材の依頼が持ち込まれたのは、このように高齢者をめぐる社会的、政治的な議論が渦巻いているさなかのことだった。

衝撃を与えた一枚の写真

高齢者施設の実態を取材する依頼を受けたロ・ヨハンソンだったが、当初は、それほど乗り気ではなかったという。しかし、一九四八年のクリスマスを目前に控えた十二月、ロ・ヨハンソンは高齢者の問題に取りかかる決心をした。そして、いざ老人ホームを訪ねたとき、彼がカメラマンのヤーロスとともに遭遇したのは、ふたりの「心をむしばみ」、「胸を張り裂けさせる」ような光景であった。作家は次のように振り返っている。

当然のことながら、老人ホームにとって私たちは招かれざる客だった。ヤーロスは撮影を、私はインタヴューを高齢者と障がい者に試みた。私たちが目にした光景は私たちの心をむしばんだ。私たちは高齢者たちについてこうして関わることを恥じた。ストックホルムのホーガリドの療護施設に至って、ヤーロスの胸は張り裂けてしまった。ついに彼はカメラもフラッシュも投げ捨ててしまった。［翻訳は筆者による。以下同じ］

ヤーロスはあまりのことに旅の終わり近くになって仕事を投げ出してしまい、別のカメラマンが交替した。しかし、『老い』に用いられた写真はほとんどヤーロスが撮ったものだった。一九四〇年代から五〇年代はアンリ・カルティエ・ブレッソンやロバート・キャパといった著名な写真家たちが、国際写真家集団「マグナムフォト」を結成するなど、フォトジャーナリズムが拡大していく時期である。当時のプレスカメラと言えばスピードグラフィックに代表される、シートフィルムを使った大型カメラが主流の時代であったが、一九三〇年代以降は、ライカ社の小型カメラが徐々に普及し、ブレッソンやキャパらも、その機動性を活かしてフォトジャーナリズムに新たな新境地を開拓していった時代でもあった。ロ・ヨハンソンの取材に同行したヤーロスは、もともとストックホルムの王立劇場の専属舞台写真家であったが、彼もフォトジャーナリズムという新たな領域で衝撃的な作品を生み出すことになる。

ヤーロスが写し取った高齢者の姿が社会に与えたインパクトは想像以上に大きかった。『老い』の中に、ひとりの男性がベッドの縁に腰かけている一枚の写真が収録されている（**写真1**）。ありふ

写真１　スウェーデンの老人ホームの高齢者。ヤーロス撮影、ロ・ヨハンソン著『老い』（1949）に掲載

れた老人ホームの日常を撮影したものである。ロ・ヨハンソンは「たとえ施設がどれほど立派でも、高齢者がベッドの縁に座り、ひたすら死を見つめているだけでは意味がない。」と記している。

一人の男性が寂しげな表情を浮かべるこの写真は当時の議論の中でたびたび引用され、時には「やらせ」と揶揄されたものである。しかし、この写真は、『老い』のテーマを単に高齢者施設の建物や設備の水準ではなく、心の問題に置こうとしたロ・ヨハンソンの意図に照応するものだった。老人ホームを訪ねる旅を通じて、彼は、今後の高齢者政策のあり方をはっきりと見定めることができた。国は、近代的な設備が整い、効率的に運営される高齢者施設を整備するという方針を立てていた。しかし、施設の実態をつぶさに見聞したロ・ヨハンソンは、いかに近代的な設備を整えた高齢者施設を準備しようとも、問題はそこにはなく、施設に入居させることによって、これまでの生活の継続性が断ち切られてしまうことこそが問題なのだと考えるようになった。自らの住まいに暮らしてこそ人生は意味がある。高齢者が必要としているのは、在宅で生活できるための支援である。

施設ケアから在宅ケアへの歴史的転換

ロ・ヨハンソンのスウェーデン語で書かれた記述の中で、キーワードとして登場するのが「環境」(miljö ミルヤー)という言葉である。彼はある庭師の言葉を引用しながら、次のように語る。

高齢者、そしてその精神状態は、どこで暮らすかによって大きく変わる。もっとも望ましいのは環境の中にとどまり生活することである。施設制度は多くの点で高齢者を環境から取り除く便利な方法になっている。高齢者は自然な環境から施設へと移らされている。「老木を引っこ抜いて育てるなんてできないよ」と言った庭師がいるが、高齢者は場所を変え、ひっそりと暮らさなければならない。しかし引き抜かれた老木同様、育つことはない。高齢者は死を余儀なくされている。だから高齢者にとって施設とは「姨捨山」のことなのである。

国の考え方は、高齢者が増える一方で、人口は減少しているので、家事援助などを担うことを期待される女性労働力も減少しており、まして上下水道もままならない居住環境のもとでは、在宅の暮らしを支える介護人材など確保できない、となれば、近代的設備の整った広い老人ホームを用意すれば、財政面でも人材の配分面でも効率的に高齢者のニーズに対応できるだろうというものである。ロ・ヨハンソンはこのような国の政策方向に正面から異論を唱え、「高齢者施設のない国では、高齢者は環境、つまり有機的な社会に溶け込んでいる。環境によりよく適応する機会が得られれば、施設に代わって、高齢者は環境で暮らし続けられるはずだ」と訴えた。そして、こう続ける。

すべての年齢層、つまり、幼児、青年から壮年期までの人がいるのに、高齢者がいないのはアブノーマルな社会である。高齢者を施設に集め、自己決定という当然の権利を奪っているのは不条理だ。

ここでの「環境」という言葉は「地域社会」という言葉にも置き換えられるだろう。多様な世代から成り立ち、各世代がかかわり合い、高齢者であっても参加できるような地域社会であれば、「高齢者を包摂できる自然な環境」としての「有機的な社会」が作れるはずだとロ・ヨハンソンは考えた。

この考え方は、彼に老人ホームの取材を依頼した年金受給者団体とも共有するものであった。スウェーデンでは、すでに一九四〇年代に高齢者たちが年金受給者団体という形で、自分たちの暮らしの改善にかかわる提案を行い、社会的な影響力をあたえられる組織を作っていたことに注目しておきたい。最初に設立されたのは「スウェーデン年金受給者協会（SPF）」で一九三九年の創立、次いで一九四二年に「年金受給者国民組織（PRO）」が設立されている。いずれも年金の改善をはじめ、高齢者の生活の改善のために活動する非営利組織である。最近でも、SPFは会員数約二六万五千人（二七地区八二〇地域支部　二〇一八年現在）、PROは会員数約三三万人（二六地区一三〇〇地域支部　二〇一九年現在）という大組織で、高齢者の暮らしにかかわって大きな社会的発言力を持つばかりでなく、地域レベルでの高齢者の親睦や社会活動の分野でも大きな役割を果たしている。

年金受給者団体とこの組織に加入する多くの高齢者たちは、国の施設収容主義に反対し、高齢者が自宅で暮らせるような社会的ケアのシステムをつくることを提案した。しかし、当初、こうした主張はほとんど影響力を持たず、国の高齢者施設整備方針が実施に移されようとしていた。その流れを正反対の方向に転換させたのが、ルポルタージュ『老い』だった。ただし、直ちに社会的な大反響が巻き起こったわけでもなかったようだ。ロ・ヨハンソンが週刊誌にルポを連載し、『老い』が出版されても、初期の反応はまばらだった。状況が突然に変わったのは、ロ・ヨハンソンが担当するラジオ番組において連続的なレポートを行ってからで、この後、やはりラジオで行われた討論会でのロ・ヨハンソンの発言がさらに多くの人の共感を増幅させたという。そして、改めて『老い』に掲載されたヤーロスの写真とロ・ヨハンソンの記述が見直され爆発的な反響を生むことになった。大波がうねるような社会的論議の高まりを通じて、画期的なパラダイムシフトが起きる。高齢者施設の拡充を目指していた政府は、可能な限り在宅で生活を継続できる在宅支援へと方針を転換することになった。年金受給者団体が提唱していた「老人ホーム（ヴォードヘム）でなく在宅ケア（hemvård ヘムヴォード）を」というスローガンが社会的に共有されることになったのである。今日、普通に使われる「在宅ケア」という言葉が生まれたのは、この時だった。「ヘム（hem）＝ホーム」と「ヴォード（vård）＝ケア」という二つの言葉を組み合わせて、「ヘムヴォード＝在宅ケア」（hemvård）という言葉が生み出された。今では、多くの人に共感されている考え方だが、当時としては、画期的な考え方の転換だった。

3　「行き活き農村広場」の四季

冬――二〇一八年三月

信州、野辺山高原。八ヶ岳連峰の裾野は、夏は一面高原野菜の緑に覆われるが、今は見渡すかぎり白一色。その快晴の青空に輝く大地を一台の白いワゴン車が駆けていく。錆の茶色が目立つ年季の入った車のリアガラスには大きく「デイサービス送迎中」の文字が見える。好天に恵まれ幹線道路のアスファルトはきれいに乾いてはいるものの、いったん横道へそれれば、そこはまさに白銀の世界。時折、轟音とともに八ヶ岳から吹きつける強風が、極北のブリザードのごとく雪を激しく巻き上げるなかを車が進む。

ハンドルを握るのは長野県南佐久郡南牧村社会福祉協議会でケアマネジャーも務める女性職員のMさん。きゃしゃな印象とは裏腹に、華麗なハンドルさばきで、うねるがごとく広がる白い大地を走っていく。冬枯れのカラマツ林を抜け、集落の一軒家の玄関先に車を寄せると、すかさず飛び降り、戸口から声をかける。すると、待ちかねていたかのように顔を出した高齢者を、Mさんが足元に気を配りながらワゴンに乗せて、再び走り出す。見渡すかぎりの雪原をしばらく行くと、今度は路肩で突風にあおられながら立っている女性の姿が見えてくる。夜ともなればマイナス二〇度を下回ることも珍しくない冬の野辺山高原。今朝は快晴で八ヶ岳の稜線も鮮やかである。今日は「行き活き農村広場」の日。村のあちこちを巡って高齢者を乗せながらワゴン車は、野辺山駅前の「秘密基地」へと向かう。

［「行き活き農村広場」の始まり］

長野県の東端に位置する人口約三千人の南牧村《みなみまき》は、高原野菜と酪農で有名な野辺山高原が広がる村である。その南牧村から、わたしが長寿会（老人クラブ）の総会でのちょっとした講演依頼をいただいたのが一年前の冬。当時その担当者だったのが地域包括支援センターの保健師のIさんだった。講演の打ち合わせで彼女から言われたことはただひとつ。「参加者の年齢層が高いので、話が長いと寝ます……」ということだった。

南牧村は多くの住民が農業を営み、七〇歳代半ばぐらいまでは現役で働く。ゆえに長寿会に参加する年齢層は相対的に高いのだという。そんな折、「行き活き農村広場」の活動が四月から始まることを耳にした。

「広場」の取り組みはIさんが中心となり立ち上がった事業である。介護予防の教室などで見かける高齢者のようすはどちらかというと受身の姿勢が目立ち、かつては公民館などで「おしゃべり会」のような交流の場もあったが、相対的に高齢化が進んだことでそうした場もなくなった。しかし、Iさんは高齢者と向き合うなかで、たとえ認知症の高齢者であっても、高齢者どうしが助け合えば、相互にうまくかかわり合っている姿を見てきた。高齢者が互いに助け合う仕組みがあれば、わざわざデイサービスに行かなくても、活き活きと暮らし続けることができるはず。見守る職員がいればなんとかいけるにちがいない。だが、家に閉じこもりがちな高齢者をどうしたら外に連れ出すことができるだろうか。

Ｉさんの中では「広場」の構想はずっと前からあったという。高原野菜を主とする野辺山は大型重機を使う大規模農業地域である。跡取りが決まると一線を退くことが多い南牧村では、機械化や海外からの研修生も導入していることから、高齢者はなかなか生産活動に手を出しにくい面があり、ともすれば足手まといになりかねないという。しかし、Ｉさんの目に映ったのは、経験豊かで十分に働ける高齢者の姿だった。しかし、その経験を活かせる場所がない。

――こんなに元気なのに。

そんなつぶやきから「行き活き農村広場」への模索は始まった。

とにかくＩさんはいろんなアイディアを上司に持ち掛けた。時にはあまりにとっぴな提言に「ばっかじゃないの？」と言われたこともあったという。

――みんなで牛を飼えばいいんじゃない？

そんなアイディアを職場の同僚に投げかけたこともある。あえなく却下されたものの、この豊かな発想力がやがて実を結ぶことになる。こうしたやりとりを職場で交わすなかで、高齢者が集まって畑を耕し、いっしょに野菜を育てながら健康を維持し孤立防止を図るという「広場」の案件は、意外にもとんとん拍子に進んでいったという。借りる農地や活動拠点として使用する建物のことなど、Iさんの周囲の人びとが地域のつながりを活かしてつぎつぎと解決していった。当時のようすを「地域のチカラをこれほどに感じたことはなかった」とIさんは振り返る。ちなみに、「出かけて（行き）、元気になる（活き）」という「広場」の名付け親もIさんである。

南牧村は高原野菜を中心にした農村地帯で、耕作規模が大きく、繁忙期はまだ陽も上らないうちから収穫作業が始まる。ゆえに、夏場は家族による高齢者の世話が難しく、この時期だけショートステイを利用する高齢者もいるくらいだ。いっぽう、前述のように比較的高齢になっても現役で働く住民も多いため、都市部のようなボランティア活動の一翼を担う高齢者が少なく、高齢者サロンのような住民主体の活動が定着しにくい地域でもある。「広場」はこうした地域特性を背景に誕生した取り組みである。

こうして、一般介護予防事業「行き活き農村広場」は南牧村から南牧村社会福祉協議会への委託事業として二〇一七年度からスタートした。そして、わたしが、開始直前の三月に開かれた長寿会に顔を出した際に、Iさんから紹介されたのが、「広場」担当となる南牧村社会福祉協議会（以下は社協と省略）のMさんだった。JR小海線の野辺山駅前の旧観光案内所だった平屋を「秘密基地」に仕立て、そこを作戦本部にして、近くに借りた畑をみんなで作る。それ以外は白紙。Mさんとしては不安満載のスタートとなった。

春──二〇一七年五月

「行き活き農村広場」の畑に伺うと、広い畑に敷かれたマルチ（農業用ビニールシート）の銀色がまぶしく輝いていた。すでに豆や根菜の苗が植えてあり、軽トラックからビニールハウス用のポールを畑へ運ぶ男性ふたりの姿が見える。トマトの苗が風で倒れないように、風よけ用の簡易ハウスをこれから作る。近寄ると、ひとりの顔に見覚えがある。三月の長寿会の際にお会いした会長のHさんだった。長寿会のときはおおぜいの女性たちに囲まれて、背広姿に物静かに座っていらっしゃったが、ポールを担ぎ、ぐいっぐいっと支柱を地面に差し込み、手慣れたようすでビニールハウスを組み立てていく姿は実に力強い。長靴で地面を踏みしめ、もうひとりの男性と言葉を交わすでもなく、八ケ岳がくっきりと目前に迫る広い畑で、阿吽の呼吸でこともなげに作業をしていく。数カ月後には見渡す限り高原野菜の緑が一面を埋め尽くす。この風景をHさんはずっと見てきた（本書カバーの写真を参照）。

野辺山で長年農業を営んできたHさんは、戦後まもなく野辺山の開拓地へ家族とともに入植してきた。Hさん十二歳のときである。野辺山の入植者としてはもっとも入植した時期が早く、畑を耕しながら食べるという生活はジャガイモやソバが主食だった。

——とにかく食べるのが大変だった。

と、Hさんは当時の暮らしを振り返った。

標高一三〇〇メートルあまりの高原は、寒冷のため、開拓地の生活は過酷を極めた。原野には植林されてから二〇年ほど成長した木が伐採され、その切り株が残っていた。入植後、まずは農耕用の赤牛を買い、その切り株を赤牛を使って開墾していく。重機が導入されたのは入植後六、七年経ってからだった。野辺山には、戦前、海軍航空隊（予科練）の訓練場があり、地元の「丸山」と呼ばれる山の斜面を使ってグライダーの飛行訓練が行われていたが、Hさんら開拓者が初めに移り住んだのは、その兵舎として使われていた建物だった。隙間だらけの板壁の兵舎は、極寒の冬には舞い込む雪で家の中も白くなった。

――現役の頃は、夢中で働いたよ。

と、七〇年近くになる野辺山の暮らしをHさんは懐かしみつつ語った。

「広場」の立ち上げから参加しているHさんは、現役を離れても「広場」に来れば率先して畑の世話をしてくれる。とりわけ、畑仕事の経験がまったくない社協担当者のMさんにとっては、このうえもなく頼りになる存在なのである。

トマトのハウスはあっという間に完成。高齢者が集まって畑を作る、と聞いていたので、そこそこの家庭菜園程度かと思いきや、その畑の広さとメンバーの底力には圧倒された。秋の収穫が楽しみな「広場」の畑である。

夏――二〇一七年七月

今日は「広場」の総会。今後の活動について「広場」の参加者全員で話し合う。いつもの野辺山駅前にある「秘密基地」では手狭なので、会場の海抜を一四〇〇メートルから一〇〇〇メートルに下げて、海尻《うみじり》地区の基幹集落センターに集合する。

会議の冒頭、社協のMさんから近況報告が終わると、とくに細かな説明もないまま「じゃあ、話し合ってください！」とMさん。これからの活動についての相談が始まった。総会に集まった三〇名ほどのメンバーは戸惑いの表情ひとつ見せず、隣どうしでこれからの計画について即席のグループワークが始まった。笑い声やら身振り手振りやらの話し合いがあっという間に会議室を埋め尽くした。直売所への出荷、ねぎの植え替えなど、さまざまな話題がつぎつぎと浮かぶ。もちろんみなさん畑仕事はお手の物。種を撒く時期、作業の行程、一つひとつに豊富な経験が活かされる。

いつ終わるともわからない盛り上がりの話し合いを中断して、「じゃあ、発表してください」と、Mさんが告げると、グループごとの発表がはじまった。ところが、盛り上がったおしゃべりのほうはなかなか止まりそうもない。普通ならば、「お静かに」と言いそうなところだが、Mさんは気にも留めずに話を進めていく。そのようすを見ていて、「ああ、なるほど」と思った。ふだんなかなか会えない住民どうしが「広場」をネタに言葉を交わす。そのこと自体が「広場」の目的なのである。笑顔で話し合いが盛り上がるようすをみれば、この瞬間に育まれているコミュニケーションこそが「広場」なのがわかる。

宴もたけなわ、昼の弁当に手作りの豚汁がついた。準備の段階では会議の成り行きを大分心配していたMさんだったが、「作戦会議」はにぎやかに終わった。メンバーの自主性や経験を活かし、まもなく「広場」の畑もみごとな緑色に膨らむはずである。でも、メンバーの経験知を上手に引き出すMさんは、「私には何もできないから」と、ただ笑っているだけなのである。

広場事業の良さは、活動内容を参加者自らが決めるところにある。農業経験がまったくないMさんは、「広場」に集まる高齢者に一から相談しないと、計画が立てられない。何を植えるか、作業をどうするか、収穫したものはどうするか。担当者がなまじ農業経験のあるスタッフだったら、違う形になっていただろう。ここに来れば誰もが経験を活かして活動でき、感謝される存在である。そこが「広場」の良さである。

ところで、この日ちょっと不思議な瞬間に遭遇した。総会の開始に合わせて、参加者たちが三々五々に集落センターへ集まってくるなか、ひとりの女性が玄関に入ってきた。すると、室内からもうひとりの女性が笑顔で彼女を出迎え、手をつないで会場へと入っていった。たったそれだけのことだが、なんとなくそのふたりの姿が印象に残った。そして、会議が始まり賑やかに話し合いが進んだ頃、先ほどのふたりが別の部屋へ出て行く姿が再び目に留まった。後で社協の方に聞くと、ようやく事情が分かった。ふたりの女性はもともと同じ地域に暮らしていたが、そのひとりが健康上の理由で今は施設で生活している。そんな折、その知人が「広場」の総会に参加することを知って、「○○さんが行くなら私も行く」ということで、久しぶりの再会を果たしたというわけだった。たとえ小さな村であっても車がなければ高齢者が交流する機会は極端に限られる。大げさなドラマが生まれたわけではないが、村の日々の暮らしに小さな出来事を運ぶのも「広場」なのである。

秋――二〇一七年十一月

――取れた野菜を使っておやき、作りたいね。

そうつぶやいたのは、Mさんといっしょに「広場」の運営に当たる社協のAさんである。Aさんはかつて村内にあった宅老所で高齢者といっしょに小さな畑づくりをしたことがあり、その経験が「広場」の運営の土台になっているのだが、おやきの話題が飛び出したのも、「広場」のみなさんとこれからの活動について、いつもの「秘密基地」で話し合っているときだった、信州の郷土食「おやき」は、とくに長野県の北部、北信地域で盛んに作られる。なかでも小川村のおやきは全国的に有名であるが、南牧村が位置する長野県の東部、東信地域では家庭でおやきを作る習慣はそれほど根付いてはいない。偶然だが、小川村の社会福祉協議会に知人がいることを私が思い出すと、

――教えてくれる方、いるかしら。

と、Aさん。あとはアイディアがつぎつぎと沸いてくる。

――たしか広瀬（地区）の交流センターに囲炉裏があったわね。

――囲炉裏でおやき作りたいね。

――じゃあ、秋は広瀬でおやき大会！

こんな具合に、おやき作りの話はとんとん拍子に実現に向けてスタートしてしまった。まったく、嘘のような本当の話である。

早速、小川村の知人へ連絡すると、協力いただけそうな女性Yさんがいるとのこと。しかも彼女は南牧村の隣、川上村出身だという。これまた、なんとも不思議なご縁であった。

事前の打ち合わせには、「広場」の関係者数名で小川村を訪れ、おやき名人のYさんからおやきにまつわる話をうかがった。川上村から小川村へ嫁いだYさんは、二年かかっておやき作りを学んだという。良質な小麦が取れる小川村では、おやきは子どももおとなも年よりもみんなで囲炉裏を囲んで作るもの。囲炉裏のほうろく（鍋）で表面を焼いたあと、灰の中でじっくり蒸しながら焼き

上げる。灰から取り出したおやきは、軽く叩いて、ふーっと吹いて灰を払う。そのようすを太鼓を叩いて笛を吹くお祭りにたとえて、おやきを作る日は「お祭りの日」と呼ばれたそうだ。

おやき大会の当日は小川村からYさんを含め「おやき名人」を数名迎える形で「おやき交流会」が実現した。会場を借りた広瀬地区の住民も加わり、参加者の中には小川村へ嫁ぐ前のYさんと親交のあった人もいて数十年ぶりの邂逅にも恵まれた。おやきを作りたいというAさんの小さなつぶやきは、予想をはるかに超える地域交流の輪へと広がった。

「行き活き農村広場」の日常のほんの一端を紹介したが、ここでは何か特別なことが起きているわけではなく、至極ありふれた日常の延長線上にある取り組みである。誰も無理をせず（もちろん社協スタッフは苦労されているが）、参加する高齢者は自分のできる範囲で「広場」の取り組みに参加している。

秋には保育園児とのジャガイモ掘りをおこなった（後掲の写真2参照）。いつもとは違う賑やかな声が「広場」の畑にこだましていたが、そんなときに少し離れた場所に腰を下ろして、収穫のようすを眺めている高齢者の姿にほほ笑ましさを感じた。何かをしなければいけない、ではなく、そこにいてくれる、そのこと自体がとても大切なことなのだと気づかされる思いだった。

「広場」の活動を通じて感じるのは、アイディアにあふれる社協職員の柔軟性である。その背景にあるのは、参加者である高齢者の主体性を重んじる視線である。つかず離れずの伴走者として「広場」にかかわり、そして彼らもまた高齢者から日々多くを学んでいる。そこには、支援を受ける者と支援する者の区別は感じられない。むしろ、ひたすら畑仕事に精を出す仲間、そんな印象すら受ける。

4　高齢化時代の「共生社会」を考える

「地域包括ケアシステム」をめぐる戸惑い

混沌……。「地域包括ケアシステム」から連想する言葉である。その発端は厚生労働省が二〇二五年を目途に、高齢者の自立した生活を支援する目的で、地域の包括的な支援サービスの体制づくりのモデルを示したイメージ図（次ページに掲載）にある。それは、医療と介護、そして地域住民を主体とした生活支援や介護予防により高齢者を地域ぐるみで支える理想的な構図のことである。ただし、提示された目標に異論はないが、そこに至るプロセスはどこにも示されていない。行政、社会福祉協議会（以下、社協と省略）、地域包括支援センター、それぞれの現場で、みな顔を見合わせて「何をすればいいのか」と戸惑いを隠せないのが実情であろう。

国が提示した「地域包括ケアシステム」の方向に沿って、今、各自治体では、高齢者の健康づくりや孤立防止に向けた取り組みを盛んに行おうとしている。行政の担当者や社協の地域福祉担当者、そして地域の支え合いを推進する生活支援コーディネーターはその「答え探し」に東奔西走している感がある。もちろん、地域では、さまざまな取り組みが行われている。介護予防教室に高齢者サロン、民生委員による地域の見守りに、社協の家事援助や移送サービス、さらには住民ボランティアによる施設の慰問など、事例を挙げればきりがない。しかし、そうした地域の取り組みを評価す

厚生労働省が提示する「地域包括ケアシステム」

○　団塊の世代が75歳以上となる2025年を目途に、重度な要介護状態となっても住み慣れた地域で自分らしい暮らしを人生の最後まで続けることができるよう、住まい・医療・介護・予防・生活支援が一体的に提供される地域包括ケアシステムの構築を実現していきます。

○　今後、認知症高齢者の増加が見込まれることから、認知症高齢者の地域での生活を支えるためにも、地域包括ケアシステムの構築が重要です。

○　人口が横ばいで75歳以上人口が急増する大都市部、75歳以上人口の増加は緩やかだが人口は減少する町村部等、高齢化の進展状況には大きな地域差が生じています。

地域包括ケアシステムは、保険者である市町村や都道府県が、地域の自主性や主体性に基づき、地域の特性に応じて作り上げていくことが必要です。

地域包括ケアシステムの姿

出典：厚生労働省ホームページ

る「モノサシ」がはっきりしないため、これでいいのかと自信を持てずにいる。もし、たとえば人口規模に応じた高齢者サロンの数というように、何かしらの数値目標が提示されているのならば、誰も迷うことはない。だが、全国一律の「モノサシ」で測るのなら、それぞれの地域で包括システムを構築する意味はなく、もともと数で測れるような問題ではないことは、現場の担当者は肌で感じている。かといって、地域で何をどのように取り組むべきか。その「モノサシ」がはっきりしないために現場は混沌としている。

ひとつの大きな疑問が浮かぶ。そもそも地域での取り組みが「うまくいっている」とは何を意味するのだろうか。地域には、さまざまな活動があり、わたし自身ユニークで活発に取り組む地域住民たちに数多く接してきたが、その多くはその地域であるがゆえに生まれ出た活動である。それぞれに地理的、歴史的な背景があり、その地域に根ざした組織のあり方がみられ、そして、そこに暮らす「固有名詞」の住民が関わって、個性ある活動が生まれる。そして、その誕生は必然であるよりは、むしろ偶然の組み合わせによることが多い。そもそも地域の活動とはそういうものなのかもしれない。

たとえば、上田市の社協では、男性ボランティア講座をきっかけに、地元の男性高齢者が中心となり、地域住民が集う珈琲サロンを立ち上げた。男性ボランティアがコーヒーバリスタよろしく黒いエプロンを身にまとい、おしゃれに珈琲を振る舞うボランティア活動には多くの近隣住民が集まり、地域の交流にひと役買っている。地域活動に生かせる社協のボランティア育成の取り組みとして興味深い事例であるが、では、コーヒーの機材を揃え講座を開けば、他の地域でも同様の取り組みが生まれるか、といえば、事はそう簡単ではないのは明白であろう。サロンの会場となる建物や地域づくりにかかわる社協スタッフのスキル、そして何より、活動にかかわるさまざまな住民と地域の雰囲気などを組み合わせたなかで活動は生まれてくる。入口は一つでも出口は一つとして同じものはない。

「環境」の中で育まれ、生まれ出る活動

私が「広場」の活動でもっとも印象深く感じたのは、何よりも参加する高齢者の主体性が十分に発揮されている点である。社協が一方的に活動の内容を決めるのではなく、社協スタッフも高齢者たちと活動を分かち合いながら事が進められる。その実、前述のとおり、担当する社協スタッフに農業経験がないため、高齢者たちを何かと頼りにせざるをえず、その結果、高齢者が主体性を発揮するという結果をもたらしているのだ。もし担当者が農業経験の豊かな人だったなら、自分でいろいろな問題に対応してしまい、参加する高齢者も受け身になり、コミュニケーションもなかなか深まらなかったかもしれない。何を植えるか、次の活動をどうするか、あくまで当事者である高齢者自身が活動計画を考え、そして、実行していく、社協スタッフは「伴走者」としてかかわる、こういう形ができあがることで、スタッフも含めた参加者全体のコミュニケーションと関係づくりが深まり、元気な暮らし方に結び付いていると感じられた。

一般に地域の自治会などが主体となって開く高齢者のサロンは、地域の役職として民生委員などが前任者からの引き継ぎどおりに開催するような状況に陥っている場合が多い。高齢者を含めた住民どうしの交流が本来の目的であるはずなのに、いつのまにか開催自体が目的化・ノルマ化してしまい、担当する住民の負担感だけが膨らんでいく。地域づくりに携わる社協職員なら、このように、

当事者の主体性が抜け落ち、手段と目的が入れ替わってしまっているような活動に、あちらこちらでぶつかっているはずである。南牧村の「広場」の取り組みとは、どこが違うのだろうか。それは「広場」の中心にあるのは、参加者である高齢者の主体性であり、高齢者自身の活動である。そしてその活動はこれまで何十年と繰り返し、体の芯までしみ込んだ日常の暮らしぶりなのである。同時に、良き伴奏者としての社協スタッフの役割も重要である。スタッフは、何を行うにも高齢者を頼りにコミュニケーションを欠かさない。臨機応変な発想力の柔軟さも手伝って、「広場」を取り巻く地域社会との関係づくりにまで、多彩な活動が拡がっている。

先述の七〇年も前にスウェーデンで起きた福祉パラダイムの大転換のきっかけとなったロ・ヨハンソンの「有機的な社会」というイメージと、南牧村の「行き活き農村広場」の活動が、私の脳裏でオーバーラップしてくる。「有機的な社会」は、地域社会の外側から「政策」として持ち込まれてできるものではあるまい。そうではなくて、地域社会という「環境」（ミルヤー miljö）の内側から形成されてくるものであろう。南牧村の高齢者たちの「畑を耕す」という営みのように……。他の地域社会＝環境においては、また、別の個性ある活動の姿で表れることだろう。

「する」「される」から「そこにある」関係のイメージ

高齢者の地域包括ケアシステムや生活困窮者の自立支援などの分野では、従来の「する」「される」の一方通行ではなく、地域住民が相互に助け合う「互恵的な関係づくり」が今日の課題となっている。私自身、社会福祉協議会や公民館といった地域の方々とのあいだで、こうしたテーマを話題にすることが増えてきたが、「互恵的な社会づくり」は理念としては理解できても、具体的には、それをどのように実行していくのかはなかなかイメージしがたいというのが現場に立つ人たちの率直な感想ではないだろうか。

「する」「される」の関係ではない活動のイメージと言えば、やはり「行き活き農村広場」のあり方が思い浮かべられる。この活動は、表面的には高齢者が集まって畑を耕しているだけの話だとも言える。しかし、そこに「広場」の良さがある。活動の中身を参加する高齢者の主体性に委ねているから、担当する社協職員に団体旅行を先導するバスガイドのようなイメージはない。あくまで高齢者の主体性を第一にして、参加する高齢者どうしの連携を育む。

ただし、「広場」の良さを単に高齢者の主体性に求めるだけでは不十分であろう。むしろ、主体性を活かせる場、つまり「環境」をつくったことにこそ「広場」の良さの本質がある。活かせる場、言い換えれば、他者とかかわる「環境」がありさえすれば、主体性はおのずと発揮されることを見抜いたことが根底にある。「広場」にかかわるスタッフの豊かな発想力が、高齢者たちの活動に変化と彩りと広がりを持ち込んだのである。

それは私に、アメリカの大都市のあり方に疑問を投げかけ、複雑に結びつく有機体として都市をとらえようとしたジェイン・ジェイコブズの「発展とは、インプロビゼーション（即興）を伴う前例のない仕事への漂流」［ジェイン・ジェイコブズ　2012］という言葉を思い起こさせる。元気に主体性を発揮する当事者たちと、発想力ゆたかで、自由奔放な伴走者による即興的な活動の発展……そんなあたりに、高齢化時代の「共生社会」を紡いでいく大事なヒントがあるのではないだろうか。

写真2は、高齢者たちが保育園児たちといっしょにジャガイモを収穫する「行き活き農村広場」の光景である。腰掛けてひと休みしている男性は「広場」がなければ自宅で寝ているだけの生活を

していたかもしれない。しかし「広場」があったことで、孤立することなく地域社会との関わりを保持しながら今までと変わらぬ暮らしぶりが継続できる。いっぽう、園児たちにとっては、昨今は農村とはいえ、すべての子どもが農作業に親しんでいるわけではないから、「広場」は地域社会の営みを体験しながら高齢者と接する場になっている。たとえ腰掛けから眺められているだけであっても園児にとっては貴重な存在である。片や**写真1**のルポルタージュ『老い』に収録されたベッド

写真２　保育園児たちとジャガイモ掘りをする、「行き活き農村広場」の高齢者たち

に腰掛けたままの高齢者。片や**写真2**のように子どもたちを眺めながら腰掛けで休む高齢者。この二枚の写真の対比の中に、これから歩むべき「有機的な社会」のヒントを見いだせないだろうか。

以前、「行き活き農村広場」の参加者にこれからの活動についてアンケートをとったことがある。その際、本文中にすでに登場したHさんが書いてくれた言葉が心に残る。

——楽しく自然と対峙したい。

それは南牧村の野辺山高原に暮らし、そこにあり続けてきたからこその言葉であり、イヴァール・ロ・ヨハンソンの次のような言葉に呼応する願いであった。

> Ute i miljön bör åldringarna tas tillbaka in i livssammanhanget.
> （地域社会の中で積み重ねてきた暮らしの中に高齢者は帰るべきだ）
>
> ［Ivar Lo-Johansson 1952］

参考文献

David Gaunt　1995 *Ivar Lo, de radikala pensionärerna och striden mot ålderdomshemmen 1949* Socialvetenskaplig tidskrift Vol 2 Nr 4 (1995)（『イヴァール・ロ〈革新的な年金受給者と老人ホームに対する闘い一九四九年〉』）

Ivar Lo-Johansson 1949 *ÅLDERDOM*（老い）KF:s bokförlag, Stockholm

―― 1952 *ÅLDERDOS-SVERIGE*（『スウェーデンの老い』）CARLSSONS,Lund

―― 1977 *DEN SOCIALA FOTOBILDBOKEN*（『社会派写真家作品集』）Rabén & Sjögren, Lund

Margareta Wersäll 2006 *Fattighusliv i ensamhetsslott: Ivar Lo-Johansson och de äldre i samhällsdebatt och dikt*（『孤独な城の貧しき人々の暮らし――イヴァール・ロ・ヨハンソンと論争及び作品における高齢者の姿』）Uppsala University

ジェイン・ジェイコブズ 2012『発展する地域　衰退する地域　地域が自立するための経済学』中村達也訳　筑摩書房　ちくま学芸文庫

宮本太郎（編著）2014『地域包括ケアと生活保障の再編――新しい「支え合い」システムを創る』明石書店

七—高校生に異文化を伝える

「生きる力」となる国際理解教育は、行動と体験から

金 正玉

金 正玉（きむ じょんおく）
韓国・釜山市生まれ。二〇一二年、信州大学大学院地域社会イニシアティブ・コース修了。二〇〇〇年に来日して、教員資格を取得。二〇〇七年から長野県松本市の松商学園高校で、正規の社会科担当教諭となる。それ以来、生徒たちに、韓国人や韓国文化と実際に接触する体験型の国際理解教育の実践を行っている。

1 韓国人として日本の高校の教壇に立つ

私がもし日本語を学んで、日本に来ていなかったら、今ごろ、どこで何をしているだろう。韓国で仕事に追われていたかなとも思うが、行動力では誰にも負けない自信があるから、どこにいてもきっと何かしら社会的な活動はしているはずだと思う。しかし、今のように高校生に日々接して、彼らに「世界はこんなものではないよ、あなたたちも変わらなければ」「異文化とは、行動し体験して初めて分かるものだよ」、などと言っていただろうか。

二〇〇七年四月、私は、韓国人ながら、長野県松本市にある松商学園高等学校（以下、松商学園）で社会科（公民）担当の正規教諭となった。外国出まれの外国人が日本の高校で正規教員に採用されることは、あまり例がないと聞く。学校側にも「生きる力」となるような国際理解教育を進めたいという考え方があったからのことだろう。

いざ、教壇に立ってみると、生徒たちが自分の意見を言おうとしないこと、日本の一般社会にも同じ傾向があるが、それよりもいっそう、そうした雰囲気が強いことに気づいた。授業が教える側からの一方通行的な講義形式のせいだからともいわれているが、同じような授業形式をとっていても韓国の生徒はとりあえず反応するし、質問もしてくる。私が教える韓国語の文法を理解するだけでは国際理解教育とはとてもいえない。聞いているだけで対話もなく、交流を求めようとはしないので、異文化を理解するまでには至らない。

文部科学省が推進する国際理解教育では「グローバル人材の育成」が叫ばれるようになったが、私は違和感を抱いている。そもそも普通の高校生には、グローバルなどという言葉は難しくてよくわからないし、ましてや急に「国際社会の中で活躍できる人材になれ」と言われても、そのような重い言葉に圧倒されて、スタートの段階から入りにくくなってしまう。ニューカマーの外国人である私が、日本の教育の現場に立って感じるのは、日本の国際理解教育はまだまだ進んでいないということだ。従来から日本に住んでいる外国人はもちろん、ニューカマーの子どもたちのために、そして、それにもまして、国際化する社会の中で生きていかなければならない日本の子どもたちのためにも、学校教育の現場で、国際理解のための教育カリキュラムをもっと発展させていく必要があると思う。私自身の経験からいっても、国際交流とは、まず実際に体験し交流してみることが出発点になる。

そこで手始めに、二〇〇八年、「韓国事情」という体験型科目を開設し、次いで課外活動の「ハングル同好会」ではスカイプ（無料国際電話）で韓国の高校生と対話したりするほか、韓国の釜慶《プギョン》高校などとの国際交流企画に協力したりするなど試行錯誤を続けてきた。その結果、松商学園でこうした教育プログラムを受けた高校生たちはさまざまな交流を体験することを通じてみごとに自己改革を遂げていったと思う。生徒たちの中には卒業後も、いろいろな形で継続して国際交流を行っている例が多く、私の実験的な試みは、かなりの成果を収めたのではないだろうか。

これまでの教育実践についての文献を調べても、日本の高校において、韓国という特定の国と社会に特化して、しかも、正規教員として採用された韓国人教員が担当するかたちで、国際理解教育に取り組んだ事例はほとんどないようだ。

高校における国際理解教育は、これから、世界へ羽ばたいていく若者たちに対し、国際社会の中で積極的に生きていく道作りをしてあげることだと私は考えている。教育現場と社会現場をつなぐ教育プログラムを考え、高校生たちが実際の体験を通じて国際社会に対する理解を身につけ、社会に出てからもその理解を生かすように支援していきたい。そして、この若者たちが活躍して、地球・世界を一つにしてくれるだろうという希望を抱きたい。

2　日本の高校における国際理解教育

「国際理解」は「相互理解」

日本の国際理解教育の始まりは一九五〇年代とされている。佐藤郡衛によると、一九五六年の国連加盟を契機に、ユネスコ創設本会議で提起された「国際理解のための教育（Education for International Understanding）」の考え方を受け入れたことに始まる［佐藤 2001］。その後、「国際理解教育」という言葉が使われるようになり、その内容は「異文化・異民族間の理解と尊重や環境、人口、戦争などの世界全体の問題を理解し、対応行動を学ぶこと」とされている「ユネスコアジア太平洋国際理解教育ホームページ」。ひと言でいえば、国際社会環境に適応していくための教育である。

「国際理解」は、当然ながら、一方的な思い込みではなく、「相互理解」が基本となる。多田孝志は、「相互理解」は「人間理解」「文化理解」「世界の現実理解」の三つの要素が互いにかかわりを持って構成されると指摘している［多田 1997: 46］。学校現場においては、こうした「相互理解」をベースにした教育課程を作ることが必要になる。教育課程の内容について、国際文化フォーラムが作成した『学習のめやす　２０１１』によると、「言語・文化・グローバル社会」の三領域において、「わかる・できる・つながる」という三つの力を育てるために、「学習者・他教科・教室外」の場での取り組みを行っていくことが提唱されている。「他者の発見、自己の発見、つながりの実現」を教育理念として、多様な言葉と文化を学ぶことを通して、生徒の人間成長を促し、グローバル社会づくりに主体的に参画して生きていく力を育てることがその目標となる。

国際理解教育において、「わかる」というのは、暗記とまったく次元が異なるし、「できる」「つながる」ためには、実際の体験や交流が教科書以上によい教材・教師となりうる。そして、世界は常に変化しているのだから、そうした変化に対応して、教育の理念や方法をたえず見直していくことが必要になる。

高校における国際理解教育の動向

文部科学省は、高校における国際理解教育について、明確な指針を示していない。多くの学校では、一九九九年度の「学習指導要領」で新たに開設された「総合的な学習の時間」(「総合学習」)を利用して実施しているようだ。「学習指導要領」によれば、高校における「総合学習」の目標は、「横断的・総合的な学習や探求的な学習を通して、自ら課題を見つけ、自ら学び、自ら考え、主体的に判断し、よりよく問題を解決する資質や能力を育成するとともに、学び方やものの考え方を身に付け、問題の解決や探究活動に主体的、創造的、協働的に取り組む態度を育て、自己の在り方、生き方を考えることができるようにする」こととなっている。つまり、総合学習とは、単なる知識の学習ではなく、「生きる力」を育てていくことを目標とする科目であると言える。

具体的な内容は各学校が自由に選択できるようになっているが、「国際理解教育」という名称の科目を新設するところは少なく、それぞれの事情に合わせて、英語以外の外国語科目を設けている例が多い。文部科学省の調査によると、二〇一四年度に、英語以外の外国語の科目を開設している高等学校の数は七〇八校(公立五一二校、私立一九四校、国立二校)である。言語の数は一五にわたり、中国語がもっとも多く五一七校、次いで韓国・朝鮮語三三三校、フランス語二二三校、ドイツ語一〇七校の順となっている。

二〇〇〇年代に入って、英語以外の外国語科目、とりわけ中国語や韓国・朝鮮語を導入する学校が増えた。いうまでもなく、「韓流ブーム」など中国や韓国との文化交流の高まりがその背景にある。その後、これらのアジア言語の開設数は残念ながら少し後退した（ただし、履修者数は微増している）。フランス語など、ヨーロッパ系言語の開設数も減っているので、日中・日韓関係の冷え込みだけが原因というわけではなさそうである。

それにしても、英語以外の外国語を開設している高校は、全国の約五三〇〇校（公立・約四〇〇〇校、私立・約一三〇〇校）のうち、公立も私立もわずか一〇パーセント程度にすぎない。アジア諸国がどんどん発展を遂げて、日本との距離を縮め、日本に対する理解を深めているのに、高校教育の現場は、語学でも文化理解でも、いまだに欧米中心を脱していない。このままでは、アジアの中で日本が取り残されていくのではないかと、外国人ながら日本の先行きが案じられてならない。

長野県の場合を見てみると、高校数は、公立八八校、私立（全日制）一六校、合計一〇四校である（二〇一六年現在）。このうち、英語以外の外国語の授業が行われている学校は一一校、全体の約一〇パーセントと全国平均並みである。さらに、県内高校の「総合学習」における国際理解教育の内容をみると、多くは語学学習を中心としていて、とくに英語のＥＬＴ方式（招へいした外国人教師による語学教育）を採用している場合が多い。英語以外では、中国語が多く、韓国語がそれに続いている。ただし、英語ＥＬＴが恒常的、継続的であることが多いのに対して、中国語や韓国語は、履修希望者の変動や担当者の確保難、あるいは情報・福祉などのほかの分野を優先するなどの理由で、必ずしも安定して開講されているわけではない。

3　松商学園での実践

松商学園への赴任

松商学園高校は、一八九八（明治三十一）年に、私立戊戌《ぼじゅつ》学会という名称で、商都・松本における商業系の高等教育機関として誕生した。一九一一（明治四十四）年に「松本商業学校」と改称し、その後、一九四八（昭和二十三）年から現校名となり、これまでに地域を支える人材を多数輩出してきた。「自主独立・勤労尊重」を建学精神と定め、「教育理念・目標として、豊かな人格の形成を図りつつ、知性・学力の向上に努め、『自主独立』の精神に溢れ、将来社会に貢献し、リーダーとなる人間を育成すること」を掲げている［学校ホームページ］。かつては甲子園にもよく出場していた野球部を筆頭に、サッカー、柔道などの課外活動もさかんで、長野県中信地区の中核的な学校である。

表1に見るように、生徒数は、三年生五二一人、二年生四四九人、一年生四四一人、合計一四一一人で、県下最大を誇る（二〇一六年現在）。学科・課程は商業科と普通科があり、後者は、総合進学コース、文理進学コース、選抜進学コース、特別進学コースに分かれて、多様なタイプの人材育成のために、それぞれ独自の目標を設定し、それに沿った指導方式が採用されている。なお、教職員体制は、教員（非常勤を含む）と事務職員を含めて約一五〇人の組織である。

総合学習科目「韓国事情」——韓国語と韓国社会に学ぶ

百年以上の伝統ある学校だが、旧習にとらわれない進取性もあることを、赴任してみて、実感している。私は、社会科の正規教員として採用が内定したときから、何か実践的でほかにはない、韓国人である私にしかできない国際理解教育をやってみたいと考えていた。韓国語、韓国料理、韓国文化、韓国への修学旅行や現地の高校生との交流など、いろいろ思いつくことがあった。手始めに、着任二年目の二〇〇八年度に、「総合学習」の選択科目の一つとして、「韓国事情」という科目を提案して開設にこぎつけ、担当することになった。長い歴史を持つ松商学園で、韓国人の正規教諭が誕生し、「韓国事情」という科目を教えはじめたということで話題となり、地元新聞などにもよく取り上げられた。

「韓国事情」という授業科目は、普通科・総合進学コースの二年生（一七〇人前後）向けの八つの総合科目のうちの選択科目の一つ（一単位）として開設された。総合進学コースの生徒は、二年次に、総合学習科目として、韓国事情・健康スポーツ・環境科学・英米文化理解・生命をみつめる・消費生活入門・ヒューマンコミュニケーション・生活科学入門のうちの一つを選択する。このうち、「韓国事情」と「英米文化理解」の二つが国際理解関連の科目である。先に述べたように、国際理解教育では、国際社会の諸問題や発展途上国への援助問題などが取り上げられることが多く、特定の外国に特化して、科目を設ける例はきわめて少ない。しかも、科目担当にネイティブの外国人を配置した点に、松商学園の国際理解教育の独自性があった。

「韓国事情」の授業は、一年を前期・後期に分けて、それぞれ三五コマずつ行う（週二回　五〇分×二回)。履修者数は、二〇〇八年八二人、二〇〇九年九六人、二〇一〇年三七人、二〇一一年三四人で、四年間の延べ数は二四九人であった。開設当初の二年間は、総合学習の選択科目が四つであったため、履修者数が多かったが、八つに増えてからは、毎年、三〇人から四〇人程度が履修している。この授業は、国際理解が目的であるため、言葉を学ぶだけではなく、韓国の社会・文化・歴史全般を学ぶこと、また、松商学園の国際交流が目指している「できる」「つながる」という力を育てるために、生徒自らが体験し、参加することにより生徒自身が「わかる」ようになることを目指した。そこで、表2のような授業プランを組み立て、担当教員である私が作った資料・ビデオ・雑誌・プリントなどを使い、音楽、ドラマ、映画などで興味を持たせる授業形式と同時に、実際に、自分で体を動かして体験していく試みを取り入れた。

外国語を学ぶというと、普通は文法からと考えるが、この授業では、文法ではなく、実際の生活場面で使う短い文章から興味をもってもらう進め方をした。日常で使う会話を最初に覚え、それを韓国人である教師に使ってみて、通じることを確かめることができる。自分の名前を韓国語で書くことや、覚えやすい簡単な挨拶で自分を相手に伝える方法を教えることから始める。覚えたことはその授業時間内に、しっかり理解したかを確認する。他の教科と違い、テスト範囲に合わせることなく、生徒の理解度に合わせて授業を進められるから、週二回の授業でも、学習したことを次の時間まで忘れないようにすることができ、有効な授業効果を得られた。

この授業では、映像や資料を使うとともに、実際の韓国の生活や文化に触れる体験をすることも大切である。たとえば、男女生徒それぞれが韓国の伝統衣装を着て、韓国式の礼儀作法を習う。体験型のもう一つは、料理教室である。韓国の食べ物「チヂミ(韓国風お好み焼き)」や「トッポキ(棒

表1　松商学園の学科・コースと「国際理解」関連科目の配置

学科／学年	商業科	普通科				学年別生徒数
		総合進学コース	文理進学コース	選抜進学コース	特別進学コース	
1年生	2クラス 64人	6クラス 224人	3クラス 116人	1クラス 24人	1クラス 13人	441人
2年生	2クラス 75人	5クラス 178人	4クラス 154人	1クラス 32人	1クラス 10人	449人
3年生	2クラス 92人	5クラス 194人	4クラス 160人	2クラス 50人	2クラス 25人	521人
総合学習における「国際理解」関連科目の配置	(2年次) 国際ビジネス＊	(2年次) 英米文化理解 韓国事情＊				

出典：筆者作成（2016年4月）　＊現在は開講されていない

表2　「韓国事情」の授業プラン（2008年実施）

	授業内容	時間配分
1	韓国語の基礎から自己紹介、家族関係 初級日常生活会話・ペアで会話 韓国の地図を利用して模擬旅行と会話	15時間
2	伝統衣装と伝統文化体験 朝鮮半島の歴史・日韓の歴史関係 韓国料理体験 ビデオ感想（ドラマ・映画など利用）	7時間
3	韓国の童謡、民謡から学ぶ	3時間
4	韓国の若者文化（音楽・ビデオ利用）	5時間
5	2回の会話試験	

出典：筆者作成

状の餅の炒めもの)」を生徒たちが直接作り、食べてみることで異文化の理解が深まる。「チヂミ」を食べたことがある生徒もいるが、「日本のお好み焼きと何が違いますか」という質問には答えられない。しかし、この体験料理教室で実際に作ってみることで、韓国料理について、いろいろなことを語れるようになる。最初はどんなものになるかドキドキしていた生徒も少しずつ慣れ、楽しく料理作りに励む。このように体験によって学ぶ授業であることから、成績評価は、筆記テストによらず、会話試験二回と授業中の活動内容や課題の遂行状況などを通じて行うことにした。

生徒たちにとって英語、それも文法中心の今までの外国語の授業とはまったく違う新たな言語の学び方が新鮮だったようである。この授業を受けた生徒が私の公民の授業で、韓国語で挨拶し、自ら辞書で調べた単語を使って発表してくれたこともあった。そうした姿勢は周囲の生徒に波及し、生徒から生徒へと波及していくという効果もあった。

インターネットによる国際交流授業の試み

二〇一一年後期には、国際社会と「つながる」ため、教室内でどのような授業ができるかを実践してみた。そのために、韓国の高校の生徒と松商学園の生徒がそれぞれの教室にいながら、インターネットを利用して交流する国際交流授業を企画した。これは、日常生活でインターネットに親しんでいる若者の感覚を活用し、教室内でもグローバル授業ができることを示そうとした新しい授業形式の試みである。交流の相手方は、後で述べる「ハングル同好会」を通じて交流を行っていた韓国全羅南道の光州にある和順《ファスン》高校であった。相手校の担当教員ともいろいろな打ち合わせが必要で、その協力があったからこそ実現できた企画だと思う。こうした試みは、二〇一〇年当時、他の生徒と共に行っていったところ、「高等学校韓国朝鮮語教育ネットワーク（JAKEHS）」の全国大会（二〇一一年十一月）で行った報告では、注目された。

国際交流授業の目的は、韓国文化を理解するだけで終わるのではなく、その体験を韓国人に伝え、その気持ちが相手に「つながる」ことで、次の学習に向けて、「わかる」「できる」へのモチベーション向上へと結びつけていくことにある。この企画のために、二〇一一年度後期の授業時間三五コマ中の一二コマを充てた。まず、交流のための準備として、韓国語の初歩を学び、次に、韓国料理を実際に作ってみることで、食文化の理解を深める活動を行う。料理を作るためには、材料の名前や作り方を学ばなければならない。作ってみる過程でも、いろいろな発見があり、作った料理を食べてみて、日韓の食文化の違いを考えてみる。こうしたプレコミュニカティブ活動を行った後に、インターネットを通じて、韓国の生徒と自分たちが学んだ韓国の食文化がどのように「つながる」かを確かめることになる。

実際に、韓国の高校生たちとインターネットで交流した日本の生徒たちの反応は教師の期待をはるかに超えて活発であった。しかし、同時に、こうした試みを拡大していくためには、いろいろな問題を解決していかなければならないことも分かった。たとえば、準備のための授業時間が短かったため、生徒が使える韓国語の単語の数が少なく、交流には限界があったという問題だ。この点は、交流において、「できる」という能力を養うために、今後、学習指導案を作成するなかで考慮していかなければならない課題である。また、こうした授業企画は韓国の高校とのあいだに協力関係をもたなければ、継続して実行していくことが難しい。学校内の設備や教育環境の問題もある。現状では、国際交流を行うためのネットワーク設備が教室に整っていない。今回の試みでは、校内では「ワイファイ」がつながらないため「アイパッド」を使って「スカイプ」（無料国際電話）を利用したが、電波状況が悪く、たびたび双方の話がずれて、互いの反応が遅くなったりしたことが残念であった。今後は、こうした課題を克服して、国際交流授業を通じて、高校生たちの直接的な異文化交流が拡大していければよいと考えている。

「ハングル同好会」の活動

「ハングル同好会」は、課外活動グループとして二〇一〇年五月に、韓国のアイドルKポップが好きな生徒たちが集まり、好きなアーティストについて話し合ったことがきっかけで発足した。私が顧問として指導を担当している。同好会メンバーは、総合進学コースに属さないために、「韓国事情」の授業が選択できない商業科の生徒と普通科の文理・特進コースの生徒が中心になっている。二〇一六年五月現在、一年生三名、二年生四名、三年生六名で計一三人が活動している。

グループの活動の目標は、第一に、生徒たちが韓国語を学び、韓国人である顧問教員との触れ合いから文化の違いを学ぶこと、そして、自分たちとは違う国について興味を持ち、訪問してみたいという気持ちを生み出すこと、第二に、さらに進めて、国際交流を通じ自ら国際理解教育に深く踏み込み、国際社会の中で生きる力を高めてゆくことである。

学校内での活動は、週一回で、「韓国語の勉強」「韓国文化・歴史を学ぶ」「韓国料理を作る」「韓国の高校生とインターネット電話で交流会（毎月一〜二回）」「伝統音楽・Kポップなど歌って踊る」「文化祭の韓国コーナー展示」「韓国へホームステイに行こう」「地域の国際交流に参加」などを内容としている。同好会の活動は、基本的に、生徒たちが自ら企画して行うもので、担当顧問の私は、生主が作った企画などに参加し、アドバイスしたり、言葉や社会・文化について教えたりするだけにとどまる。

ハングル同好会は、校外でも積極的な交流活動を行っている。顧問である私が、国際理解は自分の目で見て、実際に肌で感じてみないと分からない、そのためには、いろいろな社会活動団体と交流してはどうかと提案したところ、生徒たちもそれに賛成してくれて、校外での交流活動が活発に行われることになった。幸いなことに、同好会ができたころから、松本市内には、行政的な交流だけではなく、民間団体による新しい国際交流行事が増えていた。普通のクラブ活動なら学校内に限られてしまう傾向が強いが、校外活動を通じて同好会は社会との関係を結び、学んだ他言語や文化理解を直接理解するチャンスを持つことになった。

こうした外国人との交流活動の例としては、松本市内で行われる「こいこい松本」の祭りへの参加や「KOREA市民祭」への参加がある。「こいこい松本」は、市内在住の外国人と日本人の交流を深めることを目的にしたイベントで、毎年、催されている。ハングル同好会の生徒たちは、そこで、チマチョゴリを着て自分たちが作った韓国料理を販売する活動を行った。この場では、外国の人たちと英語や韓国語で話をしたりして、交流を深めることができた。「KOREA市民祭」は、在日本大韓民国民団・松本支部が、地元の日本人と交流を深めるために、実施している行事で、韓国の食べ物やキムチ作り、韓国語スピーチ大会、公演などを楽しむ祭りである。生徒たちにとっては、祭りに来た韓国の人びとと自分たちが学んだ韓国語で話せる絶好の機会となる。行事の一つとして開催される韓国語スピーチ大会には、同好会から一人の生徒が参加した。

また、ハングル同好会は、前述したようにインターネットを通じて、直接に韓国の高校生たちと

松商学園ハングル同好会の韓国・和順高校生とのスカイプ交流。
立っているのが筆者（2015年９月４日、金早雪撮影）

交流する活動も始めるようになった。そのきっかけは、二〇一〇年十二月に行われた「韓国文化探訪及びホームステイ」（後述）で、その後、一時的な出会いに終わらせず、交流を継続していくための企画として始まった。訪問先の韓国の和順《ファスン》高校の生徒たちとインターネット電話で定期的に会話するのだが、やはり映像と音声でつながる会話は言葉も感情も直接に通じる効果があり、生徒たちの意欲も積極的であった。和順高校側も積極的に協力してくれて、日本語の授業時間に合わせて交流できるように配慮してくれた（後述するが、韓国の高校では、日本語は第二外国語として選択必修課目である）。

4　韓国の高校との学校間交流

学校間交流の始まり

松商学園では、韓国の釜山市にある公立の釜慶《プギョン》高校と、学校間協定を結び、生徒中心の交流を行っている。交流の始まりは、二〇〇七年十二月に、松商学園のK元校長（当時は教頭）を団長とする教員四人が日本・韓国の教育の発展を図る目的で、同校を訪問したことである。このときには、釜慶高校のようすを見学し、松商学園と釜慶高校がこれからどのように交流していくか、長く交流を続けるためには、何が必要で、どんな準備をすればよいかについて意見交換を行った。この交流会で、K元校長は、「未来に向かって、若者の心にたくさんの種をまき、国境を越えた友情の大きな花を咲かせたい……韓国と日本の交流は常に政治に左右されてきた。しかし、先入観にしばられていない若者たちは、未来を築くことができる」と述べ、交流の意義を強調されている。

翌年の二〇〇八年十二月には、釜慶高校から、校長、国際交流担当部長を含む三人が、国際交流の具体的な内容を打ち合わせるために松商学園を訪問した。後で聞いたところでは、釜慶高校側では、松本は地理的に遠く、山の奥にある地域だから、交流を進めるのは難しいという理由で、断る心づもりをしていたらしい。しかし、四日間の滞在中、松本の自然環境や学校のようすを見てだんだん心が変ったという。最後の食事会で校長は、「意義ある国際交流を実現するために、松商学園を交流相手としたい。大都会と違い、日本らしい環境・自然の美しさも持っている松本、その地域に根付いた松商学園の教育と生徒らの純粋な笑顔や温かさに感動した。政治の動向に左右されることなく、生徒のために何をすべきかを常に考え、交流を長く続けていきたい」と述べられた。

松商学園が釜慶高校を交流相手に選んだ理由は、松商学園の教育方針や長い伝統とよく似た点があるからであった。実は釜慶高校は、植民地時代に日本人の子どもたちを通わせる目的で作られた学校である。松商学園と同じ商業学校として出発したが、現在は進学校になっており、同窓会組織もしっかりしていて、そこからの支援も厚いという。韓国の高校は大学進学のための教育が中心で、部活動はあまり盛んではないが、釜慶高校は公立にもかかわらず、野球部やサッカー部がある。スポーツ部の活動が、同窓会の強い支援に支えられている点も松商学園とよく似ている。商業のための人材育成から出発した点や盛んなスポーツ活動など、両校には共通点が多く、国際交流には最適な相手と思われた。

交流計画の策定と「交流・連携覚書」の調印

教員の相互訪問によって、交流を進めるお互いの意思が確認され、二〇〇八年十二月に、松商学園から、生徒を含む最初の訪問団を送り出すことになった。訪問団には、生徒会六人、教員九人、PTA五人、校友会一人の、計二一人が参加した。このような編成になったのは、生徒の交流を中心に、教職員間の交流、PTA間の交流など、多角的な交流の発展を考えたからだった。実際に、この訪問では、生徒、教職員、PTAに分かれて分科会を開き、それぞれ交流の具体的な計画について、両校で検討し合った。生徒交流会では、①夏休み中のホームステイ、②松商学園の修学旅行で韓国を訪問し釜慶高校と交流、③文化祭での交流（手紙、ビデオレター等の交流から始める）、④部活動での交流（野球部[illegible]部のダンス・伝統音楽・バンド・登山クラブなど）、⑤授業単位での交流（釜慶高校側は日本語の授業、松商学園側は「韓国事情」の授業）などの提案が出された。このなかには、現在までに実現したものもあるし、また、実施に向けて検討中のものもある。教職員交流会では、①教育活動、授業・行事・特別活動などに支障がないように十分配慮した交流を行うこと、②訪問研修の実施（短期・長期）、③交流推進委員会の設置などが話し合われた。

交流の基本内容が合意された結果、松商学園と釜慶高校との「交流・連携覚書」の調印となり、両校の交流がいよいよ本格的にスタートすることになった。

ようやく実現できた生徒どうしの直接交流

二〇〇八年に「交流・連携覚書」が交わされた後、最初の正式な交流行事として、翌年の二〇〇九年に、松商学園から硬式野球部の生徒二一名が釜慶高校を訪問し、親善試合が行われた。しかし、その後はさまざまな支障が起きたために、生徒どうしの交流はなかなか順調に進まなかった。二〇〇八年に釜慶高校が立てていた松商学園への訪問計画は、竹島（韓国名・独島《トクト》）問題をめぐって韓国政府の指示があったために中止になった。次の二〇〇九年は新型インフルエンザのために取り止めとなった。二〇一〇年は野球部が訪日して交流試合をする予定だったが、釜慶高校野球部の国内試合のつごうから実現できなかった。釜慶高校の生徒たちの松商学園訪問によって、本格的な生徒間の交流が実現したのは二〇一一年一月のことで、交流の話が始まってから三年が経っていた。

三泊四日の滞在であったが、夕食会で語られた釜慶高校生たちの感想は、高校生どうしの国際交流の大切さを改めて確認させられる内容であった。生徒たちは一人ひとり、それぞれの思いを率直に語ったが、なかには日本語で話した生徒もいた。「今回の交流会で悔しいと思ったのが日本語のことである。国境を越えて心の会話はできたが、もっと自分の気持ちを伝え、意思疎通を図るためには相手の国の言葉を知ることが重要であると感じる機会になった」と話してくれた。日本の文化について、「自己中心的、利己主義的に変化している社会のなかでも、日本人は礼儀正しくてよかったし、めずらしく衝撃を受けて、せいせいした」という感想を述べた生徒もいる。また、「伝統ある松商学園のすばらしい木造建築をこの先、百年、二百年経っても壊さないでください」と松商学園の理事長と校長にお願いする生徒もいた。さらにある生徒は、「私は一番、最後に話す順番ですので、今までのみんなの話と同じ内容になってしまいますから、ひと言、『皆さんと松商学園を愛しています』と言わせてください」と発言し、聞いている教員たちの感動の涙を誘った。

釜慶高校の国際交流担当の教員も、「今回の交流会の効果は、日本の生徒さんたちには韓国という国を正しく認識し、韓国語に関心をもってもらったことであり、本校の生徒には授業で学んだ日本語を直接使う体験から、生活外国語（の学習）に対する動機付けをして、日本語学習や研修および留学などの多様な進学の道を提示し、もっと幅広い人生の目標を設計させるきっかけを作り上げたことであった」という感想を語ってくれた。

外部団体と連携した国際交流

こうした釜慶高校との学校間協定による国際交流プロジェクトのほかにも、松商学園では、さまざまな外部団体と連携して、生徒たちが異文化を体験し、国際理解を深める活動に参加する機会を換留学制度への取り組みについて紹介しておこう。

松商学園では、二〇一〇年に、長野韓国教育院（松本市）が企画した「韓国文化探訪及びホームステイ」への参加を申請し、承認された。長野韓国教育院は、韓国の教育科学技術部（日本の文部科学省に相当）が長野県に設立した機関で、日韓両国の教育情報交換、在外同胞の教育、青少年の相互交流等の活動を支援している。ホームステイの企画は、日本の高校生に韓国をもっと知ってもらいたいという目的で始められたもので、①韓国語を習っている学生たちに韓国を訪問することによってもっと興味を持たせる、②韓国の現地でいろいろな文化に接することによって理解を深める、③韓国の学校訪問によるさまざまな体験を通じて新しい学校の文化を理解する、④日本語を学んでいる韓国の学生たちとの交流を通じてグローバルマインドを形成すること、などがあげられている［長野韓国教育院の資料による］。参加費用は韓国政府からの支援があり、長野県内で韓国語や韓国に関する授業に取り組んでいる高校が選定の対象となる。松商学園は以前から国際交流に積極的に取り組んでいたから、他の一校とともに選ばれることになった。

二〇一〇年の企画は、六泊七日で、「ハングル」を作った世宗大王の展示室、景福宮、国立民族博物館などを見学し、韓国の歴史と社会について学び、光州市近郊にある和順《ファスン》高校の生徒の家に三日間、ホームステイをするというプログラムであった。滞在中には、学校見学、合同授業、全校生徒交流会などもあり、短い時間を利用して有益な国際理解と同世代の高校生との交流が盛り込まれていた。松商学園では、ハングル同好会のメンバーや「韓国事情」の授業で韓国語を習ったことがある生徒を中心に女子生徒一五人が参加することになった。ホームステイの体験は短期間で、それだけで大きな効果を望めるものではないが、少しでも違う国のようすや、同年代の高校生の考えに直接触れられ、感じることができたことは、これから成長していく若者にとっては大きな力になるだろう。「家族を大切にする韓国の人びとの文化を実感した」「言葉はうまく通じなくても互いに理解し合うことができた」と感想を書いている生徒もいる。

また、松商学園は、国内のいろいろな国際交流団体と連携して、海外からの留学生受入れと松商学園の生徒の海外留学という二つの面から、交換留学の実施に積極的に取り組んでいる。

まず二〇〇八年から、日本国際交流財団（ＹＦＵ）の国際交流プログラムの一つである高校生の国際交流推進の制度に対応して、留学生を受け入れるようになった。ＹＦＵ（Youth For Understanding）は、各国の高校生どうしの交流を推進する活動を行っている国際的な組織である。交換留学のかたちで、ある国の高校生が受け入れ国の提供するボランティアのホストファミリーにホームステイし、生活体験をしながら現地の高校に一学年間通学し、今度は、その交換として、受け入れた国の生徒がその国へ留学するという方式をとっている。

松商学園は、国際ロータリークラブが行う国際交流事業の一環として行う短期、長期の留学制度に積極的に参加するように努めている。国際ロータリークラブが提唱してつくられた「インターアクトクラブ」は、一六歳から二〇歳までの青少年高校生を対象とする社会奉仕クラブである。松商学園でもインターアクトクラブをつくり、地元の松本ロータリークラブと連携して、ボランティア活動を通じた人びととの出会い、国内での国際交流、海外に出かけて学ぶといった活動に参加してきた。その一環として、交換留学生制度や海外研修があり、毎年のようにドイツ・アメリカ・イタリア・フランスなどの国の高校生と松商学園の生徒の交換留学が実施されている。また、短期海外

5　国際理解教育は行動と体験から

持続可能な国際交流を

「国際理解教育」は行動することによって初めて、身につくものだと言える。毛受敏浩は「異文化交流コーディネーター」という存在について語っている［毛受 2003: 80］。それは、「固定的な価値観から逃がれられる人」「自由な発想を持ち、行動力のある人」であるとともに、「行動力を引っ張り出す人」であり、「異文化交流はコーディネーターがいることで、相互の理解が深まり、より意味のある交流の場が実現する」と述べている。異国である日本の中堅地方都市・松本の高校で「国際理解教育」を実践する私も、この「異文化交流コーディネーター」のひとりだといってよいだろう。教科書の暗記に偏りがちな高校教育において、韓国という異文化に触れることで、理解を深めるということにとどまらず、体験や相互交流を通じて、実践し行動する力を涵養すること、それが高校教諭としての教育実践の目標であると考えている。

　韓国生まれの私が日本でこのような役割をするようになったのも、アジアの国どうしのつきあいがますます深くなっているという背景がある。とくに、一九九〇年代以降、韓国から日本に移り住む人が増え、韓国政府も日本との関係改善や日韓交流政策を後押しして、日本の文化を受け入れると同時に、韓国の文化を輸出する方針をとるようになった。日本社会でも、「冬のソナタ」をはじめとする韓国テレビドラマが人気を呼び、若者世代にはKポップ人気が広がるなど、「韓流ブーム」とまでいわれる現代韓国文化への高い関心が生まれている。松商学園で行われている国際交流事業が、韓国が主な舞台になっているのも、このような背景がある。国際理解教育というからには、多国間での交流を行うことが望ましいが、現実にはなかなか実現するのは難しい。言語と文化を本当に身近なものとして理解するには、まず近くて似た文化を持っているアジア社会が考えられるが、その中でも、言語・食べ物・生活習慣等が似ている韓国がふさわしいのではないだろうか。

国際理解教育にとって大事なことは、「持続可能な交流」であると思う。日本の若者が高校生の時期から国際交流を体験し、その後も、なんらかのかたちでそうした交流を継続していければ、自分にとって何が大事であるのか、何を学べばこの世の中に通用する人材になれるかを探る大きな助けとなるだろう。親や教師の役割は、そのきっかけとチャンスを作ることであり、その道を進むのは本人である。教育のあり方によって生徒たちは変ると確信している。実際、韓国語と出会い、韓国を訪問して、自ら異なる社会に触れた生徒たちは、自分自身の生き方を考え、自分の世界を作って前進しようとしている。「韓国事情」を履修した生徒や「ハングル同好会」の活動に参加した生徒たちのその後の進路をみると、松商学園から韓国の大学に留学したり、日本の大学に入ってからも交換留学や短期留学で韓国の大学で学んでいるケースが多いことが注目される。これらの生徒たちは、最初はただ、韓国語や韓国の音楽、芸能人に興味を持つだけにすぎなかった若者たちである。そうした若者たちも、今は、韓国に限らず、世界を広く見通す考え方を持つようになり、国際関係の勉強をし、将来はそうした仕事に携わっていこうとする姿勢を持つようになっている。

国際理解教育の発展に向けての三つの提言

韓国人の私が日本の高校で「国際理解教育」の現場に立つことができたのは、松商学園が、人間中心の考え方に立ち、人材養成にふさわしい国際理解教育を目標としていたおかげである。松商学園が私立校であるために公立校に比べ、学校教育の取り組みにおいて自由な面があり、管理者の理解や同僚教員の協力も大きかった。そういう点では、生徒たちにとっては良い教育環境が準備されていたといえる。グローバル経済によって「モノの国際化」だけではなく「ヒトの国際化・交流」も頻繁になり、言語やコミュニケーション能力を求める声が高まっている。私は、こうした世界に生きている高校生に、なるべく早い機会に国際感覚を身に付けてほしいと強く願っている。急激に変化する国際社会において、異なる言語と文化背景を持つ多様な人間どうしが互いに理解しあい、協力することができるようになるような人間に育って欲しい。そうした人材を育成するための教育のあり方を考えなければならない。

この場合、国際理解教育においては、教室だけでなく、その枠を超えた体験的・活動的な実践教育方法がもっとも大事だということを繰り返し強調しておきたい。松本市でも外国人が増え、国際交流活動も活発化しており、生徒たちが自分たちの町の中で十分、国際交流に参加できる環境が生まれている。教育現場では、生徒たちがこうした場を利用し、自ら主体的な行動を起こし、自己を再認識するとともに、社会活動貢献ができる動機付けを促していくような指導方法を発展させていくことが必要である。生徒たちが外国の人、つまり国内の他者と「つながる」ことを実感し、つながることが「できる」喜びを感じ、そして、相手のことを「わかる」ことができれば、社会における生き方が大きく変わっていくだろう。

この点で、高校生自身がどのように考えているかを知りたいと思い、私は、日韓の高校生を対象にアンケート調査を行ってみた（二〇一一年実施）。この結果、日韓高校生のあいだに大きな違いがあることがわかってきた。外国へ行った経験は両国とも三〇パーセント程度の生徒が持っており変わらないのだが、違いは言語の学習にあった。日本語を学んでいると答えた韓国の高校生が六二パーセントであったのに対し、韓国語を学んでいると答えた日本の高校生は二一パーセントに過ぎなかった。韓国の外国語教育では、英語が第一外国語として事実上必修になっているが、そのほかに第二外国語が選択必修になっている。したがって、韓国では、高校時代に誰でも英語以外の外国語を一つは勉強するようになり、その場合、日本語が一番多く選択されている。また、日韓両国の違いは、韓国の生徒が「ネイティブの外国人先生が授業を行う」ことや交流の「直接体験」を重視しているのに、日本の生徒はこうしたことにあまり関心を示していないことにも見られた。

このような違いは、国の教育方針や社会環境によるものであろう。韓国は国家をあげて国際化を目指しており、社会全体としても、国際化に伴う教育や人材育成に力を入れている。日本の教育現場に立つ私としては、このような環境の違いを意識しながら、現実的な課題に対応した国際理解教育の方針を立てていかなければならないと強く感じている。

松商学園という場を得て、二〇〇七年以来、日本の高校生を対象として、国際理解の教育に取り組んできたが、そこには、いろいろな問題点や克服しなければならない課題も多かった。こうした体験を踏まえて、今後、日本の若者たちにとって必要な国際理解教育を持続的に発展させていくためには、少なくとも、次のような三つの改革が必要だと考えている。

第一は、教育課程に第二外国語を正規科目として設置[illegible]学習の中にある中国語・韓国語などは、学校設定科目の一時的な設置科目であるため、閉講される可能性のある不安定な科目である（残念ながら、松商学園では二〇一二年から「韓国事情」は閉講されている）。こうした不安定さを解決し、持続的な教育を行うためには、現在行われている韓国語・中国語などを正規科目にする必要がある。

第二は、地域で民間中心に行われている国際交流活動に、生徒たちが参加できるような教育プログラムを作ることである。私は、教育現場で、日本の高校生の他者とのコミュニケーション能力の低さを肌で感じてきた。仲間どうしでも自分の意見をうまく伝えられないことが多い。地域社会での国際交流活動への参加を正規の教育プログラムに取り入れることによって、国際化に対応するための他者とのコミュニケーション能力を高めることができるだろう。

第三は、国際理解教育を担当する教師を積極的に育成することである。多くの学校では、一部の教師が国際交流や英語以外の言語教育に関心を持っているのみで、学校によっては、国際理解教育に関心が薄い現状がある。激しい国際変化に対応する国際理解教育を発展させていくためには、この問題に積極的に取り組む教員の育成が不可欠である。また、そのためにも、できるだけ早く国際理解教育を正式な教育課程として定着させることが必要だと考える。

二〇〇七年に始まった松商学園と釜慶高校との国際交流は、今も続いている。この一〇年間にはいろいろなことがあった。管理職が三～四回変わり、国際交流の担当者も変わったが、それでも続けられてきた。それは、参加した生徒の喜びようや、その後の目に見える変化や成長に、両校の教職員たちが手応えを感じたからである。生徒たちは異国の生徒と接することで、国際感覚を肌で感じ、そして、自分が何を目指しているのかの方向性が見えるようになり、それが進路選択にも影響をあたえている。交流の参加者も、一般の生徒や運動部、生徒会・教師・ＰＴＡ・校友会を含めて拡がってきた。また、提携高校との交流だけではなく、他の交流事業を受け入れる姿勢も前向きになり、外部からの交流の呼びかけにも積極的に参加するようになった。

一〇年間、試行錯誤を重ねながら活動を続けてきたが、さまざまな人たちの協力があったからこそ、ここまで続けられたのだと思う。国際交流理解は、まず身の回りの人びとの理解がなければできないが、私は運よく恵まれていた。これからも力の続く限り、学校内の生徒だけではなく、市民どうしの草の根の交流も積極的に進めていきたい。国レベルの日韓関係はなかなか雪解けが見られないが、双方の市民、人間どうしの交流は今も盛んである。その民間交流に日本に住む韓国人である私だからこそできるような活動を広げてゆきたい。

参考文献

国際文化フォーラム（公益財団法人ＴＪＦ）2012『学習のめやす　２０１１——高校からの中国語・韓国語』ココ出版
佐藤郡衛　2001『国際理解教育』明石書店
多田孝志　1997『学校における国際理解教育——グローバルマインドを育てる』東洋館出版社
日本国際理解教育学会編著　2016『国際理解教育——教師教育と国際理解教育』Vol.21　明石書店
毛受敏浩　2003『異文化体験入門』明石書店

八 — 多文化共生を目指す

ブラジルと日本のはざまに生きる、日系ブラジル人の今

橋住真一

橋住真一（はしずみ　しんいち）
大阪府出身。二〇一〇年、信州大学大学院地域社会イニシアティブ・コース修了。一九七六年、長野県教育委員会に採用され、県下の公立小中学校で、学校事務職員として勤務してきた。一九九〇年以降、学校現場に外国籍の児童生徒が増え、その生活や教育の課題を身近に見聞きしたことから、社会人大学院生として、日系ブラジル人を中心に調査研究を行った。二〇一六年に定年退職、現在、安曇野市の外国人支援ボランティア団体に参加して、外国籍住民との交流・支援の活動や多文化共生につながるイベントを企画・運営する活動をしている。

1　不就学が多い日系ブラジル人の子どもたち

私は、長い間、長野県の公立小中学校の事務職員として、学校現場で仕事をしてきた。一九九〇年以降、県内では外国籍の児童生徒が増えてきていたが、日本で暮らす外国人の子どもたちには、深刻な教育上の問題や生活上の問題があることを痛切に感じた。とくに多かったのが日系ブラジル人で、やがて私は日系ブラジル人に関心を持つようになった。その数が増えたのは、一九九〇年に「出入国管理及び難民認定法」（以下、入管法）が改正され、「定住者」という新しい在留資格（以下、ビザ）が設けられたことから、就労を目的とする日系人の入国が[illegible]ことになる。この結果、当時、たいへんな経済危機に陥っていたブラジルから、多くの日系人が来日して働くようになった。日系ブラジル人の外国人登録者数は、法改正前は四千人程度であったが、二〇〇〇年には二五万人、二〇〇五年には三〇万人を越えるまでに増えている。就労目的で来日しようとする場合、中国や東南アジア諸国など、ほかの国籍者は、「外国人技能実習制度」などにより、人数、就労場所、滞在年数に制限があるが、日系人に対しては、そうした規制が緩和され、自由に就労でき、ビザの更新回数に制限はない（三世まで適用）。そのために、単身ではなく、子ども連れの家族で来日する人も多く、また、最初は「デカセギ」（日系ブラジル人自身がそう呼んでいる）のつもりできても、何度もビザを更新して長期に滞在し、日本で子どもが生まれるケースも出てきている。このために、技能実習制度で来日するほかの外国人就労者の場合と違って、働く親とともに暮らす子どもたちの存在がより多く生まれることになる。

まず、気にかかったのは、日系ブラジル人の子どもたちの、不就学率の高さであった。私が信州大学大学院で研究活動を行った二〇〇八〜〇九年の頃、長野県には約一万〜一万四千人の日系ブラジル人が住んでおり、学齢期の子どもたちは、約千三百人いたが、そのうちの五、六百人は日本の公立学校には通っていなかった（表1）。不就学率は四割を超える。県下で日系ブラジル人の次に多い中国人の子弟の不就学率は約二五パーセントだから、これと比べてもたいへん高い。調べてみると、興味深いことがわかった。「不就学者」のうち、約半数は、ブラジル人学校（表1では、「母国語教室」と表記）に通っていたのだ。この子どもたちを計算に入れると、不就学率は中国人と変わらなくなる。ただし、この後、二〇〇八年に起きたリーマン・ショックのために、ブラジル人学

表1　長野県内、日系ブラジル人児童の就学状況

	2006	2007	2008	2009	2010	中国人児童数(2008)
学齢期児童生徒数	1,323	1,319	1,351	1,312	1,084	464
公立学校在籍数	687	720	805	685	651	347
不就学者数	636	599	546	627	433	117
不就学率（%）	**48.1%**	**45.4%**	**40.4%**	**47.8%**	**39.9%**	**25.2%**
うち母国語教室在籍	274	315	325	172	140	-
完全不就学者	362	284	221	455	293	-
完全不就学率（%）	**27.4%**	**21.5%**	**16.4%**	**34.7%**	**27.0%**	-

出典：長野県ホームページ（長野県人権・男女共同参画課調査）による

校の運営が難しくなり、事態は激変するのだが、このことについては、後述する。

私が関心を持ったのは、日本の公立学校に子どもを通わせているケースも多いが、同時に、ブラジル人学校に通わせている親も多いという事実である。二〇〇八年の時点で、県下には、すでに九校のブラジル人学校があった。なぜ、彼らは、ブラジル人学校を選択するのであろうか。子どもに母国語での教育を受けさせるということは、自分たちや子どもたちの将来の生活についての、一定の考え方が背後にあるに違いない。「デカセギ」と呼ばれてきたが、長期滞在の人も増えている。ブラジル社会と日本社会のはざまで、将来、どのような生活を選択していくのであろうか。そんなことが気にかかってきた。いっぽう、子どもを日本の公立学校に通わせている場合だが、日本の教育体制は、現在のところ、外国籍の児童生徒が学ぶことを想定した対応にはなっていない。私も学校現場で見聞きすることが多かったが、今、日本の学校に通っている外国籍の子どもたちは、いろいろな面で不安を抱

き、適応するのに苦労している。また、母国語の学校に[illegible]がたくさんいることも気にかかる。「国際化」「多文化共生」と言われる時代にあって、日本の公教育は大きな転換を迫られているのではないかと考えるようになった。私が社会人大学院に籍をおいて、日系ブラジル人の子どもたちの教育問題とその背後にある日系ブラジル人社会のことをもっと調べてみたいと思うようになったのは、こうした問題意識からだった。

2　日系ブラジル人の日本での暮らし方

コミュニティの形成

私が研究を始めた二〇〇八年の頃は、日本に在留する日系ブラジル人の数は約三一万人で、この後、リーマン・ショックのために減少するから、その数がピークに達したときだった。日本国内の分布をみると、東京や大阪の大都市地域には少なく、地方の製造業の多い地域に住む傾向があり、とくに愛知県（約八万人）や静岡県（約五万人）の東海地方の自動車製造を中心とする工業地帯に多く居住している。長野県は、約一万四千人で、都道府県の中では、上位に位置する。表2に見るように、長野県下では、上伊那地域、松本地域、上田・小県地域、諏訪地域、下伊那地域など、製造業が多く立地する地域に多い。

日系ブラジル人は、ほとんどが指定された寮で暮らす技能実習生の場合と違って、働き場所の近くの公営住宅やアパートを借りるなどして住んでいる。日系ブラジル人のとくに多い浜松市（静岡県）、豊橋市（愛知県）、伊勢崎市や大泉町（群馬県）などでは、集住地区が自然と形成され、「リトル・ブラジル」と呼ばれるような地域もある。しかし、私が調査の対象とした長野県の中信地域の場合には、必ずしも一つの場所に集住しているわけではない。安曇野市、松本市、塩尻市などの市営・県営住宅に住んでいる人たちが多いが、集住して親密なコミュニティを形成しているとは言えない。とは言え、お互いに没交渉で、孤立して住んでいるわけではない。親族関係や友だち関係でつながっている場合も多いし、職場でのつながりもある。とくに派遣会社を介して就労する場合、日系ブラジル人中心の職場となるから、そこには、自然にコミュニティが形成されてくる。居住地

表２　長野県内の日系ブラジル人分布（2008年）

地域	人数（人）
上伊那地域	4,400
松本地域	2,664
上田・小県地域	2,330
諏訪地域	1,807
下伊那地域	1,181
長野地域	806

出典：長野県人権・男女共同参画課調査

日系ブラジル人のキリスト教会。安曇野市。
廃業した店舗を利用したもの。2010年３月

でも、リーダーになるような人がいれば、互いの結びつきが深まる。

コミュニティ形成のうえで、大きな役割を果たすのは、食料品店（ブラジル食材店）やブラジル料理店である。食料品店や料理店には、広い地域範囲から、日系ブラジル人が集まってきて、母国語で交流できる。また、コミュニティ形成の上で、積極的な役割を担うのは、ブラジル系キリスト教会と子どもたちのための母国語での学校である。教会や学校の場を通じて、日系ブラジル人どうしの親密なコミュニティが生まれる。私が調査した範囲では、中信地区で三つの教会が開設されていることを確認できた（二〇〇八〜九年現在、以下同じ）。いずれも、プロテスタント系の教会で、出元工場や元事務所などを借りて利用している。礼拝は、通常、週三回、夜の時間に行われるが、出席する信者の数は、それぞれ三〇〜五〇人程度である。ある信者は、「ここに来るとほっとします。ここではポルトガル語が十分話せるし、ブラジルから来た人たちだけで、気持ちもわかっている」と話してくれた。日系ブラジル人、とくに二世、三世にとっては、日本は、言語の上でも文化の上でもほとんど「異国」の地である。彼らにとって、キリスト教会に限らず、同国人どうしで交流できる場は、何よりも精神的な安定にとって必要不可欠となっている。

滞在が長期化し、「なんとなく」定住する生活

日系ブラジル人が来日する動機は、言うまでもなく、日本で就労するためである。前述したように、一九九〇年の入管法改正により、日系人に対する就労ビザが大幅に緩和されて以来、日系人が大挙して来日することになった。当時のブラジル経済は、千パーセントを超えるインフレに見舞われ、失業率も一〇パーセント前後と高かったから、日系人にとっても、生活はきわめて苦しかった。いっ

ぽう、日本では、いわゆる三K分野で働くことを嫌う人が増え、とくに製造業においては、深刻な労働力不足に悩んでいた。したがって、研究者のなかには、このときの入管法改正を、「外国人労働者がほとんど訓練を必要としない低賃金非熟練の単純作業に就くことをある程度認める」措置であり、事実上の「労働開国」が始まったのではないかと指摘する研究者もいる［サッセン Sassen.S 2004］。この頃、ブラジルでは、日本への「デカセギ」ブームが起き、街には「デカセギ・ツアー」の広告があふれたという。旅行社などが希望者を募って、航空運賃を立て替えて送り出し、日本側では、人材派遣会社がこれとタイアップして、就労希望者を受け入れるルートが形成された。人材派遣会社は、工場のラインの業務を請け負い、そこに就労させる。日本語のできない日系ブラジル人も渡航から始まって、働く場所、居住する場所も準備されているから、安心して日本に働きに行けることになった。

しかし、このときの日系人の「デカセギ」ブームは、それ以前の日本国籍を持つ一世や二世の来日就労とは、だいぶ違うことが指摘されている［渡辺編 1995］。以前は、家族を置いて単身で来日し、稼いだ金を送金したり、貯蓄したお金を持って帰国したりした。それは、あくまでも生活の本拠をブラジルに置いて、稼いで母国に帰る「デカセギ」であった。家が建つほどの大金をもって帰国した成功体験が日系社会の「伝説」となって語られたという。だが、一九九〇年代以降は、二〇歳代の二世・三世の若者たちが中心になり、ブラジル側・日本側の仲介業者を通じてシステム化されたルートを介しての集団的な来日が目立ちはじめた。私の見るところ、それは日本の六〇年代高度成長期に、地方の若者が都市部に大挙して移動した「集団就職」のイメージに近い。彼らは、必ずしもブラジルの家族のもとに戻ることを意識してはおらず、また、来日の動機も稼ぐということだけでなく、憧れの日本で働き、物質の豊かさを満喫し、日本での生活を楽しみたいという発想も強い。このことは、彼らのすべてではないにせよ、日本での滞在が長期化し、「なんとなく」定住していくという結果をもたらす要因となっていく。「なんとなく」とは、ブラジル社会と日本社会のはざまにあって、自らの立ち位置をあえて明確に定めようとしない姿勢を表現している。

私が日系ブラジル人社会の調査を始めた二〇〇八年は、ちょうどリーマン・ショックが起きた年であった。世界経済に激動が走り、日本でも雇用は激減し、労働市場でも周辺部に近いところで働いている外国人労働者は、雇用調節の対象として、とくに大きな打撃を受けることになる。雇用削減が相次ぎ、日系ブラジル人も職を失って、帰国の途につく人も多くなった。表3に見るように、それまで増え続けていた外国人登録者の数も、二〇〇七〜〇八年をピークに減少に転ずる。日系ブラジル人の場合、二〇〇八年には約三一万人いたが、しだいに減少して、二〇一四〜一五年には一七万人台まで落ち込んでいる（それ以降、再び、増加に転ずる）。

長期滞在する日系ブラジル人の平均像

しかし、逆に言えば、約一七万人の人たちは、帰国を選択せずに日本社会に踏みとどまったのだとも見ることができる。実際、ビザを何度も更新して、滞在が長期化し、「定住」傾向を見せている人が増えていることを確認できる。たとえば、表4に見るように、長野県内に住む日系ブラジル人の年齢構成を二〇〇〇年と二〇〇九年とで比べてみると、四〇歳代以上の中高年の人の割合が増えている。また、長野県が二〇〇九年に行った「外国籍県民実態調査」では、四九〇人の日系ブラジル人が回答を寄せているが、そこでは、来日して五年以上になる人の割合は約七二パーセント

表3　外国人登録者数の推移

年	総数	ブラジル国籍
1980	782,910	1,492
1990	1,075,317	56,429
2000	1,686,444	254,394
2005	2,011,555	302,080
2006	2,084,919	312,979
2007	2,152,973	316,967
2008	2,217,426	312,582
2009	2,186,121	267,456
2010	2,134,151	230,552
2011	2,078,508	210,032
2012	2,033,656	190,609
2013	2,066,445	181,317
2014	2,121,831	175,410
2015	2,232,189	173,437
2016	2,382,822	180,923
2017	2,561,848	191,362
2018	2,637,251	196,781

出典：月刊『イオ』編集部編［2006: 224-237］より抜粋

表4　長野県内日系ブラジル人の年齢構成（2000年・2009年）

	2000年		2009年	
年齢	人数（人）	比率（%）	人数（人）	比率（%）
0～14歳	2,045	13.1	1,938	17.5
15～39歳	10,496	67.1	5,395	48.8
40～64歳	2,984	19.1	3,546	32.1
65歳以上	107	0.7	178	1.6
合　計	15,632	100.0	11,057	100.0

出典：「国勢調査」「法務省出入国管理局」

で、一〇年以上になる人も約五〇パーセントにのぼる。この調査では、ほかに、①「日本にどれくらい住むかわからない」約四一パーセント、②「日常生活に支障のないくらいの日本語ができる」約六七パーセント、③健康保険・国民健康保険に加入している人は約五八パーセントだが、厚生年金・国民年金に加入している人は約四〇パーセント、④派遣社員として働いている人は約六九パーセント、などの結果が示されている。この結果と私自身が聞き取りを行って調査した結果を合わせながら、日系ブラジル人の平均像を描いてみると、「日本で派遣社員として働いている。どれくらい住むかは未定。とりあえずは日本の健康保険に加入しているが、いつかは帰国するかもしれないので、年金制度には加入しない。日本語はそこそこ話せるけれど、もう少し日本語を勉強したほうがよいかもしれないと考えている」ということになろうか。日系ブラジル人を対象とするほかの調査や研究でも、ほぼこれと似たようなイメージが描かれている。

3　ブラジル社会と日本社会のはざまに生きる

長期滞在者の四類型

日系ブラジル人の多くは、「どれだけ長く住むかわからない」と思いながら、日本に住み続けている。それは、「いつかは帰国する」という選択を留保しながら、今は帰国しない選択をしているということであり、かつての「デカセギ」意識とは異なる。かつての来日目的は、「できるだけ稼いで貯蓄して帰国すること」であったが、次の若い世代の人たちにとっては、貯蓄よりも就労すること自体が目的になっているようだ。「ブラジルには仕事がなかったから、就職先を日本にした」のであり、「今は仕事の場が日本にあるから日本に住んでいる」という意識であれば、「なんとなく」長期にわたって「定住」しているという姿も理解できてくる。

しかし、そのような姿は、生まれ育ったブラジル社会と、今、住んでいる日本社会とのはざまにあって、自らの位置を明確に定めないままでいる不安定な状態であると言えよう。彼らの日本社会での生き方を決めていく主な要因として考えられるのは、いっぽうで、ブラジル人アイデンティティの強さ、ないし祖国ブラジル社会への想いの強さであり、もういっぽうで、日本人や日本社会と共存・共生していくかどうかの姿勢の強さであろう。そこで、私がインタビューした結果と先行研究を参考にしながら、これらの二つの要因を指標として、日系ブラジル人の生き方と将来の方向性を類型化して考えてみた。粗い仮説的な分け方であるが、次のような四つのタイプに分けることができる。

Ⅰ　**共生志向型**（ブラジル社会志向・日本社会志向、ともに強い）

ブラジル人アイデンティティを強く持ちながら、日本へ溶け込もうと努力しているタイプ。日本語をじょうずに話すことができ、ブラジル人コミュニティと日本社会の両方を行き来することができる。日本に定着しようとしているが、ブラジル人としての自らを維持しつつ、日本社会と共生しようとしている。

Ⅱ　**祖国ブラジル志向型**（ブラジル社会志向強く、日本社会志向弱い）

ブラジル人アイデンティティを強く持ち続け、日本社会にあまり溶け込もうとしないタイプ。育ったブラジルの文化を愛し、ブラジル人コミュニティを中心に生活し、日本社会への接近は必要最小限にとどまる。日本語は少ししか話すことができない。いつか帰国したいと考えている。ブラジル化した二世に育てられた三世の世代に、この傾向が強い。

Ⅲ　デカセギ個人志向型（ブラジル社会志向・日本社会志向、ともに弱い）

ブラジル人アイデンティティを強く持たず、かといって日本人アイデンティティも強く持たないタイプ。「デカセギ」が始まった初期に見られる日系二世や自己実現のために日本へ来たという人がこのタイプに当てはまる。ほどよく二つの文化を併せ持ち、日本語はある程度話すことができるので、ブラジル人コミュニティに依存しなくてもよいため距離を取り、また日本社会との接点は派遣会社と住居との往復など必要最小限とする。当初は「デカセギ」で数年働いて貯蓄したら帰国するつもりだったのが、帰国のタイミングを失い、長期定住になっている場合も多い。

Ⅳ　永住・帰化志向型（ブラジル社会志向弱く、日本社会志向強い）

ブラジル人アイデンティティはさほど強くなく、日本の生活によくなじんでいるタイプ。とりあえず定住し、帰国志向もないので、このまま帰化して日本国籍をとってもよいと思っている。日本語はかなりじょうずに話すことができる。また、日本人であった一世のように、自分もこのまま日本人になってもよいと思っている。

日本社会への関わり方が異なる四人のケース

来日して短期間で帰国する人たち（純粋な「出稼ぎ型」）を別として、日本に長く滞在している日系ブラジル人は、おおむね、この四つのタイプに当てはまりそうだ。こうした仮説的な分け方を手がかりにしながら、実際に、彼らがどのような考え方を持っているのかを詳しく知りたいと思い、私は、二〇一〇年に、五〇人近いブラジル人に話をうかがった。とくに、詳しく話をしてもらったのは、日本滞在が長く、日本語をかなり話すことができる二六人である。このうち、私が強い関心を抱いたのは、将来にわたっても、日本社会に定着しようとしている人たちであり、とりわけ、二〇歳前後で来日した若い世代の日系ブラジル人が日本での生き方をどのように模索し、どのような経路をたどって定着しようとする方向に向かっていくのかについて知りたく思った。ここでは、四人のケースを紹介してみたい（以下、年齢や在留年数は二〇一〇年の調査時点のものである）。

［Aさんのケース］

Aさん（男性）は、日系二世で三六歳。一九九一年、一八歳のときに友人たちと来日し、在留一八年になる。高校を卒業する頃、ブラジルではインフレが激しく、父親が経営していた会社も借金で苦しかった。このため、兄弟姉妹六人のうち五人が日本へデカセギに行くことになった。愛知県の会社を経て数年後に長野県の会社へ転職。小学校入学まで、家庭内では日本語を話していたから、日本語を話せる。長野県に来てから、地元のサッカーチームに入り、日本人と交流するようになった。チームメイトから「日本人よりも日本人らしい」と言われてうれしかったという。そのうち、日本人の女性と知り合い、相手の親から「娘をブラジルへ連れていくのではないか」と反対されたが、このまま日本に住むということで結婚を認められ、二〇〇九年に結婚した。工場で旋盤工の正社員として就労。家を建てて、日本で永住し、日本国籍を取得したいと考えている。

Aさんは、当初、自分自身も数年働いて稼いだらブラジルに帰国するつもりでいた。実際、いっしょに来日したほかの兄弟姉妹は数年後に帰国している。しかし、長野県で地元のサッカーチームに入り、日本の女性と知り合い結婚することになり、自分の中で気持ちが大きくブラジルから日本へとシフトしていったようだ。彼の場合、両親が一世であったことから、家庭生活も日本的で、日本語もできたから、日本社会にもスムーズに適応できた。来日してからもできるだけブラジル人コミュニティへは参加せず、日本の生活に溶け込み、日本人になろうとしていたという。このように見ると、Aさんの場合は、当初、「Ⅲ　デカセギ個人志向型」だったが、在留一八年の間に、サッカーを通じて日本人との付き合いが深まり、さらに日本人と結婚し、仕事も正規職を得られて安定した、などの推移から、日本社会に定着する「Ⅳ　永住・帰化志向型」へと変容していったようだ。

［Bさんのケース］

Bさん（女性）は、日系三世で三四歳。父はイタリア系二世、母は日系二世。家庭内ではブラジル語（ブラジルで話されるポルトガル語、ブラジルポルトガル語。以下ではすべてブラジル語と表現）を用いていた。一九九〇年、一四歳のときに、家族五人で来日。愛知県の公立中学校へ入学したが、日本語がまったくわからないのに言語サポートもなく、不登校となって、とてもつらかったという。ブラジルの高校へ入学するために単身帰国。つらい思い出しかない日本が嫌いだったが、ブラジルに帰国してみると「日本に行ってきた」というだけで友人たちからは羨望の眼差しを向けられ、もういちど日本へ行ってみようと考えた。サンパウロの日系人が開く日本語教室で日本語を勉強し、一九九七年二一歳のときに再来日し、在留一四年になる。「在日ブラジル人のために何か役に立ちたい」と、さまざまなボランティア活動を行う。現在、塩尻市にあるブラジル人学校で週一回教員をしている。日本でインドネシア人の男性と知り合って結婚した。子どもは現在六歳。「自分のアイデンティティはブラジル人だ」と語り、そのことを強く意識している。いつかブラジルへ帰国したいと考えているが、いつになるかはわからないという。

Bさんの場合は、ブラジル人としての自分を強く意識しており、「II　祖国ブラジル志向型」であったとみられるが、在留一四年を超え、日本で結婚し、子どもを持ち、日本社会の中でどう生きていこうかと考えており、「I　共生志向型」へと変わってきているのではないかと考えられる。現在、自分の子どもを日本の公立学校へ入れるか、ブラジル人学校へ入れるか悩んでいるという。

［Cさんのケース］

Cさん（男性）は、日系三世で三八歳。両親とも日系二世で、ブラジルの実家はコンビニ店を経営している。家では、一世の日本人の祖父母も同居していた。一九九〇年に、日本で働くと金持ちになれるという日系社会のうわさから、一九歳で、友人一一人といっしょに来日した。ブラジルでは、就職先を見つけられなかったからだ。最初のうちは三年間だけ働いて貯金したら帰国しようと考えていたが、そのままなんとなく日本で暮らして二〇年になる。

日本の自動車会社の工員募集を知って応募し、当初は、神奈川県の自動車部品工場で働いていたが、やがて茨城県でトラック運転手に転職し、次に長野県の精密機械工場に移り、今は鋳物工場で働いている。ブラジルではより給料の高いほうへ転職することは常識だという。ブラジル人コミュニティの一つであるキリスト教会で日系三世の妻と知り合った。自分は、このまま、居心地のよい日本で暮らしたいし、祖父母のように「日本人」になってもいいかなと考えている。しかし、妻は、いつかはブラジルへ帰国したいと言っているという。Cさんは日系三世だが、一世の祖父母と暮らしていたため、ブラジルの学校に入学するまでは家庭で日本語を話していた。しかし、小学校に入学してからはブラジル語を話すようになったため、日本語を忘れていたが、来日してからまた思い出したそうだ。このために、日本社会に溶け込みやすい素地を持っていた。Cさんの場合は、当初、お金を稼いだら帰国しようと考えている「Ⅱ　祖国ブラジル志向型」であったが、いつのまにか帰国のタイミングを逃し、日本での生活に慣れ、なんとなく定住生活に入った。日本で結婚し子どもができ、このまま永住し、国籍をとっても良いと考えはじめており、「Ⅳ　永住・帰化志向型」へと変容してきているようである。

［Dさんのケース］

Dさん（男性）は、日系二世で三三歳。父は日系一世、母は日系二世である。ブラジルの実家は野菜農家だったが、インフレ経済のために、経営が立ち行かなくなり、一九九三年にDさんが一六歳のときに家族みんなで「デカセギ」のために来日した。しかし、長く滞在せずに、一家は一年後に帰国したが、九五年に、Dさんだけが単身で再来日した。それ以来、在留一六年になる。家庭内では、小学校に入学するまでは日本語で話していたが、ブラジルの学校へ入学したとたんに日本語は忘れてしまい、日本へ来てからまた思い出したという。ブラジルにいたときから柔道を習っていた。がっしりした体格で、日本に来てからも柔道場に通っている。ブラジル系キリスト教会で知り合ったイタリア系三世の女性と結婚し、現在は、妻とともに、ブラジル人学校を経営している。日本に住んでいるブラジル人の子どもたちのために、ブラジルを忘れないためのブラジル語の学校が必要だと語る。自分たちはブラジル人としてこのまま日本で暮らしていくだろうと考えている。

Dさんは、来日当初、お金を稼ぐことだけを考えていたという。やがてブラジル系キリスト教会に関わり、学校へ行かない日系ブラジル人の子どもたちがいることを知り、在日ブラジル人子弟の教育環境をよくしようと考え、ブラジル人学校の設立を思い立ったという。在日ブラジル人はブラジル文化をなくさないでほしいと願っている。自分の子どもは、ブラジル人学校へ入学させている。日本語もかなり話せるようになり、このまま日本で暮らし、日本にいるブラジル人のための仕事をしたいと考えている。

Dさんの場合は、当初、お金を稼いだら帰国するという日系二世によくみられる典型的な「Ⅲ デカセギ個人志向型」であったが、ブラジル人コミュニティと関わり、またブラジルでは教員であった非日系の配偶者と結婚したことから、日本で日本人と共生しながら、ブラジル人子弟のために生きていこうとする「Ⅰ 共生志向型」へ変容しているようだ。

「帰還移民」という見方

このように、具体的なケースをたどってみると、日系ブラジル人の日本社会での生き方についての意識は固定的なものではなく、変容するものであることが見えてくる。最初は、短期の出稼ぎのつもりでいても、長く滞在するうちに、日本社会との関わり方も変化し、将来の生活設計も変わってくる。日本社会に自然に溶けこんでいく人もいれば、日本で暮らすうちに、逆に、ブラジル人としての自分を再認識する人もいる。将来にわたっても、日本に住み続けるのかという点からみると、上にあげた四つのタイプのうち、Ⅱ型は帰国を志向する点で明確であるが、Ⅲ型の去就の方向性は定かではない。Ⅰ型とⅣ型は、日本に永く定着する方向を示している。ただし、定着するとしても、日本社会の中での生き方は異なっていて、Ⅳ型は日本社会に溶け込んでいくが、Ⅰ型はブラジル人としてのアイデンティティ意識を保ちながら、日本社会に定着しようとしている。いずれにせよ、明確なことは、九〇年代以降、日本社会が日系人を大量に受け入れた結果、そのうちの一部の人が日本に恒久的に定着しようとしていることである。研究者の中には、これを「移民」という視点から考えるべきだという人もいる［梶田 1994］。日系二世・三世にとって、日本は「異国」に等しい。アイデンティティのゆらぎや異なる文化を持つ土地での定着の苦労も、彼らのつい二、三世代前の先祖がたどった同じ道だったとすれば、皮肉な歴史の繰り返しであろう。一九五〇年代までに、日本は大量の移民をブラジルに送りこんだが、その四〇年後の九〇年代には、逆に大量の「帰還移民」を受け入れることになったとも言える。日本社会は、この「帰還移民」をどのように受け入れようとしているのか。

4　子どもたちの教育問題

不就学の子どもたち

国籍にかかわらず、すべての子どもには「学ぶ権利」がある。子どもに教育をあたえることは、保護者にとっての義務であり、国はそれを保障する義務がある。しかし、日本で外国人労働者として働く親とともに暮らす子どもには、そうした当然の権利が保障されていないケースが多くある。

冒頭に見たように、長野県の日系ブラジル人の学齢期の子どもたちの約四割、五〇〇〜六〇〇人は、日本の公立学校に通っておらず、「不就学」となっている。かなりの数の外国籍の児童生徒が義務教育を受けられずにいるのだ。

外国籍の子どもたちの教育についての日本の教育行政の基本方針は、「①外国人の子どもには我が国の義務教育への就学義務はないが、公立の義務教育学校へ就学を希望する場合には、国際人権規約等も踏まえ、日本人児童生徒と同様に無償で受け入れる。②教科書の無償配布及び就学援助を含め、日本人と同一の教育を受ける機会を保障する」というものである（「外国人児童生徒教育の充実方策について〈報告〉」平成二十年六月）。その姿勢は、「日本の義務教育は日本人のためのものであるから、外国人子弟に就学義務はない。従って、日本の教育を希望するのであれば受け入れます」と言い換えられる。しかし、子どもたちの学ぶ権利を保障するとすれば、日本人と同一の機会を提供するというだけでは不十分であり、より積極的に「不就学」をなくす政策的な働きかけが必要ではないだろうか。日本人の不就学者の場合は、学校からのケアやサポートがあるが、外国籍児童生徒の不就学については、ケアもサポートもない。

「不就学」のなかには、保護者の教育に対する姿勢が原因である場合もある。たとえば、「ある日系人の親が、車を買うために残業してお金を稼ぐからと言って、小学生の子どもに保育園児の妹の子守をさせて、子どもを小学校に行かせていなかった。しかし、その子は学校に行きたいと言っていたので、親にお金のために子どもの教育を犠牲にしてはいけませんと言ったら、では、あなたが私にお金をくれるのかと反論された」というようなケースも報告されている（二〇一〇年二月・長野県「多文化共生フォーラム」での発言から）。日本国籍の子どもの場合、保護者には、就学させる義務がある。しかし、外国籍の子どもの場合は保護者に日本の学校へ就学させるかどうかの選択権があるため、不就学という選択もありうる。しかし、あくまでも教育を受ける当事者である「子どもの意見」が優先されるべきではないだろうか。子どもが学校に行きたいというのであれば、外国籍保護者に対して、「子どもの学習権を保障するため就学させる手続きをしてください」と何度も働きかけてほしいと思う。少し強い意見ではあるが、自分の子どもを不就学にしている状態（子どもの教育を受ける権利を奪っている状態）は児童虐待（ネグレクト）として児童相談所が介入してもよいのではないだろうか。

また、就学についての丁寧な情報提供や就学に際しての親へのサポートも大事だと思われる。このような試みの一環として、長野県の上田市では、来日後まもない外国籍の児童生徒を対象に、日本の学校習慣になじませ、日本語を教える教育を三～五カ月の間、集中的に行い、普通学級に移行させていくプレ・スクールを設けている。また、松本市では、「松本市子ども日本語支援センター」を開設し、子どもたちへの日本語学習支援、学習の補充、保護者への母語による説明やカウンセリングなどを行っている（上田市、松本市ともに二〇〇九～一〇年現在）。

公立学校の受け入れ体制

現状で、日本の公立学校が外国籍の児童生徒を受け入れたとしても、十分な教育体制が整えられているとは言えない。日本語があまりできない日系ブラジル人の子どもたちが入学してきても、多くの公立学校では、ブラジル語で対応できる教員はほとんどいない。このために、勉強についていけず、友だちもできないために、入学しても不登校になってしまう子どもが増えてしまう。先に挙げた上田市では、このために、県から特別の教員割り当てを受け、外国籍児童の多い市内八校に「日本語教室」を設け、また、市の単独予算でポルトガル語とスペイン語を母語とする日本語教育指導員六人を市内の一四の小中校に派遣し、年四〇回程度の外国籍児童生徒のための日本語講習を行った。上田市の試みは先進的な事例であり、こうした配慮を行っている地域は多くない。また、上田市の場合においてさえ、学校になじめず、不登校になるケースが多いという。「多文化教育」を推進するには、バイリンガル教員の雇用が重要となる。しかし、現状では、そうした教員の配置は、全国の小学校の約半数で一～二人という状況である。そのため、外国籍児童生徒の多い拠点校にバイリンガル教員を重点的に配置し、ほかの学校の生徒もそこに集めて教育するという拠点校方式が採用されている。しかし、散在している子どもたちを拠点校に集めることは難しい。外国籍児童生徒が数名しかいなくても、支援できるような方策を考えることが大きな課題となっている。

いっぽう、外国籍の児童生徒に接し、交流する機会が多くなる日本人の児童生徒に対する教育も立ち遅れている。外国や外国人のことを学ぶのは、「国際理解教育」という名称のもとに、通常の教科の枠組みの外に設けられた「総合的な学習の時間」で行うことになっている。しかし、「総合学習」では、コンピューターを利用した情報教育、環境教育、福祉健康教育なども行われるから、国際理解教育に充てられる時間は限られたものになる。この問題に強い関心を持つ学級担任がいる場合には、クラスに在籍する外国籍の児童の了解を得て、その子の母国を教材に、外国文化などを学習する場合がある。クラスにいる外国の子どもをとおして、国際社会を理解させようとする試みだが、このような例は少数である。現実に、日本社会の中に、外国文化を持つ住民が増えてきている状況の中で、「多文化共生」を目指していくとすれば、おとなだけでなく、子どもからも始める必要があり、公立学校の教育から始めるべきではないだろうか。

ブラジル人学校の設立

一九九〇年以降、日本に滞在する日系ブラジル人の数が増え続けるとともに、とくに、多くの人が集住する地域で、母国語で教育が受けられる学校「ブラジル人学校」が設立され始めた。表5に見るように、二〇〇六年の時点では、集住地区の多い静岡県、愛知県、群馬県などを中心に、全国で九六の学校が開設されている。長野県は一二校であるが、日系ブラジル人が比較的、散在して住んでいるため、小規模の学校が多く設立されたとみられる。なお、廃校となっているため設立年はわからないが、このほかに六校存在していたことを確認できるから、ピーク時には、一八のブラジル人学校があったことになる。ただし、私が調査を行った二〇一〇年の時点では、リーマン・ショックの影響のために、三校が廃校しており、九校となっていた（表6）。この後、さらに廃校が続き、二〇一九年時点では、わずか一校が残っているにすぎない。しかし、このように盛んな学校設立活動が行われたという事実は、歴史的な記録として記しておく意味はあるだろう。

多くの学校は、少人数による母国語での補習教室の域を出ていないが、教育体制を整え、ブラジル政府に認可された学校もあり、その割合は四割程度である（表5）。学校の設立経緯を見ると、日系ブラジル人が働く企業が設立したケースやブラジルの企業がビジネスとして学校を設立した場合もある。しかし、それだけではなく、日本の公立学校には適応できず，不就学の子どもが増えていることを心配した教会の牧師やリーダー的な人が、子どもたちに母国語で学べる場を作ろうとして私塾を開き、それが学校の体裁を整えていったというケースも多い。

表5　全国のブラジル人学校数（2006年現在）

所在地	学校数	うち本国認可校数
静岡県	23	14
愛知県	17	9
群馬県	15	5
長野県	12	3
埼玉県	6	1
岐阜県	6	3
滋賀県	5	2
その他（5県）	12	5
合　計	96	42

出典：月刊『イオ』編集部（2006）

表6　長野県内のブラジル人学校（2010年現在）

所在地			在籍者数	学齢期児童数	開設年次
1	岡谷市	○	5	2	2000年
2	箕輪町A	○	42	20	〃
3	松本市	○	5	2	〃
4	上田市	○	26	16	2001年
5	伊那市	○	30	25	2003年
6	塩尻市		53	37	〃
7	飯田市A		11	0	2005年
8	飯田市B	○	5	3	2009年
9	箕輪町B	○	39	35	2010年
児童数合計			216	140	

出典：長野県国際交流推進協会ホームページ
○印は、本国政府の認可校。在籍者数には、幼稚園児、高校生などが含まれる。2014年現在、6と9のみ存続、2019年現在、6のみ存続

外国籍の子どもたちの言語教育

日系ブラジル人たちが、このように、子どもたちを母国語で教育することに熱心であることに注目しておく必要があるだろう。ブラジル人学校に通わせる場合、日本の公立学校に比べて、かなりの経費負担が必要であり、それを負担してまで通わせようとする意思が働いているからだ（私が調査した例では、一カ月の授業料は小学生五万円、中学生七万円であった）。そこには、母国に帰っても、教育や仕事のキャリアを継続できる可能性を子どもたちに与えておこうとする願いもあるだろう。また、帰国するしないにかかわらず、自らもブラジル人としてのアイデンティティを強く持つ二世・三世の親は、自分の子どもたちにもそうあってほしいと願うのであろう。それは、ブラジルにわたった日本人一世たちが、次の世代も日本人アイデンティティを持ち続けるようにと日本人学校を設立した思いと同じであるかもしれない。

外国で暮らす子どもにとって、言語教育は大事な問題である。人格の形成過程で、一〇歳から一二歳くらいまでに母語を確立しないと抽象的思考が困難になると言われる。多くの日系ブラジル人家庭では、生活言語がブラジル語であるから、ブラジル人学校へ就学する場合には、生活言語と学習言語が一致するが、日本の公立学校に在籍する場合、生活言語と学習言語が違ってくる。外国籍の子どもにとって来日時の年齢が重要な意味を持つ。一二歳以降の来日であれば、すでにブラジル語が確立されており第二言語の日本語が習得できれば「バイリンガル」となることが可能である。年少で来日し、日本の公立学校に就学して日本語での生活体験が長くなれば、ブラジル語よりも日本語が優位な「バイリンガル」となることも考えられる。だが、一〇歳前後で来日し、日本の公立

ブラジル人学校の授業風景。塩尻市。2010年８月

学校に就学して、ブラジル語も日本語もともに確立できない場合も十分に起こりうる。そうした場合、カタコトの日本語を習得することはできても抽象概念を理解することができず、「セミ・リンガル」という状態となり、社会生活に問題が生じることが多い。日本の公立学校は、このような問題を抱える外国籍の子どもに対して、ほとんど対応できていない。子どもたちの不安を取り除くためには、バイリンガル教員の配置による二言語サポートが望ましい。また、外国籍の子どもたちがいる公立学校では、子どもたちの出身国文化を理解する学習などといった「多文化教育」を行うことも必要だろう。

リーマン・ショックののち、ブラジル人学校は相次いで閉鎖されていった。愛知県や静岡県などの集住地区でも多くが閉校された。外国人労働者は雇用調節の対象となって、大量に解雇され、帰国が相次ぎ、残った人も余裕がなくなって、通わせられなくなり、閉校を余儀なくされたためである。ブラジル人学校は、授業料だけで運営され、日本の公的な支援があっても、わずかな額にすぎないからだ。しかし、学校が激減したとしても、日系ブラジル人の子どもがいなくなり、ニーズがなくなったわけではない。日系ブラジル人の滞在数は、ピーク時の三一万人から二〇一五年には一七万人台におちこんだが、それ以降反転して、再び二〇万人を越えようとしている。むしろ、日本語もあまりできないまま、日本社会の中に孤立する子どもの数は増えている。だが、こうした子どもたちの「学ぶ権利」を守るために、日本の教育行政が積極的な対応をしようとしているとは、とうてい言えない。

5 「多文化共生」を模索する

「国際交流」から「多文化共生」へ

一九九〇年に約百万人だった外国人登録者数は、リーマン・ショック後の落ち込みはあったが、再び増え続け、二〇一八年には、二六〇万人を越えている（前掲の表3参照）。もちろん、このうち、すべての人が「定住」していくわけではないが、日本社会の中に、異なる言語と文化を持つ多様な集団が共存する状況が確実に生まれ、自分の住む地域で当たり前のように外国籍の人たちと暮らす日がやってこようとしている。そのために、今までの「国際交流」という視点からもう一歩進めて、外国人といっしょに地域で生活するという「多文化共生」の視点が求められている。総務省は、「多文化共生」という言葉について、「国籍や民族などの異なる人々が、互いの文化的違いを認め合い、対等な関係を築こうとしながら、地域社会の構成員として共に生きていくこと」と定義している［総務省「多文化共生の推進に関する研究会報告書」2006］。

しかし、現実に、「地域社会の構成員として共に生きていくこと」は、言葉で表現するほど、たやすいことではない。たとえば、市営住宅団地が日系ブラジル人の居住で占められるような集住地区では、日本語が理解できないため、ゴミの出し方などをめぐって、周辺住民とのトラブルが頻発し、外国人を排斥しようとする事件も起きている。そのほかにも、さまざまな形での文化的衝突もある。こうした問題に対して最初に本格的に取り組もうとしたのは、東海地域などの外国人の集住が多い地域の自治体であった。二〇〇一年に、外国人、とくに日系ブラジル人が集住している自治体が協力して、外国人住民の課題解決のために「外国人集住都市会議」を浜松市で開催した。この会議には、全国から一三の自治体が参加した。この会議は、国主導ではなく、地方から声を上げた点で画期的な意味を持つ。会議は、教育・住宅・社会保障などの分野での国の定住外国人に対する施策の遅れを改善するように申し入れた。国は、これを受けて、二〇〇五年「多文化共生の推進に関する研究会」を発足させ、研究結果に基づいて、翌年、多文化共生の推進に関わる計画策定を各自治体へ通知している。「多文化共生」という言葉を国が公的に使用するのはここからで、外国人に対する政策の基本的な考え方が、「国際交流」から「多文化共生」へと転換されていくことになった。

地域の取り組み

長野県では、二〇〇二年に、長野県国際交流推進協会が「外国籍児童就学援助委員会」を設立し、ブラジル人学校等への経済的支援を行うようになった。また、県は、二〇〇八年に「多文化共生研究会」を立ち上げ、「長野県県民意識調査及び外国籍県民実態調査」を行い、これに基づいて、施策を立てている。市町村レベルでは、日系ブラジル人等外国籍の居住者が多い飯田市や上田市が早い時期から「外国人集住都市会議」に参加して、この問題に関心を示している。とくに、上田市では、外国籍児童生徒児童の就学率が五九・四パーセントと低かったことから、不就学の子どもたちに対する支援の施策に積極的に取り組んだ。その後、上田市は、さらに施策を発展させて、二〇〇五年に「外国籍市民支援会議」を立ち上げ、二〇〇七年には、「上田市多文化共生のまちづくり推進指針」を発表している。このほか、松本市、塩尻市、安曇野市など、中信地区の市行政は、外国籍居住者に対する言語サービスなど、さまざまなサポートを行うようになっている。このうち、県内で一番多くの外国籍住民が居住している都市である松本市は二〇一一年に、「多文化共生推進プラン」を策定している（二〇一六年に第二次プランが策定されている）。また、中信地区では、こうした自治体の施策と並行しながら、民間のボランティアによる「日本語教室」の開催などの活動がある。とくに、多文化共生を目指す活動の横の連携を図ろうという目的のために、団体や個人などで構成するNPO法人「中信多文化共生ネットワーク」が設立された。この組織は、松本市と連携し、「松本市子ども日本語支援センター」を開設し、公立学校に在籍する在日外国人等の児童生徒のサポートを行っている。

ただ、リーマン・ショックによって外国籍居住者が急速に減少したために、最近では、「多文化共生」の取り組みはやや停滞気味のようにも見える。しかし、居住者の減少は二〇一五年に底を打ち、その後、反転して再び増加傾向にある。二〇一八年の入管法改正は増加をさらに加速するだろう。べトナム人の増加など、国籍的にも多様化の傾向も見られる。外国籍居住者について、「顔の見えない定住化」[梶田ほか 2005]と形容される場合がある。長野県内のように、目だった集住地域があるわけでなく、地域で散在して居住している場合には、この人たちは、「顔が見える」存在ではない。比較的、外国人登録者数が多い松本市、安曇野市、塩尻市などでも、人口の二パーセントに満たない。この人たちは、日本社会の中で長く暮らしながらも孤立する状態に陥りがちである。私が行った日系ブラジル人調査からは、彼ら彼女らの多くは、日本社会との接触を避けようとしているわけではなく、日本人と交流したいと望んでいながら、日本語が苦手であるため、必要なとき以外は積極的に日本人とコンタクトをとることに躊躇していることが確かめられている。日本語を学びたいと思いながらも、機会と時間がないという人も多い。長く定住している日系ブラジル人たちの多くは、自らのブラジル人としてのアイデンティティを大事にしながら、そのうえで日本社会との共生を望んでいるのだ。当たり前のことだが、「多文化共生」のためには、「交流」することが基礎にあり、交流の手段としての日本語を学ぶ機会と便宜を日本社会の側が積極的に提供することが必要であると思われる。文化庁の進める「生活者としての外国人のための日本語教室」など、外国籍住民がそれぞれ抱える事情とニーズに合った日本語教室を設置することが望まれる。

子どもたちの「学ぶ権利」の保障

長く学校現場で仕事をしてきたことから、私にとってもっとも気にかかるのは、外国籍の子どもたちのことである。「子どもの権利条約」を持ち出すまでもなく、世界のどこにいようと、子どもたちの「学ぶ権利」は保障されなければならない。今のように、不就学の外国籍の子どもたちは存在してはならないと思う。そして、それは、必ずしも不就学の子どもすべてを日本の公立学校に入れるということにはならない。私の調査によっても、日系ブラジル人の親たちが高い経費を負担しながらも、子どもをブラジル人学校に通わせたのは、ブラジル・アイデンティティを大事にしようという理由からであることが確かめられている。日本の公立学校では、それを期待できないと考え、ブラジル人学校が選択されたのだ。「多文化共生」とは、外国人を日本社会になじませ、「同化させる」ことではない。総務省の定義によっても、「互いの文化的違いを認め合い、対等な関係を築こうとしながら、地域社会の構成員として共に生きていくこと」なのだ。

そうだとすれば、日本の公立学校においても、外国籍の児童生徒に対して、エスニック・アイデンティティを保障するような教育体制を整える必要がある。現実には、外国語ができるスタッフの配置が財政上難しいという障害があるが、これに対しては、外国籍居住者側の活動との協働によって解決していけるのではないかという興味深い提案がある［梶田ほか 2005］。日系ブラジル人のケースでは、これまで、日本の公立学校とブラジル人学校は対立的な構図でみられてきたが、両者の交流・協働によって、子どもたちの母語での教育支援がより効率的に実現できるのではないかという考え方である。日系ブラジル人の子どもたちは、日本の公立学校を選んでもいいし、ブラジル人学校を選んでもよい。ただ、この場合、どちらにおいても、エスニック・アイデンティティを保障する教育が提供されていることが必要である。このためには、日本の公立学校において、ブラジル人学校の支援を得て、バイリンガル教員を配置し、外国籍子どもへの教育と日本人の子どもに対する多文化教育を行う、ブラジル人学校など外国籍居住者の学校に対しては、行政が財政的支援や各種学校認可などの支援を行う、などの施策が必要であると考えている。それは、外国籍の子どもたちのためばかりでなく、日本人の子どもたちにとっても、これからの「多文化共生」の世界を生きていくうえで役立っていくだろう。

参考文献

梶田孝道 1994『外国人労働者と日本』日本放送出版協会
梶田孝道・丹野清人・樋口直人 2005『顔のみえない定住化――日系ブラジル人と国家・市場・移民ネットワーク』名古屋大学出版会
桑原靖夫・香川孝三・坂本恵 2008『外国人労働者と地域社会の未来』公人の友社
月刊『イオ』編集部（編）2006『日本の中の外国人学校』明石書店
サッセン、サスキア（田淵太一他訳）2004『グローバル空間の政治経済学――都市・移民・情報化』岩波書店（1998, *Globalization and Its Discontents*, The New York Press）
田中　宏 2013『在日外国人――法の壁、心の溝』（第三版）岩波新書
福岡康則 1993『在日韓国・朝鮮人――若い世代のアイデンティティ』中公新書
福田誠治・末藤美津子（編）2005『世界の外国人学校』東信堂
渡辺雅子（編）1995『共同研究　出稼ぎ日系ブラジル人（上）論文篇・就労と生活』明石書店

九——中国人技能実習生をサポートする

タテマエとホンネのゆらぎから読み解く、日本社会への期待

車　憲

車 憲（しゃ けん）
コリア系中国人。二〇一五年、信州大学大学院地域社会イニシアティブ・コース修了。二〇〇二年に信州大学経済学部を卒業して以来、長野県下の外国人技能実習生を受け入れる協同組合（監理団体）に勤務し、主に中国からの技能実習生の受け入れと就労・生活をサポートする仕事を続けてきた。最近では、ベトナム人技能実習生のサポートにもあたっている。

1 中国人「技能実習生」の受け入れ現場から

技能実習生の受け入れとサポート

私は、コリアン系の中国人であるが、来日して、信州大学経済学部に学んだ。二〇〇二年に卒業後、外国人の技能実習生を日本に受け入れ、各企業に派遣する窓口機関の協同組合（長野県・中信地区）で働きはじめた。「外国人技能実習制度」は、一九八〇年代に「外国人研修制度」として始まったが、二〇一一年に「技能実習生」の名称となる。したがって、私の就職当時は「研修生」という用語であったが、以下では、研修生の時代をも含めて、すべて「実習生」と表記する。当時、外国人技能実習生の中心は中国人であり、私は、来日した中国人実習生を受け入れ、彼らを県下の会社に配属し、仕事や生活をサポートする仕事に携わってきた。なにかトラブルのあったときは、会社とのあいだに入って対処したり、個人的に「兄貴分」として相談に乗ったりもする。一二年間に私が関わった実習生の数は五〇〇人以上にのぼる。

現場から眺めてみると、「技能実習制度」は、受け入れる日本側と応募してくる外国人側とでは双方の目的や思惑にズレがあり、また、両方に、さまざまなタイプの違いがあって、きわめて複雑な様相になっている。一〇年あまり、この仕事に関わるなかで、中国人実習生の就労と生活の実態について、より客観的な眼で、整理・分析してみたいと考えるようになり、仕事のかたわら、二〇一三年から二年間、信州大学の社会人大学院で研究を進めた。

技能実習制度の実態は、始まってから現在に至るまで、激しく変化してきている。私が観察した二〇一四年当時と現在とでは、状況がかなり変化してきているが、矛盾をはらんだ制度であるという基本性格は変わっていないし、また、そこには、国際間の労働力の移動、とくにアジア地域で経済的に相対的に遅れた国（地域）からより発展した国（地域）への移動とそこでの就労や生活の実態をめぐって、いくつもの考えるべき基本的な問題を読み取ることができる。

タテマエとホンネのゆらぎ

「外国人技能実習生」の制度は二〇一一年から始まるが、その前身は、一九八一年に設けられた「外国人研修生」の制度であり、そこでは、「技能、技術又は知識の開発途上国等への移転を図り、開発途上地域等の経済発展を担う『人づくり』に寄与する」〔「国際研修協力機構」ホームページ」ことが目的として掲げられている。だが、「開発途上国支援」というタテマエと同時に、日本では、中小の製造業分野を中心に深刻な労働力不足が生じており、産業界では、低廉な外国人労働力の導入を望む声が強く、これに応えたいというホンネもある。とくに、学ぶ活動に力点がおかれた「研修生」という表現から、実践的な技能・技術を修得する「技能実習生」という表現に変わったことは、「労働者」としての要素がより強くなったことを示している。実際、「研修生」の時代には、労働者扱いではないため労働関連法令が適用されなかったが、「実習生」になってからは、最低賃金法をはじめとする労働法令が適用されることとなった。また、実習年数も三年間であったが、産業界の要望が強く、二〇一六年の法改正により、五年までの延長も可能となり、受け入れは拡大方向にある。ただ、労働力不足を緩和したいとはいえ、外国人労働者を労働移民として無条件で恒久的に受け入れるわけにはいかないので、「国際協力」「技能実習」をタテマエとして、年数と人数を限って受け入れるという規制を加えることになる。このあたりに、「技能実習制度」のタテマエとホンネのゆらぎが表れているとも言えよう。

いっぽう、この制度に応じて来日してくる外国人の側にも、タテマエとホンネのゆらぎがある。単純に、稼げるだけ稼いで、できるだけたくさん本国に送金し、貯金を持って帰りたいという思惑を持つ人が圧倒的に多いが、同時に、そうした人たちの多くが日本語を覚え、技能や知識、ビジネスの手法などを学び、帰国してから役立てたいという思いを併せて持っていることも事実である。私のように実際の現場で、受け入れ側と働き手側の双方に日常的に関わっている立場からすると、タテマエとホンネのどちらか一方だけに決めつけられない複雑さがあるというのが実情である。

図１　中国人「技能実習生」の受け入れの流れ

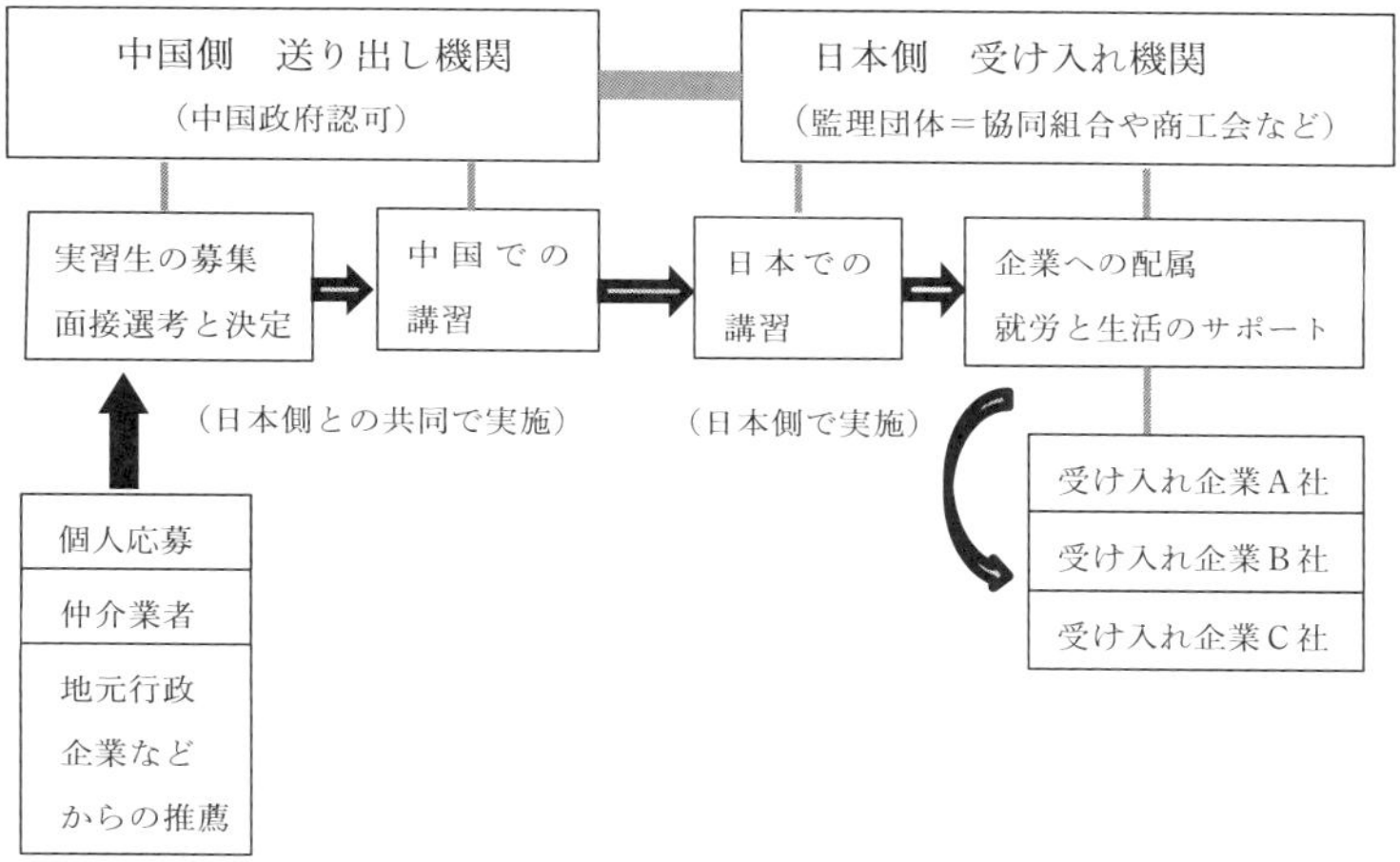

出所：筆者作成

技能実習生受け入れの仕組みと流れ

まず、実際に、中国から、実習生がどのようにして日本にやってきて、日本の企業などで技能実習を受けるようになるかについての流れを見ておこう（図１）。①最初に、日本の企業が実習生の受け入れを決めると、協同組合などの日本側の受け入れ機関（制度上「監理団体」と呼ぶ）と相談しながら、実習内容（仕事内容）と受け入れ枠などに沿って、中国側の「実習生送り出し機関」（中国政府認可）に候補者の推薦を依頼する。②中国の送り出し機関では、地元で人材を募集し、日本側と協力しながら、審査を行い、派遣する実習生を決定する。③認定を受けた実習生は、中国で数カ月間の講習を受けた後、来日し、日本でも、一定の講習を受け、「監理団体」を経由して、企業に配属され、三年間の年限（現在、条件付きで五年間に延長可能）で働くことになる。実習生には、実習期間中に限り日本在留資格が認められる。⑥制度の全体的な管理は、認可法人「外国人技能実習機構」が行う（二〇一七年から）。

私が働いているのは、日本側の受け入れ機関である長野県・中信地区の協同組合（「監理団体」）で、派遣元の中国の機関と協力して、実習生の採用審査に当たったり、各企業への配属に関わったり、その後の就労や生活サポートをしたりする仕事を行ってきた。なお、私が調査した二〇一四年の時点では、日本全体で四万六七七五人の技能実習生を受け入れている（後掲の表23を参照）。そのうち中国人は、全体の約五七パーセントに当たる二万六六三五人であった（二位はベトナムで一万一一七六人）。このうち長野県の実習生は一〇一二人、うち中国国籍は二六二人であった。

実習生・修了者へのアンケート調査

この研究では、中国人実習生の就労の実態をできるかぎり、そのホンネにおいて捉えてみたいと考えた。用いた材料は、実習生の受け入れと就労や生活のサポートに関わる私自身の一〇年以上にわたる仕事上の体験を中心とし、もう一つの材料を求めて二〇一四年に、中信地区の中国人実習生と修了者の合計一二一人を対象とするアンケート調査を実施した。以下では、実習生たちの現場における就労と生活の実態と問題点を明らかにするうえで、私の体験観察とともに、アンケート結果も使用するので、ここで調査の概略について記しておこう。

［調査の方法］

調査時点は、二〇一四年。現役実習生と修了して中国に帰国した人を対象とした。現役の実習生

表1　中国人技能実習生の属性

①現役・修了の別	
現役生	81
修了者	40
合 計	121

②性別	
男	30
女	91
合 計	121

③最終学歴（有効回答数 127）

	実数(人)	比率(%)
中卒	27	22.3
技工卒＊	23	19.0
高卒	52	43.0
短大・大卒	14	11.6
不明	5	4.1
合　計	121	100.0

④来日時の年齢（有効回答数 127）

	実数（人）	比率（%）
19 歳以下	17	14.0
20 ～ 24 歳	86	71.1
25 ～ 29 歳	12	9.9
30 歳以上	2	1.7
不明	4	3.3
合　計	121	100.0

出典：筆者が実施した「中国人技能修習生アンケート調査」の結果。
以下の表は、すべて同じ。2014 年現在
＊「技工」は、工業系中学校に相当

については、中信地区の中国人実習生受け入れ組合（監理団体）三カ所の協力を得て、アンケート用紙を職場で配布し、八一人から回答を得た。また、これら三組合を経由して実習を終えて帰国した修了者四〇人に対して、同じアンケート項目で、インターネットを通じて回答してもらった。

［回答者の属性］

表1の①～④は、回答者の属性を示している。現役生が八一人、修了者が四〇人で、性別は、男性が三〇人、女性が九一人で、女性が多い。最終学歴は高卒が多いが、私が実際に応募者の選考に当たってきた体験から判断すると、やや高めに学歴が申告されている傾向があるようだ。年齢層は、二〇歳代前半が圧倒的に多く、二五歳未満が九〇パーセント近くを占める。

こうした属性傾向が中国人実習生全体

の特徴を代表しているとは言えないが、この集団は、調査範囲である長野県の中信地区における二〇一四年当時の技能実習生のかなりの部分（八割以上）をカバーしていると考えられるので、この特性はこの地域の特徴であると見てよい。とくに、女性が多いことが長野県中信地区の中国人実習生の特徴であるが、全国的に見ても、この時期には、女性実習生の比重が高いことが注目される。ただし、回答を評価・分析するうえでは、回答者集団がこうした特性を持つことを意識しておかねばならない。

回答者は、おおむね真摯に回答してくれたと評価している。とくに自由記述欄には、ホンネが中国語で記入されているケースが多かった。これには、調査者が同胞の中国人であることで信頼してくれたという側面があるのかもしれない。

2 中国人実習生は、なぜ来日するのか

「稼ぐ」目的が中心だが、それだけでもない

中国人実習生が、言葉も文化・習慣も異なるという大きな壁を乗り越えて、日本で働こうとする動機は何であろうか。主な目的は、制度が掲げる「技能・技術の習得」ではなく、日本で「お金を稼ぐ」ことにある点は、以前も今も変わりはなく、受け入れる企業側でも暗黙の了解となっている。前掲の私が実施したアンケート調査によると、一二一人のうち約六〇パーセントの人が「本国より稼げるから」という理由を挙げている（表2）。とくに「親孝行のため」「親に楽をさせるため」に、

表2　実習生への応募の目的（3つまで選択・有効回答数121）

応募の目的	回答	実数（人）	選択した人の割合（%）
A	本国より稼げるから	71	58.7
B	日本に行ってみたい	56	46.3
	新しい環境で生活したい	52	43.0
	外国で働いてみたい	24	19.8
C	技術を学ぶため	30	24.8
	帰国後の就職で評価される	8	6.6
D	研修に行った人から話を聞いて	22	18.2
	親から勧められた	20	16.5
	国内にいい仕事がなかった	18	14.9
	仲介会社から声をかけられた	12	9.9

注：Aは稼ぎ、Bは生活の転換、Cはキャリア・アップ、Dは受け身姿勢

表3　来日前の職種と帰国後の職種

		関係がある	多少ある	ない	その他・不明	合計
回答者全体	来日前の職種	48	6	62	5	121
	比率（%）	39.7	5.0	51.2	4.1	100.0
修了者のみ	帰国後の職種	17	2	21	-	40
	比率（%）	42.5	5.0	52.5	-	100.0

表4　来日時に要した経費

経費＼実習生	修了者	現役生	合　計	
			実数（人）	比率（%）
20 ～ 50 万円	15	3	18	14.9
60 ～ 90 万円	9	32	41	33.9
100 万円	9	26	35	28.9
110 ～ 150 万円	5	11	16	13.2
不明（無回答）	2	9	11	9.1
合計	40	81	121	100.0

表5　純稼得額（貯金－費用）（修了者のみ）

	実数（人）	
100 ～ 149 万円	8	14
150 ～ 199 万円	6	
200 ～ 249 万円	5	13
250 ～ 299 万円	8	
300 ～ 349 万円	5	10
350 ～ 399 万円	5	
不明（無回答）	3	3
合計	40	

お金を稼ぎたいと考える若者が多い。「技術を学ぶため」「帰国後のキャリアにプラスになる」を挙げる人は、約三〇パーセントである。技術や技能に関連して、中国で就いていた仕事と実習先での仕事の関連を聞くと、「関係がある」と答えた人の割合は約半数である（表3）。この回答状況からは、「稼ぐ目的」が中心であることはたしかだが、それがすべてであるとも言い切れないだろう。少なくとも半数近くの人は技能・技術も学びたいという姿勢を持っている。「稼ぐ」という目的と「技能・技術を学ぶ」という目的は、もちろん併存できる。また、後で見るように、日本で新しい生活をし

てみたいという気持ちもある。

それでは、実際に、どれほど「稼げた」のだろうか。実習生に応募して、日本で働くためには、渡航費などのほかに、仲介機関への手数料など、かなりの経費を必要とする。来日時に要した経費について聞いてみると、多くの人が一〇〇万円前後を支払っている（表4）。中には一五〇万円もかかっている人もいる。それだけの投資をしても、それを十分に上回る稼ぎができる見通しがあるということだろう。実習を終了した帰国者に、経費を差し引いて、どれだけ手もとに残ったのかを聞いてみると、二〇〇万円以上、三〇〇万円以上を稼いだ人がかなりいる（表5）。中国の物価水準を考えると、かなり「稼いだ」といってよいだろう。

応募状況の変化

表2で注目されるのは、「稼ぐ」という動機と並行して、「日本に行ってみたい」とか「新しい環境で生活したい」とかいう生活上の転換を求める要因を挙げている人がかなり多いことである。若いうちに、少し冒険して外国生活を経験してみたいということであろうか。データは省略するが、行ってみたい国には、日本のほかに、韓国、シンガポール、欧米諸国などが挙げられている。このほかには、「親や人に勧められて」とか、「経験した人の話を聞いて」とかいう受け身的な理由を挙げている人もいる。こうした要因は、中国の若者にとっても、働くこと、稼ぐことへの切実さがかなり薄れてきていることの表現でもあるだろう。最近では、農村でも「親に楽をさせるために稼ぎたい」というような考え方も変わってきているようだ。現在の若い労働力年齢層はちょうど「一人っ子政策」の初期時代（一九八〇年代以降）の生まれの世代になっており、昔ほどハングリーではなく、

「坊ちゃん、嬢ちゃん」意識の持ち主が多くなっていることも関係しているかもしれない。

このように、技能実習制度が発足して、すでに二〇年以上が経っており、実習生の応募状況も、初期の頃とは相当に変わってきていることに注意する必要がある。初期には、日本と中国との経済格差も大きく、「稼ぐ」という目的がはるかに切実であった。しかし、中国の経済発展が進み、国内の賃金も上昇してきたため、日本で稼ぐ魅力はだんだん低下してきている。また、中国自身の進歩によって、日本の技能・技術を学ぶというメリットも少なくなってきている。中国側の派遣機関での聞き取りによると、二〇一〇年頃までは、中国の企業や工場からの推薦によって実習生に応募してくるケースがきわめて多かったという。この頃には中国側も日本の技能実習による人材育成にメリットを見いだしており、この点では、日本側の本来の目的にも合致していた。しかし、中国側の技術が進展するとともに、こうしたメリットもなくなり、現在では、むしろ中国自身が技能労働者の不足に悩む事態になりつつある。私が調査した二〇一四年の時点で、すでに中国側の送り出し機関は、日本の技能実習生への応募が少なくなってきており、応募者を集めるのに農村部を駆けずり回らねばならないと語っていた（その後、中国人実習生の数は減り、実習生の国籍第一位は、二〇一六年に、中国からベトナムになった。後掲の**表23**を参照）。

それでも、調査時点では、「稼ぎ」を主な目的にして日本の技能実習に応募する中国の若者がかなり多く存在していたこと、そして、今もなお存在することはたしかである。この人たちは、比較的、経済発展の遅れた農村地域の出身者で、また、低学歴層が多い。実際に、私が調査した中信地区の実習生の出身地をみると、黒竜江省、吉林省、遼寧省、山東省、河北省、浙江省、江蘇省、河南省、上海郊外、内モンゴル自治区などの農村部がほとんどである。ただし、彼らの家庭は裕福とは言えないまでも、きわめて貧しいというわけではない。中学や高校を卒業したのち、仕事や生活のチャンスを求めて、経済発展の進んだ国内の大都市地域に向かうか、さらには、日本や韓国、シンガポール、欧米諸国などを目指すかということであろう。もう少し家庭に余裕があれば、留学という選択肢もあるが、技能実習生の家庭の生活水準はそうした層よりも一ランク下にあるとみられる。

3　中国人実習生の就労と生活の現場から

実習生を受け入れる企業の職場環境

長野県・中信地区の場合、中国人実習生が働く場（技能実習の場）は、ほとんどが中小零細の製造業で、仕事の内容は、あまり技能や技術を要しない単純作業が多い。この傾向は、長野県に限らず、日本全体でも同じであるとみられる。調査では、「仕事がきつい」と答えている人が多く、とくに、二五パーセントの人が「とてもきつい」と訴えている（表6）。職場環境については、「良い」と答えている人が圧倒的に多い（表7）。ここからみると、働く環境はまあまあ良いが、仕事はきついという職場が一般的であるようだ。ただし、一部には、作業環境や仕事の管理面で、とても劣悪な職場があることを否定できない。技能習得をめぐる回答では、「少しは教えてもらった」という消極的なものが多く、企業側の姿勢が技能研修にあまり積極的でない状況が読み取れる（表8）。

私自身が扱った実習生受け入れ先企業の見聞から言うと、就労環境は可もなく不可もなしという企業が多いが、なかには、実習生に対して、きわめて積極的な姿勢を持って接している企業もある。

表6　作業はきついですか（有効回答数 115）

	実数（人）	比率（%）
とてもきつい	29	25.2
どちらかといえばきつい	56	48.7
どちらといえばらく	21	18.3
とてもらく	9	7.8
合　計	115	100.0

表7　職場環境や条件はどうですか（有効回答数 113）

	実数（人）	比率（%）
とても良い	21	18.6
まずまず良い	76	67.3
あまり良くない	10	8.8
良くない	6	5.3
合　計	113	100.0

表8　技術をよく教えてもらえますか（有効回答数 113）

	実数（人）	比率（%）
よく教えてもらった	16	14.2
少しは教えてもらった	61	54.0
あまり教えてもらえなかった	29	25.7
まったく教えてもらえなかった	7	6.2

表9　受け入れ企業による不当な扱い

不当な扱いの内容	回答数（人）
パスポートや在留カード（外国人登録証）を預けさせられた	9
銀行通帳やクレジットカードを預けさせられた	8
強制貯金をさせられた	3
長時間労働をさせられた	4
残業代を払ってもらえなかった	3
給与・残業代が契約より少なかった	5
有給休暇の申請を受理してくれなかった	23

たとえば、金属加工業のA社（従業員約百人）の場合、一〇年以上にわたって、中国から六名の実習生を受け入れてきているが、実習生の処遇について、中国の派遣機関からも高い評価を受け、親密な関係を築き、優秀な人材を確保している。この会社では、選考に当たって、候補者が「同じ仲間として頑張れるかどうか」、「学ぼうとする姿勢があるかどうか」を判断基準とし、中国での講習、来日して配属後の講習でも、具体的な仕事内容、機械・道具、技能などについて、特別な配慮を行っている。また、ある程度、仕事に習熟したのちは、自主性を尊重し、「自ら考えながら作業を進めていくような環境を与え、仕事に対する責任感を持つように」させているという。また、仕事の場だけでなく、社長が月一回、実習生と食事会をしたり、週一回日本語講習会を開いたりして、実習生との交流を深めている。A社では、実習生自身の会社に対する信頼も大きいことを確認できた。

だが、このようなケースがある一方で、少数だが、実習生に対して、不当な扱いをしているケースもある。アンケート調査では、**表9**のように、会社に対する苦情や不満が回答されている。パスポートや在留カード、あるいは銀行通帳やクレジットカードを預けさせたり、強制貯金をさせたりして、実習生を縛りつけるケースや、長時間労働を強制する、残業代を払わないなどといった扱いに対する苦情である。とくに多いのは、有給休暇を認めないという訴えである。また、アンケート調査の自由記述には、「室温が高すぎる」、「仕事が大変で、環境が辺鄙、組合に差し引かれる金が多い」、「研修生一人のミスで、全ての研修生に責任を取らせる」といった不満が何件か書き込まれている（後掲の**表22**参照）。苦情の件数から判断すれば、こうした不当な扱いをする企業はそれほど多くはないと考えられるが、存在することは事実である。

実習生の「したたかな」行動と、就労上のトラブル

実習生に対して不当な扱いをする企業がある一方で、実習生の側でも、不適切な言動を取り、就業規則や契約に違反する場合がある。表10に、私自身が二〇〇二～一四年のあいだに対応した主な就労上のトラブル一〇件を掲げた。残業時間の虚偽申請や勤務態度不良など、監理団体である組合が会社とのあいだに入って対処するが、たいていは、本人に対する「厳重注意」処分で決着される。ただ、複数の実習生によって、重大な就業規則違反があった事例では、三人は解雇・帰国、三人は実習先の変更という深刻な処分になった。また、満期の一週間前に実習生が突然、失踪する事件も起き、そのままになっている。こうした実習生側が起こすトラブルは、私自身が一二年間のあいだに扱った限りでは一〇件程度にすぎず、まじめに働く実習生が多いなかでむしろ例外的ではないかと感じている。

だが、就労の現場で、実習生がなかなか「したたかな」行動を取ることもある。ある会社で、実習生が組んで、

表10　筆者が対応した主な就労上のトラブル（2002～2014年）

性別（年齢）	トラブルの内容	対処とその後の動向
男（27歳）	一時帰国の虚偽申請	注意
男（24歳）	正当な理由のない勤務時間違反や怠惰	注意
男（23歳）	残業時間の虚偽申請	注意
男（28歳）	残業時間の虚偽申請	注意・実習先変更
男（36歳）	給与への不満から明細書を投げつけた	注意
男3人(20～26歳)	不良品隠し	注意
男（26歳）	勤務時間中に女子寮へ出入り	注意
男（24歳）	勤務態度不良	注意後、失踪
男6人(18～38歳)	就業規則への重大な違反	3人は解雇・帰国 3人は実習先変更
女（23歳）	満期1週間前に突然失踪	その後の動向、不明

生産量をコントロールしていたことが何かのはずみで明るみに出た。普通に働けば一〇〇以上作れるところを、申し合わせて八〇～九〇に生産量を抑え込んでいたというのだ。この習慣は、実習生どうしの決まりになっていて、先輩から後輩に受け継がれていた。話を聞いてみると、「新しい機械と古い機械があり、古い機械だと生産量が少なくなるので、そこに割り当てられた人が叱責されないために、新しい機械の生産量を落とした」「働いて生産量をあげたとしても、誉め言葉もボーナスもない」「残業で稼ぎたいが、定時で予定量をあげてしまうと残業がなくなる」などの理由が挙げられた。ここには、弱い立場にある実習生の一種の自衛的な抵抗の面があり、言い分がまったくないわけでもない。しかし、同時に、トイレでずる休みをしたり、生産量をごまかして報告したり、などといった実習生側のルーズな働きぶりの例もかなり多い。

こうした実習生の姿勢に対して、会社側は、管理監督を強めることになるが、それだけでは、十分な解決策にはならない。管理や縛りを強めすぎて逆効果になる場合さえある。むしろ、私のみるところでは、実習生の労働意欲を高めているのは、実習生とのあいだに、人間的な信頼関係を築く努力をしている会社である。先に挙げたA社のほかにも、そうした試みを意識的に行っている会社もいくつかある。

たとえば、電子関連部品を製造しているB社（従業員約五〇人）の場合、他社と比べて、実習生に対して、何か特別の処遇をしているわけではないが、実習生の勤労意欲も高く、トラブルもまったく発生していない。修了時には、実習生は会社に対して深い感謝を抱いて帰国していく。その秘密は、社長をはじめ、実習生に関わる人たちが温かい人間関係を築く努力をしていることにあるようだ。たとえば、実習生は配属された日から、担当者から日本語での連絡日記を書くように勧められ、担当者は、実習生の仕事や生活上の悩みや不便さをつねに把握し、それに、迅速に対応することにしている。日記を書くことで、実習生の日本語もめきめき上達していく。社長は、毎日の出勤後、各セクションを回り、実習生に声をかけ、問題がないか確認する。時間が空いているときには、隣でいっしょに仕事をしながら、ノウハウを丁寧に教えたりする。社長は、ときどき、実習生の寮を訪れて、不便なところを解決したり、たえず、食事会などを催したりしてコミュニケーションを図る。こうした結果、B社の実習生たちは、他社に比べて、日本語の上達も早いし、社長や担当者に親近感を抱くようになり、会社に対する愛着心を持つようにもなっていく。

このように、会社にとっても、実習生にとっても、満足のいく就労状況をつくるためには、A社やB社が行っているように、「仕事と生活の両面で、人間的な信頼関係を築くこと」、「実習期間を働かせればよいとするのではなく、永続的な関係を築くという姿勢を持つこと」、「仕事以外の生活の場でもコミュニケーションを深めること」などといった努力が必要であり、実習生を受け入れる多くの会社が見習ってくれるように期待している。

実習生の生活

実習生は、基本的に寮で暮らしている。生活環境について聞いてみると、大半の人が「まずまず良い」と答えており、大きな不満はなさそうだ（表11）。しかし、一部にひどい待遇をしている受け入れ企業も存在する。二〇一一年以前の「研修生」の時代は、たいてい寮と食事が現物で提供され、賃金の代わりに生活手当として一定の金銭手当が渡されていた。「労働者」扱いになった現在では、賃金を受け取って、そこから寮費・食費などを支払う。来日の大きな目的は、やはりできるだけ「稼

表 11　生活・住居環境の評価（有効回答数 113）

	実数（人）	比率（%）
とても良い	24	21.2
まずまず良い	77	68.1
あまり良くない	9	8.0
良くない	3	2.7
合　計	113	100.0

表 12　手当・給与の使い道（有効回答数 104）

	実数（人）	比率（%）
ほとんど使ってしまう	4	3.8
半分くらい使って残りは送金や貯金	31	29.8
半分以上を送金か貯金	44	42.3
ほとんど使わず送金か貯金	22	21.2
その他	3	2.9
合　計	104	100.0

表 13　休日の過ごし方（有効回答数 121）

	実数（人）	選択した人の割合（%）
睡眠・休養	92	70.8
掃除や洗濯	77	59.2
買い物など	46	35.4
ネットで本国の映画・ドラマを観る	38	29.2
ネットでチャット	36	27.7
日本語の勉強や読書	28	21.5
観光や友人と外出	21	16.2
テレビを観る	19	14.6
技能実習内容の復習	5	3.8
ゲームや麻雀	4	3.1
その他	3	2.3

ぐ」ことにあるのだから、多くの人は、できるだけ消費をひかえ、給与の半分、または、それ以上を送金や貯金に充てている（**表12**）。だから、**表13**に見るように、休日の過ごし方もなるべくお金を使わないように控えめになる。

寮生活では、周辺の日本社会とはほとんど交渉がないから、日本の社会や文化に触れる機会はどうしても少なくなる。会社がそれらに接する唯一の場になるから、受け入れ会社はこの点によく気を配る必要があるだろう。半面、最近では、携帯電話やインターネットによって、つねに本国や友人たち、他の実習生とつながる状態になったので、以前のような孤立感はなくなる傾向にある。寮や職場での実習生どうしの交わりについては、実習生どうしの支え合いが大事だとする意見も多く、また、修了者のなかには、実習でよい友だちができたことを評価する人も多い。ただし、アンケートの自由記述欄では、実習生どうしのつきあいのむずかしさを述べている人も何人かいる。ある人は「皆、あまり仲良くない、派閥やグループ化されている感じ。家を離れているあいだ、お互いに助け合いながらやっていくのが真理だと思うが」と書き、また、「この三年間を通じて生存の道＝処世術を悟った。とくに女性陣の中で、暗闘し、いがみ合う中で、馬鹿になり、聞こえないふりをして、他の物事には加わらないことが最適である」などと書いている人もいる（後掲の**表22**参照）。

実習生の生活上のトラブル

実習生は、二〇歳代前半の若者たちであるから、男女・恋愛関係のトラブルが起きることもある。最近では、同じ職場や近所の実習生どうしのつきあいだけではなく、インターネットで遠方からでも出会い系の誘いや、国際結婚の誘いや、もっと条件のいい職場を紹介するなどといった誘いかけがある。私自身も一二年間のあいだにいくつかのトラブルへの対応に関わったが、自主退社、途中帰国、失踪などの結果に至ったケースもあった（表14）。深刻なケースでは、男女四人の実習生がスーパーで窃盗事件を起こし、全員解雇のうえ、帰国という事態になった。

また、健康問題をめぐるトラブルもある。私が扱ったうちでは六事例あった。たいていは、保険で治療を行い、なんとか乗り越えることができたが、なかには、健康不良を隠して来日し、再発して悩み、結局、失踪に至ってしまったケースもある。なお実習生向けの医療保険としては、外国人技能実習機構が保険契約者となる「外国人技能実習生総合保険」がある。

生活上のトラブルで、実習生が失踪する事件は日本各地で年々増えており、二〇〇八年には一六二七名だったのが、二〇一六年には、二倍の三一二二人となっている。全体状況と対比してみると、長野県の中信地区という私の担当範囲では、こうした生活上のトラブルはむしろ例外的で、少ないということもできるかもしれない。アンケート調査で、自分自身と周りの実習生への評価を聞いてみると、「まじめ」「まずまずまじめ」と答える人が九割以上になる（表15）。私自身が接してきた経験からも、これらの実習生たちの平均像は、中国の農村出身の高卒ないし中卒の若者で、まじめに働けば、本国にいるよりもたくさんの貯金もでき、親孝行もできる、現場の技能や職場慣行のほかに、日本語も学び、いつかはきっと日本での生活経験も役に立つと考えて、よく頑張って働く人たちであるというような姿を描くことができる。受け入れ側の日本はこのことを十分に認識すべきだと思う。受け入れ側の企業が実習生との良い関係を築くためには、ごく当たり前のことながら、最低限のこととして、①まじめな実習生を選抜すること、②実習生には実習に関する契約や規則を十分、理解してもらうこと、③実習での疑問点や不満な点について、相談の場と機会を設

表 14　筆者が対応した主な生活上・健康上のトラブル（2002 ～ 2014 年）

性別 (年齢)	トラブルの内容	対処とその後の動向
【生活上のトラブル】		
女（21 歳）	女子寮に男友だちを連れ込む	注意
男（23 歳）	携帯電話契約での金銭トラブル	警察に被害届
女（26 歳）	寮内で同僚と暴力沙汰	失踪
女（19 歳）	実習生どうしの恋愛	自主退社
女（18 歳）	出会い系サイトで恋愛・妊娠	途中帰国
女（22 歳）	国際結婚の誘いを受けて退社	途中帰国
男（19 歳）および 女 3 人（19 ～ 26 歳）	スーパーで窃盗	全員、解雇・帰国
【健康上のトラブル】		
男（26 歳）	持病発症	14 カ月保険治療
女（23 歳）	盲腸炎	1 カ月保険治療
女（23 歳）	勤務中のけが	6 カ月保険治療
女（23 歳）	原因不明の皮膚病	3 年間治療しながら勤務
女（22 歳）	健康不良を隠して来日、病気再発	失踪
女（19 歳）	父親の病気悪化	途中帰国

表 15　実習生としての評価（自分自身 / 周りの実習生：有効回答数 114/115）

	自分自身への評価		周りの実習生への評価	
	実数（人）	比率（%）	実数（人）	比率（%）
まじめ	57	50.0	57	49.6
まずまずまじめ	53	46.5	51	44.3
どちらかというと不まじめ	3	2.6	2	1.7
不まじめ	1	0.9	2	1.7
その他	0	0.0	3	2.6
合　　計	114	100.0	115	100.0

けること、④日本人の現場管理者や同僚らともコミュニケーションを密にすること、が必要である。

技能実習制度をどう見ているか

実習生たちは、身をもって日本の技能実習制度の実態を体験した人たちである。この人たちは、制度をどのように見ているのだろうか。実習の目的が達成できたかという質問には、修了者については、約七割の人が「できた」と答え、現役の人は、約五割の人が「できそうだ」と答えている（表16）。また、八割の人が期間を延長するか、再来日したいと希望しており（表17）、技能実習制度についての評価もきわめて高い（表18）。アンケート調査の自由記述でも、二〇人以上の人が肯定的な感想を自分から表明している（後掲の表22）。こうした比較的高い評価の理由は、多くの人は、所期の目的どおり、「まあまあ稼げた」かは、日本での経験がマイナスにはならないということなのだろう。満足度は修了者に高く、八割以上の人が「来日前より、暮らしは良くなった」と答えている（表19）。ただし、一方では、目的は達成「できなかった」、あるいは達成「できそうにない」と答えている人がかなりいることを

表16　技能実習の目的は達成できたか・できそうか
（有効回答数・修了者37／現役実習生76）

修了者			現役実習生		
	実数（人）	比率（%）		実数（人）	比率（%）
できた	11	29.7	できそうだ	13	17.1
まずまずできた	16	43.2	まずまずできそうだ	27	35.5
あまりできなかった	3	8.1	あまりできそうにない	27	35.5
できなかった	6	16.2	できそうにない	7	9.2
その他	1	2.7	その他	2	2.6
合　計	37	100.0	合　計	76	100.0

表 17　実習生制度の期間延長または再来日を望むか
（有効回答数 114）

	実数（人）	比率（%）
ぜひしたい	60	52.6
条件しだいでしたい	45	39.5
絶対したくない	9	7.9
合　計	114	100.0

表 18　実習生制度は有益だと思うか（有効回答数 116）

	実数（人）	比率（%）
有益	45	38.8
まずまず有益	38	32.8
あまり有益でない	28	24.1
有益でない	2	1.7
その他	3	2.6
合　計	116	100.0

表 19　来日前と比べての帰国後の生活の評価
（修了者のみ・有効回答数 35）

	実数（人）	比率（%）
とても良くなった	6	17.1
まずまず良くなった	27	77.1
少し悪くなった	2	5.7
とても悪くなった	0	0.0
合　計	35	100.0

無視できない（表16）。とくに、修了者より時期が後になる現役実習生のほうに悲観的な人が多いことが注目される。いろいろな事情のために、最初、期待していたようには稼げないということであろうか。

技能実習で「良かったこと」と「期待はずれだったこと」について聞いてみると、表20と表21のようになる。「良かったこと」は、日本での仕事や生活の経験を挙げる人が多く、「技能・技術の習得」

や「帰国後の可能性・展望」を挙げる人は、それほど多くない。また、給与や仕事環境、寮生活など、受け入れ側の条件を評価する人も多くない。評価することは、まあまあ稼げたことをベースに外国での仕事や生活の経験がこれからの人生にとってむだではなかったというようなことであろうか。

逆に、「期待はずれだったこと」では、四割強もの人が研修手当・給与の低さを挙げている。また、日本での体験が帰国後の展望につながらないことを挙げる人も多い。給与については、最低賃金法が適用されるようになったことから、「研修生」時代に比べて改善されたが、それでも、最低

表20　実習で良かったこと
（3つまで選択・有効回答数121）

	実数（人）	選択した人の割合（%）
日本での仕事や生活経験	81	66.9
技術・技能の習得	48	39.7
研修手当て・給料	46	38.0
仕事環境や条件	41	33.9
日本語の習得	42	34.7
同国人の実習生仲間	27	22.3
帰国後の可能性・展望	15	12.4
寮生活	11	9.1
受け入れ機関・企業の対応	9	7.4
その他	1	0.8

表21　実習で期待はずれだったこと
（3つまで選択・有効回答数121）

	実数（人）	選択した人の割合（%）
研修手当て・給料	52	43.0
帰国後の可能性・展望	51	42.1
日本語の習得	33	27.3
仕事環境・条件	31	25.6
寮生活	30	24.8
技術・技能の習得	32	26.4
受け入れ機関・企業の対応	25	20.7
日本での仕事や生活経験	12	9.9
同国人の実習生仲間	12	9.9
その他	6	5.0

表 22　アンケートの自由記述（52 人が記載）

主な内容	件数
技術や日本語を習得して満足している	9
就業経験により自己鍛錬ができた	6
このままでよい、お金が稼げればそれでよい	7
残業が少なく、稼げないことが不満	5
給与が低いこと、昇給がないことが不満	9
期間延長や再来日の要望	5
作業環境への不満、仕事の管理面での不満	7
日本人とのコミュニケーションが足りない	2
実習生仲間でのつきあいがむずかしい	2
自分に与えられた仕事をきちんとやり、苦労する心構えが必要	1
目的（貯金・日本語習得など）が達成できないことへの不安	1

注：記述の内容から、筆者が整理。２件は再掲

賃金に近い水準が支払われるにすぎず、日本の物価も高いから不満は大きい。自由記述を見ると、給与が低いことに強く不満を訴えている人が九人いる。また、五人は、残業が少なく、アルバイトをすることを禁じられているからもっと稼げないという不満を述べている（表22）。他方では、給与について、「良かった」要因に挙げている人も約四割近くいるから、受け入れ企業の中には、実習生が満足のいく待遇をしているところもあると考えられる。

4　アジア地域の労働力移動と技能実習制度のゆくえ

複雑化する労働力移動

ここ二〇年あまりのあいだに、アジアの経済情勢は激しく変化してきている。日本が唯一の経済先進国だった時代はとっくに終わり、韓国、シンガポール、台湾、香港などが激しく追い上げ、さらには、中国の躍進が目覚ましく、タイ、ベトナム、インドネシアも発展してきている。この結果、貧しい地域から富める地域へ、仕事がなく賃金も安い地域から、仕事があり賃金の高い地域への労働力の移動が起きる。移動は、国内の農村部から都市部へ、そして、さらに、国境を越えて、より経済が発展した国へと動いていく。今、アジア世界のあちこちでは、さまざまな方向への複雑な労働力の移動が起きている。日本ばかりでなく、韓国やシンガポール、台湾なども、労働力の送り出し国から受け入れ国に変わった。日本の技能実習制度も、このようなアジア世界の国境を越えた労働力の大移動の中での一つの局面として理解しておく必要がある。

先進国側では、深刻な労働力不足が起きているため、人手は欲しいが、技能水準の低い労働力を無条件かつ無制限で受け入れるわけにはいかない。そこで、滞在期限付きで人数を制限して受け入れる方策が考えられる。一方では、そうした条件でも本国よりは稼ぎになるから働きたいという貧しい国の人が存在しているから、需給法則にしたがって、制度が成立することになる。しかし、アジア地域では、経済はめまぐるしく変動しているから、安定した制度にはなりえない。送り出し国

表 23　国籍別にみた技能実習生数の推移（2013 ～ 2017 年）（単位：人）

	中国	ベトナム	フィリピン	インドネシア	タイ	その他	合計
2013	28,805	6,114	1,749	1,619	1,043	1,080	40,410
2014	26,635	11,176	2,782	2,282	1,486	2,414	46,775
2015	21,136	16,711	3,035	2,480	1,780	3,555	48,697
2016	17,573	20,811	3,152	2,451	1,646	3,496	49,129
2017	15,058	23,271	3,148	2,658	1,435	3,431	49,001

出典：法務省出入国管理局（2019 年 4 月から出入国管理庁）

も変わるし、応募者の動機や資質も変化していく。先に述べたように、日本の技能実習生はかつて中国人が圧倒的に多かったが、今では、ベトナム人やその他の東南アジアの人たちが増えてきており、今後、さらに貧しい国へと移っていくだろう（表23）。

二〇一七年から、「外国人の技能実習の適正な実施および技能実習生の保護に関する法律」（技能実習法）が施行され、①公益財団法人「外国人技能実習機構」によって制度を統一的に管理する、②受け入れ機関である「監理団体」について、規制を強める、③技能実習生の人権擁護を強化する、④実習期間を条件付きで、三年から五年に延長する、などの制度整備が行われた。しかし、この改革で、基本的な考え方が変わったわけではない。運営上の改善を加えながらも、「開発途上地域の人づくり支援」というタテマエを掲げつつ、人手不足に悩む産業界、とくに製造業、建設業などの分野の要請に応えて、受け入れを少しずつ拡大していくという方向が表明されているとみてよい。国際協力というタテマエと安価な労働力の導入というホンネをあまり問いただすことなく両立させていくという制度の基本性格は変わらずに続いているということであろう。

技能実習制度のゆくえ

技能実習制度に対しては、国際協力の美名のもとに、外国から低廉な労働力を導入して、劣悪な労働条件の下で働かせる「搾取の制度」であるとする強い批判も、一部の人権擁護団体から寄せられている。たしかに、実習生に対して、人権を無視した不当な扱いをしている受け入れ企業があることは紛れもない事実である。また、経済格差を利用して、日本人が働かないような低い労働条件で外国人を働かせているというのも、否定できない事実だろう。しかし、だからといって、この制度全体が「搾取」のうえに成り立っているから、止めてしまえという一方的な主張は、私のような現場で実習生と受け入れ企業の両方に接してきている立場からは、受け入れることができない。これまでに見てきたように、少なく見ても六割くらいの実習生は、この制度に「まあまあ」満足し、好意的な評価をしているのである。それは、受け入れ国の日本が掲げる「技能・技術の習得」というタテマエの意味においてではない。「まあまあ稼げて、送金や貯金ができたこと」、「日本での生活の経験がこれからの自分の生活にとって決してマイナスではないこと」、「自分に自信ができたこと」などの点からの評価である。

また、受け入れ側の企業もあくどく「搾取」している企業だとばかり決めつけるわけにはいかない。むしろ、「良くもなく、悪くもない」といった待遇をしている場合が多く、苦しい経営のなかで人手を少しでも確保できて助かっていると考えている。さらに、誠実に実習生を待遇し、良い関係を積極的に結ぼうと努力している企業もある。私の立場では、実習生側の要求と企業側の要求のあいだで「板挟み」になることが多いのだが、いずれの側も不満を持ちながらも、まあまあ折り合いを付けて成立している制度だと言えよう。一部の人権擁護論者からの批判はこうした側面を見落としているか、あるいは見ようとしていないかのように思われる。

むしろ必要なことは、現場の視点から、問題点を摘出して、制度や運営を改良していくことであろう。まず、これまでの分析から明らかなように、この制度は、技能・技術の習得による本国でのキャリア・アップとそれを通じての人づくり支援という役割をほとんど果たしていない。もし、なおも国際貢献のための技術移転を目的とすると言うなら、根本的な改革が必要になるだろう。他方では、韓国が試みたように、いっそのこと、「研修」とか「技能実習」とかのタテマエ的な発想をやめてしまい、いわゆる単純労働分野への外国人労働力の導入を率直に認めるという選択もありうる。韓国では、日本と同じように、外国人研修制度を設けていたが、二〇〇四年から、研修制度を廃止し、「外国人雇用許可制度」を実施している。しかし、この場合でも、無制限かつ恒久的に外国人労働者を受け入れるというのではない以上、根本的な解決にはなりえないだろう。経済の格差が存在する限り、貧しい地域から富める地域への移動は必然であり、アジアばかりでなく、ヨーロッパでもアメリカでも同じように直面している難題である。

私のような現場の立場からは、大きな政策方向はともかくとして、現在の制度が続くとしても、改革を望む課題はいくつもある。まずは、実習生の給与水準が最低賃金水準に近い低さにあることで、日本人と同じ仕事をしている場合、やはり不当な待遇と言わざるをえない。資質の高い労働力を望むなら、給与水準の改善が不可欠であろう。また、「人づくりへの協力」をうたっているかぎりは、そして、実習生たちも「稼ぐ」と同時に、そうした期待も抱いているとすれば、日本での仕事の経験を本国でのキャリア・アップにつなげていけるような実習の内容と仕組みに改善していくことが必要であろう。しかし、残念ながら、事態はこのような改革方向には進むとは簡単に期待できない。アジア地域でも、経済発展が進んでいけば、韓国、台湾、シンガポールなどのように、出稼ぎや移民の送り出し国から受け入れ国に転ずる国も増えてくる。しかし、経済発展には、差があるから、送り出し国はアジアの貧しい国からさらに貧しい国へと移されていき、中近東やアフリカの国々にも拡大していく。より貧しい国や地域があるかぎり、現在の日本の技能実習制度も送り出し国をつぎつぎと変えながら、存続していけることになる。現に私自身の仕事も中国人だけでなく、最近では、ベトナム人実習生の受け入れの世話を多くするようになっている。

このように矛盾をはらんだ制度が今後もかなりの期間、続いていくとすれば、私たちのような現場にある者は、できるかぎり、実習生と受け入れ企業の双方がうまくいくように日常の努力を重ねていくほかはないと思っている。それは、まじめに働き、稼ぎ、本国に帰ってからのキャリア・アップにつなげられるようにと願う実習生をサポートし、他方では、受け入れ企業に対しては、実習生に日本での仕事体験がキャリア・アップと生活の向上につながっていくような処遇をしてくれるように働きかけ続けることである。このように、言葉で表現すれば、平凡なことになってしまうが、実際の現場では、さまざまな形で地道な努力が要求される。両者のあいだで、「板挟み」になりながらも、頑張っていくほかはない。

一〇——地域の歴史記憶を語り継ぐ

満洲へ青少年を送り出した信州の教育者たち

本島和人

本島和人（もとじま　かずと）
長野県下伊那郡鼎村（現飯田市鼎）生まれ。二〇〇一年、地域社会イニシアティブ・コース設置前の信州大学大学院経済・社会政策科学研究科を修了。私立高等学校教員（社会科）として長く高校教育に携わる。二〇〇二年より「満蒙開拓を語りつぐ会」に加わり、満洲体験者からの聞き取り活動と会の運営に関わる。二〇〇四年より飯田市歴史研究所調査研究員（兼務）となり、教員退職後は常勤研究員として史料整理・調査研究とともに「満洲移民研究ゼミナール」を主宰。現在は非常勤職員としてゼミナールを継続し、「満州移民を考える会」に加わり、満洲移民・青少年義勇軍送出に関する調査研究を続けている。

1　「満洲移民」体験者の聞き取りを重ねる

「満洲」に送り出された青少年義勇軍

穏やかな田園風景の中に、長野県の農村地域は、時として、すさまじいばかりの歴史の記憶を内に秘めていることがある。とくに日本が昭和の初めからアジア太平洋戦争へと突入していった時代、信州の村々は時代の波に激しくほんろうされた。多くの兵士を戦場に送り出したばかりではない。一般の農民だけでなく、青少年までが、信州の地から、満洲農業移民*（「満蒙開拓団」と呼ばれた）として、「満洲国」に大量に送りこまれたのである。「満洲国」とは、いうまでもなく、一九三二（昭和七）年に、日本が大陸進出の前進基地として、現在の中国東北部に、軍事力を背景に傀儡《かいらい》として作った国家である。その基盤を固めるために駐留する日本軍（関東軍）を支えるために、現地住民の土地を取り上げて、そこに、日本の農民を送りこみ、「開拓民」として定着させようとしたのだった。一九四五年八月、ソ連軍の侵攻と日本の敗戦による混乱の中で、生死を賭けた逃避行、集団自決と、厳冬の収容所で、半数近くの人びとが犠牲となった。また、シベリアに連行された人たちも少なくなかった。

「満洲移民」は、一九三六（昭和十一）年頃から本格化し、一九四五（昭和二十）年までに、約二七万人が送りこまれた。このうち長野県からは約三万三千人でもっとも多く、二位の山形県（約一万三千人）の二倍以上となっている。国は、国策として、二〇年間に百万戸を移住させる計画を立てたが、戦争の激化とともに、召集や軍需産業への動員による人員不足から、成人の移民を確

*——以下では、「満洲」という言葉やその他の軍国主義時代に使われた用語は、歴史用語として「　」を付し配慮して使っているが、繰り返しの多い場合には「　」を省略している。また、満洲移民と義勇軍の数値については、史料によって違いがあり、以下で用いる統計表の数字にも若干の食い違いがある場合がある。移民の送出数を確認すること自体、まだまだ分からないところが多いことをお断りしておきたい。なお、「満洲移民」や「義勇軍」の送り出しについて、研究者は、「送出」という言葉を用いるのが慣用になっており、この文章でも、それに従っている。

保することが難しくなった。そこで、「満蒙開拓青少年義勇軍」（以下、義勇軍と略称）という名のもとに、数え年一六歳から一九歳までの青少年を動員して、成人による満洲移民を補完することとした。期待されていたのは、成人と同じ「開拓」であったが、「義勇軍」という軍隊編成のような形を取ったのは、青少年たちの軍国主義的な意識をあおるためでもあった。参加した青少年は、三〇〇人を単位として「中隊」に編成され、茨城県の内原訓練所で三カ月の基礎訓練を受けた後に渡満し、現地でも訓練を受けて、開拓団としてソ連との国境近くに入植していった。一九三八年から一九四五年の間に、約八万六千人の青少年が満洲に送り出された。義勇軍の送出においても、長野県は六五九五人と、二位広島県（四八二七人）、三位山形県（三九二七人）を大きく上回っている。

「満蒙開拓を語りつぐ会」への参加

私は、長野県の中でも満蒙開拓団や青少年義勇軍をとくに多く送出した下伊那の地に生まれた。子どもの頃、「満洲」とか「引揚者」とかいう言葉を耳にしたことがあったが、それらについて、おとなから教えてもらえる雰囲気ではなかった。封印された記憶だったのであろうか。下伊那の中では、公然と口に出される言葉ではなかったようだ。近くに住む幼なじみの父親が満洲からの引揚者だと知ったのは、いつ頃のことだろうか。明確な記憶はない。おとなになって、満洲移民関係の書籍が気になり始め、書架に並べてはいたが、本格的に勉強するまでには至らなかった。南信地域に暮らし続け、私立高校の教師をしながら、満洲移民の問題に深く関わり始めたのは、信州大学の社会人大学院を修了した翌年の二〇〇二年四月に、地元の下伊那で、三人の有志によって「満蒙開拓を語りつぐ会」の結成が呼びかけられ、私も参加を決めたことがきっかけだった。この三人とは、下伊那で中国帰国者支援に尽力していた長沼計司さん（飯田日中友好協会・故人）、早くから下伊那の満洲移民について調査研究をしていた齊藤俊江さん（当時、飯田市誌編纂準備室）、オーラルヒストリー（個人史の聞き書き）の手法を用いて歴史を研究する歴史社会学者の蘭信三さん（当時、京都大学助教授）である。参加を決めたのは、長年にわたり、意識のどこかに引っかかっていた地域の近現代史に関わる重要なテーマに向かい合うことができると考えたからだった。

この時期には、ようやく満洲移民について一般にも関心が高まってきていた。長野県の満洲移民についての記録は、当初、引き揚げてきた開拓団幹部らにより関係者に配られたものがあるが、一般の眼にふれることは少なかった。一九六八年に出版された『平和のかけはし――長野県開拓団の記録と願い』〔信濃毎日新聞社　一九六八〕は、長野県の満蒙開拓団を取り上げた最初の公刊書籍である。七〇年代になると、『満州移民の村――信州泰阜村の昭和史』〔小林弘二　一九七七〕、『満州泰阜分村――後世に伝う血涙の記録』〔泰阜分村記念誌編集委員会編　一九七九〕、『満蒙開拓の手記――長野県人の記録』〔NHK長野放送局　一九七九〕が相次いで刊行されている。その後に刊行された『長野県満州開拓史』（総編・各団編・名簿編）〔長野県開拓自興会満州開拓史刊行会　一九八四〕は、全三冊計二八三九頁の大著で、長野県の満洲移民・青少年義勇軍を研究する人にとっての必携書となっている。こうした刊行物を通じて、しだいに、満洲移民への関心も高まってきたが、戦後五〇年を経た一九九五年以降になると、実際に移民を体験した人も少なくなってきていた。壮年期に満洲を体験した語り手に代わり、青少年期の体験者による語りも始まってくる。このような状況のなかで、地域の歴史記憶が埋もれ、失われていくことを危惧して、先述の「満蒙開拓を語りつぐ会」の呼びかけが行われた。「満洲移民という地域の〈負〉の歴史を記録として後世に伝えていこう」というのが、その趣旨であった。

満洲移民体験者の聞き取り活動

それ以来、私は、会のメンバーとして、運営にも携わりながら、一〇年以上にわたって、満洲移民の体験者からの聞き取りを重ねてきている。下伊那の各地域から農業移民として満洲に渡った人たちの体験の語りであり、渡満までの経緯、現地での生活、敗戦時の苦難から引揚げまでの経過、戦後の日本社会での生活、現在の思い、などについて、詳しく聞き取りを行った。その記録は、『聞き書き報告集――下伊那のなかの満洲』(二〇〇三~一二年・全一〇集および別冊)として刊行した。その後、「満蒙開拓を語りつぐ会」の活動は「満洲移民を考える会」に継続し、現在もなお聞き取りを続けており、その成果は『聞き書きと調査研究――下伊那から満州を考える』(二〇一四~一八年・既刊四集)として刊行されている。聞き取りの対象は、下伊那地域の全町村・全開拓団をカバーしており、語り手は合わせて百人を超えている。

「語りつぐ会」に参加したのとちょうど同じ頃、飯田市歴史研究所が発足して、私は非常勤の調査研究員として関わることになった。この研究所は、飯田下伊那の地域の歴史研究を深め継続していくことを目的に飯田市が二〇〇三年に設立したもので、埋もれている地域史料の発掘、寄贈史料・借用史料を整理・目録化して公開すること、それらの史料を用いて調査研究を行い、その成果を発表していくことを目的としている。私は地域の近現代史を担当し、自分のテーマに沿って調査研究を進めた。二〇〇七年には飯田市歴史研究所編『満州移民――飯田下伊那からのメッセージ』(現代史料出版)を共同執筆した。

「満洲移民研究ゼミナール」のディスカッション風景

二〇〇九年に、私は定年を一年残して高校教員を退職し、飯田市歴史研究所の常勤の調査研究員となった。常勤となってからは、飯田市の自治体史である『飯田・上飯田の歴史』（下巻　二〇一三）の執筆と編集にも加わった。並行して地域の満洲移民についての研究を続け、二〇一一年には、「満洲移民研究ゼミナール」を担当することになった。メンバーには、旧満鉄（南満洲鉄道）で車掌を経験した人、満蒙開拓青少年義勇軍の体験者、「満蒙開拓を語りつぐ会」で長年にわたり、ともに体験者の聞き取りを続けてきた仲間など、十名あまりが加わった。このゼミナールは、毎月第一土曜日を定例の研究会として活動を行ったが、取り組んだ大きなテーマは、一九四三（昭和十八）年に教学奉仕隊員として満洲を視察した下伊那郡下久堅村の国民学校長・宮下功が残した膨大な量の手書きの紀行記「満洲紀行」（全十三冊）を翻刻し、その内容を研究することであった。各メンバーが分担して、手書きの紀行本文を翻刻し、担当した内容をレポートして議論しあった。全十三冊の翻刻を終えるまでに、五年の歳月がかかっている。また、この紀行記には、さまざまな資料が綴じこまれていたため、その翻刻にも、さらに一年を要した。こうして、二〇一七年には、地域市民も参加したゼミナールによって、『宮下功「満洲紀行」昭和一八年夏――教学奉仕隊の記録』（飯田市歴史研究所満洲移民研究ゼミナール編・五〇二頁）を刊行することができた。この刊行によって、青少年義勇軍が送り出された背景と敗戦間際にあった満洲現地の状態を知るうえでの貴重な史料を提供できたと考えている。

2　長野県の青少年義勇軍の送出状況

「全国一」の義勇軍送出

「満蒙開拓青少年義勇軍」（青少年義勇軍）の送出は、一九三八年（第一次）に始まり、一九四四年（第八次）まで八年間にわたって続いた。当初、組織の編成は全国混成で行われたが、一九三九年（第四次）からは、「郷土中隊」と名付けられた各府県を単位とする編成が中心になる。**表1**に見るように、長野県は、義勇軍においても、成人の満洲移民と同じく、全国でもっとも多い六、五九五人を送り出している。しかも、長野県は、義勇軍が始まった当初から送出に積極的であり、他府県に先駆けて県単独の編成（郷土中隊）を始めていることが注目される。長野県とともに、義勇軍の送出に積極的だったのは、広島県である。広島県は、満洲移住協会が賀茂郡西条町（現東広島市）に訓練所を設置したこともあって、満洲移民の送出に熱心で、県を挙げて取り組んでいた（訓練所は、茨城県の内原が中心であり、西条町の訓練所は「西の内原訓練所」とも呼ばれた）。表2に見るように、アジア太平洋戦争に突入し、日本の敗色が濃くなっていく時期にも、長野・広島両県は競い合うように、多くの青少年義勇軍を送り出している。

第四次の一九四〇年度募集から府県の単独編成が本格化すると、長野県の送出数はさらに増え、

表1　全国府県別 義勇軍送出数（上位10県・全国総数）

	送出総数（人）	うち府県単独の編成（人）	府県単独編成の比率（%）
長野県	6,595	4,126	62.6
広島県	4,827	3,457	72.6
山形県	3,925	1,964	50.0
新潟県	3,290	1,876	57.0
福島県	3,097	1,496	48.3
静岡県	3,059	2,007	65.6
岡山県	2,888	1,667	57.7
石川県	2,808	1,277	45.5
栃木県	2,802	1,420	50.7
山口県	2,745	1,990	72.5
全国総数	101,590	45,960	45.2

出典：『満洲開拓史』(1980)所収の「満蒙開拓青少年義勇軍全中隊隊歴表」により作成

表2　募集年次別青少年義勇軍の県単独中隊の送出数（第三次〜第七次・上位3県）

	第三次	第四次	第五次	第六次	第七次
	1939年	1940年	1941年	1942年	1943年
長野県	615	781	1,006	749	655
広島県	436	823	837	773	588
山形県	300	493	517	346	308

出典：『長野県満洲開拓史　各団編』(1984)、『広島県満洲開拓史』(1989)、『山形県』第五巻「近現代編下」(1986)

第五次の一九四一年度には千人に達している。一九四三年、四四年と太平洋戦争における日本の敗色が濃くなる時期になってすら、七〇〇人規模の送出が続いた。

長野県の地域別（郡市別）にみた送出状況

長野県段階での義勇軍の送出がどのように実施されたかをみると、国の方針を受けて、長野県学務部などが主導して全体の目標数を決め、各地域（郡市）に割当数を指示していった。この場合の受け皿は信濃教育会の地域組織である郡市教育会であった。それぞれの郡市教育会は各学校に働きかけて、割当数を達成することに努めた。目標数の達成は容易ではなかったものの、一方で多数を送出しているところもある。

地域別（郡市別）に送出状況をみると（表3）、下伊那（飯田を含む）がもっとも多く、一、〇三一人で、続いて、東筑摩七七三人、上伊那五七五人、諏訪（岡谷を含む）五三八人、上水内五〇三人となっている。送出数について分析する場合、人口との関係を考慮する必要がある。そこで、ここでは一九三七年度の学齢児童数（男子）を基準に検討する。学齢児童とは尋常小学校一～六年に相当する児童数であり、高等科（二年）を卒業する二年後の一九三九年度以降には青少年義勇軍の募集対象とされることになる。送出比率を地域別に算出してみると、下水内が七・三%ともっとも高く、東筑摩六・四%、下伊那五・九%、埴科五・六%、上水内五・一%と続いている。いっぽう送出数が多い上伊那四・一%や諏訪三・九%の比率は、県平均四・三%を下回っている。

第一次から第八次までの送出数の推移を地域別（郡市別）にみると、当初はほぼ全県からの送出が見られるが、第五次の一九四一年度では下伊那・上伊那・諏訪が突出しており、とりわけ上伊那

表3　長野県の青少年義勇軍の地域別送出数

地域	送出数（人）	対学齢児童（男子）比率（%）	地域	送出数（人）	対学齢児童（男子）比率（%）
下伊那	1,031	**5.9**	南佐久	273	3.5
東筑摩	773	**6.4**	北安曇	265	4.7
上伊那	575	4.1	上高井	263	4.8
諏訪	538	3.9	下高井	262	4.2
上水内	503	**5.1**	下水内	253	**7.3**
上田小県	419	3.1	南安曇	200	3.9
北佐久	335	3.5	西筑摩	199	3.7
埴科	281	**5.6**	松本市	96	1.7
更科	278	3.7	長野市	68	1.1
			全地域合計	6,612	4.3

出典：『長野県満州開拓史　各団編』（1984）。対学齢児童数（男子）比率は『長野県統計書』（1937）により、1937年時点の尋常小学校六年までの児童数（男子）を基準として算出。ゴチックはとくに比率が高い地域

表4　地域別（郡市別）・募集年次別にみた義勇軍送出数の推移（上位5地域・県全体）（単位：人）

年／地域	全国編成	県の単独編成							合計
		第二次	第三次	第四次	第五次	第六次	第七次	第八次	
	1937～39年	1938年	1939年	1940年	1941年	1942年	1943年	1944年	
下伊那	278	66	68	106	169	102	125	117	1,031
東筑摩	163	65	38	122	114	103	86	82	773
上伊那	107	34	19	41	132	60	96	86	575
諏訪	119	43	75	56	82	49	59	55	538
上水内	123	51	29	76	57	70	41	56	503
県全体	1,615	535	598	775	972	703	695	719	6,612

出典：**表3**に同じ

の増加が著しい。いっぽう東筑摩・上水内は前年度を下回り、東筑摩は高水準を保ちつつしだいに減少、上水内は増減しながらも一定数を送出している（表4）。

なぜ、長野県は多くの青少年義勇軍を送出したのか

成人の満洲移民も青少年義勇軍も、送出数は、長野県は他府県を圧倒して「全国一」である。なぜ、長野県は送出「全国一」になったのか。送出を推進した要因は、なんであったのか。それは、私にとって、たえず気にかかり続けていた問題であった。しかも、他の地域に比べて私の出身地である下伊那が突出して多いことも気になる。なぜだろうか。従来、満洲移民の送出の要因としてあげられていたのは、長野県は、耕地が狭く、人口過剰で、貧しかったこと、そのうえ、昭和恐慌のために、地域の主要産業であった蚕糸業が大打撃を受け、養蚕農家が立ち行かなくなり困窮した、などの経済的要因である。経済的要因は無視できない大きな問題であるが、それだけでは説明しきれない。当事者たちの体験が掘り起こされていくにつれ、送出の経緯について、複雑な事情が浮かび上がってくる。

とくに、青少年義勇軍の送出をめぐって、これまでの研究で強調されてきたのは、「信濃教育会」の役割であり、「県単独の郷土中隊による義勇軍は、太平洋戦争下でも信濃教育会の活動によって、いきづまりをみせた開拓団のかわりに編成されつづけた」［長野県『長野県史 通史編』第九巻近代三、一九九〇：四一一頁］、「中心的役割を果たしたのが信濃教育会であった」［『満蒙開拓青少年義勇軍と信濃教育会』長野県歴史教育者協議会 二〇〇〇：iii頁］などと指摘されている。信濃教育会という組織は、明治時代に長野県の教員たちの職能団体として発足し、「信州教育」と呼ばれる独特な教育

のあり方を提唱して、教員たちに大きな影響をあたえた。大正時代には、「白樺派」の思想の影響により、人道主義的・自由主義的な教育が盛んとなる。しかし、軍国主義的な傾向が強くなるにつれて、そうした自由主義的な教育は厳しい批判を受け、弾圧の対象となり、信濃教育会はやがて、国や県の方針に沿って、郡市教育会とともに国策に積極的に協力し、教員を統括する体制に変わっていく。

これまでの研究では、信濃教育会がとくに青少年義勇軍の送出に積極的になった理由として、治安維持法による教員の思想弾圧事件である「二・四事件」が深く関連しているのではないかと指摘されている。「二・四事件」は「赤化教員事件」とも呼ばれ、一九三三年（昭和八年）二月四日から半年あまりの間に長野県で多数の学校教員が治安維持法違反として検挙された事件である。この事件は、長野県の「さまざまな分野の社会運動を壊滅状態に追い込んだばかりでなく、戦争協力体制が確立されていくうえでも重要な役割をはたした大事件」［『長野県史通史編』「第九巻近代三」一九九〇：三二二頁］とされている。この事件を契機に、信濃教育会は「一層国体護持・軍国主義教育へと傾斜し」、「やがて少年移民を大陸に送出する事業に全力をあげていくことになった」［前掲長野県歴史教育者協議会：二〇五頁］と考えられている。小林信介は、さらに踏み込んで、『人びとはなぜ満州に渡ったのか――長野県の社会運動と移民』［二〇一五］において、信濃教育会は「二・四事件における責任を追及されるという外的要因により国策追従に会をあげて取り組むようになった」と述べている［小林　二〇一五：二〇五頁］。

私自身が教員であったから、教員たちが国策に沿って、教え子を満洲の地に積極的に送り出したということが気になる。また、思想弾圧事件が当時の教員の行動に影響をあたえたのだとすれば、国策と教員の思想のあり方の関係も気になる。それは、時代を超えて、教育に関わる者の普遍的な問題であるからである。そこで、長野県のそれぞれ地域の現場において、教育者たちがどのように青少年義勇軍の送出に関わったのかについて、詳しく調べてみなければと考えるようになった。

3 六地域の事例にみる青少年義勇軍送出の実情

これまでの研究では、長野県が青少年義勇軍の送出に積極的であった理由について、県全体の教育に影響力を持つ信濃教育会が大きな役割を果たしたことが強調されてきている。しかし、具体的に、信濃教育会がどのように義勇軍の送出を推進したのかについては、まだまだ明らかにされていないことが多い。この点をより深く掘り下げていくためには、実際に、送出の実務を担った各地域の状況を見ていく必要がある。この場合、注意すべきことは、信濃教育会という組織においては、学校現場を統括する郡市教育会（信濃教育会郡市部会）の力が強かったことであり、各地域の教育会がどのように動いたかを解明することが大きな手がかりとなるということである。以下では、とくに送出数が多く、また送出比率が高い下水内、上水内、下伊那、東筑摩、上伊那、諏訪の六つの地域を中心に検討していくことにしたい。利用可能な史料は公刊されている出版物に限られた。

［下水内教育会――義勇軍送出を推進する郡教育会］

下水内郡は旧飯山藩領を中心とし、新潟県に接する長野県の最北端に位置し、飯山町（現飯山市）を中心とする一町九村で構成されている。一九三五年現在の人口は三万五千人余（以下、各地域の人口はいずれも一九三五年現在）であった。この地から送出された義勇軍の数は二五三人であるが、学齢児童数（男子）に対する比率は、県下でもっとも高い。下水内教育会が「満蒙開拓」と義勇軍の送出に積極的であったことを示す記述がある。

……昭和十五年は内原訓練所（満洲移住協会が茨城県東茨城郡内原町に設置した移民のための訓練所／筆者注）の教員拓務講習に九名出席させ、更に九月二十三日に内原訓練所の加藤寛治所長を講師として招き「大和民族の大陸移動について」という講演をきくなど、満蒙開拓の必要性と拓殖についての理解を深めた。また満州の現地へ毎年視察員を派遣して、現地についての認識を深めるなどの努力を払った。教育会予算の中に義勇軍送出費を計上し、義勇軍送出に役く《ママ》立たせるために生徒拓務講習を昭和十五年から毎年飯山小学校において開催した。

〔『下水内教育会――八十年の歩み』　下水内教育会　一九七七：一一〇～一一一頁〕

このように、下水内教育会では、満洲移民に関わる講習への教員の派遣、講演会の開催、毎年の満洲現地への視察員の派遣など、移民の送出に向けて熱心な活動を行っていた。会長は北条守一という人であったが、前任地の上水内郡でも一九三八～四二年まで郡教育会長を務め、上水内の義勇軍送出に深く関わっていた。北条会長は自らの子息も青少年義勇隊に参加させており、子息は一九四三（昭和十八）年（第七次）に参加し、敗戦の年に現地で亡くなっている。

北条会長の前任者である川又昴会長も満洲移民に積極的で、一九四〇年の第九次下水内郷開拓団の編成にあたって、「分郷移民に立ち上がらせたのは、郡教育会、郡校長会であった」と記されている『長野県満州開拓史　各団編』三一三頁〕。開拓団の団長に推されたのは、教育会副会長の太田小学校長・田中勇治（五四歳）であったが、川又会長に強く迫られて、団長を引き受けたようすを後輩の教員が回想している。

……川又氏は昭和十三年十二月十九日、飯山町長・郡町村会会長・前飯山小学校長・下水内郡視学の清水謹治氏を伴い赴いて、田中君をせめて云うに「抑々満洲下水内村〔郷〕開拓団を成立せしめた主動〔導〕者は郡教育会であり、君はその副会長である。また、太田村から君の教え子達を多数出しておいて、諸君に団長になってもらいたいと云うや、お前達は行け、俺は嫌だ、では教育会の面目も君個人の面目も立たぬではないか」と理責めにされたので、田中君も返す辞も無く承諾したのである。

〔阿部芳春「田中勇治団長と開拓団構成」『生きとし生ける詩、田中勇治先生と下水内郷開拓団の記録』二〇〇六、「田中勇治先生を偲ぶ会」記念誌発刊委員会：二〇五～六頁〕

このように、下水内郡では、郡教育会の幹部が満洲移民と義勇軍の送出の推進力になっていたことを確かめることができる。郡教育会は学校に大きな影響力を持っていただけでなく、地域のリーダー的存在でもあった。ただ、住民や生徒を送り出すだけでなく、彼ら自身も満洲移民に積極的な意義を見いだしていたことは、子息を参加させたり、自らが参加したりしたことからも推測できる。

〔上水内教育会――強烈な日本主義者であった二人の郡教育会長〕

上水内郡は、県最北端に位置する下水内郡に隣接する郡である。明治三十年（一八九七年）に市制を敷いた長野市が分離し、その後周辺一町三カ村を編入、一九四〇年当時は二九カ村、三水・牟礼村（現飯綱町）を中心とし、人口十万六千人余であった。満洲移民が国策として強力に推進され始めていた頃、上水内教育会をリードしたのは、強烈な日本主義者であり天皇主義者であった二人の会長である。一九三八年から四二年三月まで北条守一会長、そのあとは北条会長の下で副会長を務めていた白鳥義千代が一九四六年まで会長の職にあった。北条は、信濃教育会の雑誌に掲載した文章の中で、「教育の目的は学童をして、皇国日本の皇民たるの自覚を深め、皇道に徹し、皇謨《こうぼ》を翼賛し奉って、億兆一心、各其の本分に於いて、之を世界に宣布するの人たらしむるにある」、「惟ふに学校は皇民錬成の道場である」、「陛下は実に絶対者であらせられる」（北條守一『信濃教育』六四〇号「紀元二千六百年記念号」、一九四〇年二月号：一四一～二頁）などの発言をしている。また、北条会長は、一九三八年に上水内から満洲視察に派遣された二人の小学校長に託した手紙の中で、現地の開拓団に向けて、「将来兄等の郷土たる本郡の青少年をして兄等の後を追い続々新興大陸に雄飛せしめたくと一同念願いたし居り候」と書いている［『上水内教育会史』一九八九：三〇四頁］。

一九四〇年から四一年は、長野県が義勇軍送出をいっそう強化した時期である。上水内教育会では、一九四〇年に「興亜教育研究委員会」を設置し、義勇軍に関わる業務に当たることにした。県レベルでも、体制が整えられ、一九四一年に拓務課（学務部所管）が設置されている。ちなみに初代の拓務課長（兼務）となったのは、上水内郡出身の西澤権一郎（経済部農政課長、戦後六期二二年間長野県知事）であった。こうした県の人事配置も上水内教育会による義勇軍送出に少なからぬ影響を与えたものと推測される。

上水内教育会は他の郡市教育会に比べても、義勇軍送出にひときわ熱心であった。信濃教育会は、満洲に送りこんだ青少年義勇軍の状況を視察するために、「教学奉仕隊」（拓務省・文部省、満洲国開拓局など主催）の名で傘下の教員を満洲に派遣している。第一回派遣は一九四〇年であったが、各郡市教育会に二名の割り当てに対して、上水内では四名増員し六名を参加させている。この六名のうち、北村武は四一年三月に第四次北尖山北信義勇隊開拓団団長として、下條伊一は第九次索倫河下水内郷開拓団の在満国民学校長として、それぞれ渡満している。

一九四一年四月、北条守一は飯山国民学校長に転じ、下水内教育会長に就任した。上水内教育会長の後任は副会長から昇格した神郷国民学校長白鳥義千代である。白鳥は、同年三月に隊員二六九名とともに渡満した北村武中隊長から郡教育会長宛の私信を受け取った。

……入所以来訓練生私共々健全日々の訓練にいそしみ居り其の成果も見へて参り御安心下され度候、信州部隊の名に恥ぢず所々よりおほめの言葉を頂く様になり候、是も長い信州教育の伝統より来るものと深く感謝し又誇りを持つものに候……

これを受け取った白鳥は、これを印刷して各地区教育職員会長宛に「……何等カノ機会ニ学校父兄関係者ニコノ優秀ナル成績ノ一端ヲ御伝達下サル様御取計ヒ相成度……」という依頼状を付して配布している［前掲『上水内教育会史』、三三四〜五頁］。このように、下水内郡と同様に、上水内郡でも、郡教育会、とくに会長を務めたリーダーたちが地域の学校からの義勇軍の送出を強力に推進したことが認められる。

［下伊那教育会――他の地域に後れをとらないために］

下伊那郡は長野県の南端に位置し、飯田町（一九三七年より市制）を中心に二町四〇村人口一八万八千人と県下で最も多くの人口であった。満洲移民と義勇軍の送出実数では、他の郡市を大きく上回っている。県単独の第五次黒台満洲信濃村（一九三六年）から第八次の分村・分郷移民、さらに自由移民まで、下伊那地域は、多数の人を満洲に送出し、「移民王国を誇る下伊那」という言葉がしばしば地元新聞に登場している［本島 二〇一七・二〇一八］。

下伊那がこのように満洲移民の送出に積極的だった背景の一つとして、地域の思想的な動向が考えられる。伊那谷地域には、伝統的に尊王思想が強く流れていたとされるが、その一方で、大正期には、左翼的な青年運動（「過激思想」と称された）も活発になっていた。これに対抗して、国学思想の伝統を受けついでいた地方名望家たちは、折からの農村恐慌の中で危機感を深め、森本州平・中原謹司らを中心として国家主義政治団体（国民精神作興会）を結成した。とくに中原謹司は、この組織を足がかりに県政から国政に関与していった。また、このグループからは県会議員や県の拓務行政を担った人物が出ている。また、飯田中学校長の小山保雄は、「『日本精神』を信濃教育会の中で普及する理論的リーダー」と見なされている［越川求「一九三〇年代長野県教員赤化事件（二・四事件）の研究」『立教大学教育科学研究年報』六一号、二〇一七：五六頁］。

小山校長は、信濃教育会監事（同時に下伊那教育会監事）を務め、二度にわたり満洲視察をおこない、『信濃教育』に関連した投稿をおこなっている。このような国家主義的な思想の持ち主たちが地元の教育行政ばかりでなく、県や国ともつながる組織的な人脈を形成していたとすれば、満洲移民や義勇軍の送出に積極的であった理由の一端を見ることができる。
しかし、それだけではない。下伊那が満洲移民へと傾斜していった背景には、別の要因もあった。それは、県最南端に位置していた下伊那は、地域全体でも教育界でも、県内の他郡と伍して、その地位を高めていかなければとの強い思いを持っていたことである。下伊那は正規教員である訓導の比率が県下でもっとも低く、代用教員の比率が一九三七年では三五%と県平均二二%を大きく上回り、もっとも高い地域でもあった。一九三八年に弱冠四五歳で下伊那教育会長に就任した飯田尋常高等小学校長本堂順一は、下伊那の地域的特徴について、敗戦直後に次のように述べている。

……人知れぬ苦労と努力の精進を捧げて来たにもかかわらず、全郡としての教育のレベルを向上せしめることが極めて困難であったばかりでなく、信州教育のいけない方向の代表者としていつも云為の的となって「あ、下伊那か」という一語の裡に冷笑されるのが常であった。これは自分が若い先生で他郡市へ御厄介になっていた頃、時折耳にした言葉であって、郷里の育道を思うの至情に切歯扼腕《せっしやくわん》せざるを得なかったのである。その印象は今も尚胸中を去来しているのである。

〔本堂順一「創刊の辞」『下伊那教育』第一号、一九四六年十二月〕

下伊那が他の地域に後れを取らないためには、なんとしても義勇軍の割当数を確保しなければならない。下伊那教育会は、義勇軍送出を教育会の重要な任務と考えて、一九四〇年度から卒業生指導部（一九四二年度からは興亜部に改組）を置いて、「卒業生指導部は外地拓殖即ち義勇軍の送出、一般就職、進学指導を目標として進むべきことを定め」た〔『下伊那教育会史 百周年記念』一九八七：

四四三頁〕。一九四五年度から興亜部委員長を務めた久保田玄介は、割当数を達成する苦労について、次のように語っている。

……当時は、教育会挙げて全部興亜教育で、会長の本堂先生も内原で訓練をうけ、まっ先に立ち副会長の牧内先生ももちろんで、校長会といえばその割り当ての表によって「お前のところでは〇人まだ――。」と面と向かって罵倒された校長もあるくらいで、本当に全幹部から挙げて送出というわけでそのため直接送出の任に当る高等科二年の担任が非常に骨を折り苦労されたわけです。

〔「座談会 歴史は語る（その二）満蒙開拓義勇軍」『下伊那教育』一〇二号、一九七四年四月：四六頁〕

割り当てに達していない校長は教育会幹部から罵倒され、学校に戻れば、部下の高等科二年の担任教員たちを叱咤して、送出割当を達成するように促していたのである。だが、現場の教員には、ためらいの気持ちも生まれる。一九四一年から四年間にわたって委員を務めた林重春は、一九四一年十二月に教学奉仕隊に参加しているが、子どもたちを送り出す教員たちの心のありさまについて、次のように回想している。

……上からの命令の数を獲得しなくてはならないという必死なものがあり、またわれわれの腹として、数をそろえるために、「いや」というものを無理に行ってもらうわけにもいかないという教育者としての良心から、ほんとうの興亜精神というものになってもらわなくてはいけないというふうに考えておりましたので、非常に苦労しました。

〔前掲『下伊那教育』座談会：四五頁〕

ここには、『『いや』というものを無理に行ってもらうわけにもいかないという教育者としての良心』が語られている。しかし、その解決方向は、一四、五歳の少年たちを満洲には行かせないという選択ではなく、「本当の興亜精神」を植え付けて送り出すことであった。

［東筑摩教育会──「興亜教育」にまい進する郡教育会幹部］

東筑摩郡は、一九〇七年（明治四十年）に市制を敷いた松本市が分離し、昭和の初めに塩尻町が成立して一町三五カ村、人口一三万四千人余であった。義勇軍の送出数は七七三人で、下伊那に次いで多く、学齢児童数（男子）比でも、下水内に次いで六・四％と高い。その背景には、東筑摩では、全国モデルとされたほど、「興亜教育」の普及に熱心であったという事情がある。東筑摩郡校長会では、義勇軍への応募をめぐって、各校長が主導性を発揮して、「学校長や、学級担任教師（高等科二年）が何回も家庭訪問をし、言葉をつくして勧め、本人や両親を納得させる」ことに努めた〔『東筑摩塩尻教育会百年誌』一九八四：七九五頁〕。

波田小学校の野村篤恵校長は地域の興亜教育の先頭に立った人物であるが、一九三九年に信濃教育会派遣の満洲視察に参加し、帰国後、『信濃教育』に「満蒙開拓青少年義勇軍」〔六三六号、一九三九年十月号〕という文章を寄稿している。野村校長のもとで、興亜教育を推進した宮川寿幸訓導は、満洲移住協会の広報誌『新満洲』にも登場し、成功モデルとして全国に紹介されている。

……「孫をだまして満洲へやるとは、ひどい教員だ。あれは俺の孫だから君の言ふ通りにはさせぬぞ。第一、二十町歩の土地をどうして耕すのだ。一段の畑の草取りだって容易ぢゃない」という生徒の祖父を「二時間位もかゝって話」して説得するなどして、卒業生の半分に当たる三五名の希望者を出し、そのうち三十一名を送出している。

〔宮川寿幸「教え子三十一名を送りて」『新満洲』一九三九年八月：一六三頁〕

こうした当時の状況について、第五次信州綜合義勇隊（一九四一年度）の第一義勇隊中隊長を引き受けた同じ波田小学校訓導だった久保田越三は、のちに次のように回想している。なお、久保田越三は、その後、長野県開拓自興会満州開拓史刊行会の会長を務め、大著『長野県満州開拓史』「総編」「各団編」「名簿編」〔一九八四〕を完成させた人物である。

輝かしい東筑摩郡教育会の九十年の歩みではあるが、その足跡を振返るとき満洲開拓義勇軍に関する暗い一面を避けて通るわけにはまいらぬであろう。……当時の興亜部の勢いは盛んなもので、義勇軍送出数により人事異動にまで及んだとの噂すら飛出す情勢で、事実運動に熱心な教師が中央に認められて一躍校長に抜擢されたとか何とかなかなか賑やかな時代であった。東筑摩教育会では、酒井治左衛、宮川寿幸等が中心となって興亜教育を推進した。

〔「教育会と満州開拓義勇軍について」『塩尻教育』第四号「九十周年記念特集号」一九七五：九八〜一〇〇頁〕

［上伊那教育会――県の人事介入による「二・四事件」の事後収拾］

上伊那郡は天竜川上流部の両岸に広がる地域で、一九四〇年には伊那・高遠・赤穂の三町二九カ村からなり、人口一五万余人であった。上伊那は五七五人と義勇軍を多く送出した地域であるが（県下第三位）、そこには、一九三三年に起きた「二・四事件」が大きく関わっている。「二・四事件」とは、教員が「赤化している」という理由で、治安維持法違反により大量に検挙された事件である。検挙者を出した学校の校長や上伊那教育会の幹部は責任を問われ、その後の人事には、校長の処遇と教育会の幹部人事をめぐって「上伊那教育会事件」と呼ばれる混乱が続いた。結果として、県の介入により、国策の義勇軍送出に積極的な人事体制が成立していく。

「二・四事件」では、上伊那の検挙者（在籍校別）は一〇校三二名にのぼり、県内では諏訪の四九名に次いで多い。検挙者を出した学校では、校長の処分、異動などがあった。事件があった翌年の一九三四年、上伊那教育会長の交代があり、副会長の伊那小学校長・伊藤泰輔が会長職に就いたが、これに対して、反発があった。伊藤は一九三一年から伊那小学校長を務めていたが、二・四事件で四名の検挙者を出したものの譴責処分に止まり、会長としては不適切だというのだ。異議を唱えたのは、副会長の赤穂小学校長・松沢平一を推す勢力だった。ただ、松沢自身も二・四事件で七名の部下が検挙された責任をとって依願退職していったん野に下っていたことがある。

上伊那教育会の幹部教員らの対立が深まっていた一九四一年一月に、県学務部長に内務官僚中川金正が就任するとともに、長野県の教育行政は急転換し、教育界も大きな影響を受ける。信濃教育会長が辞任し、後任には県会議長を務めた佐藤佐源次が就任した。上伊那では伊那小校長伊藤会長が退任し、退任を迫った赤穂小校長松沢副会長も職を追われ、関係した校長・教頭の大異動が全県規模で行われ、上伊那の「混乱」は収拾されていくことになった。中川学務部長の着任とともに、信濃教育会長の交代があり、さらに郡市教育会の専権とされてきた教員人事に県が介入して、上伊那教育会では新たな人事が断行され、一九四一年四月から赤穂国民学校長の仁科岡雄会長、伊那町国民学校長の野村篤恵副会長を中心に再出発した。これ以後、上伊那では教育会を挙げて義勇軍送出へと大きく舵を切っていくことになる。上伊那教育会は、一九四二年に、一二八人という多数の少年たちを義勇軍に送出している。

伊那小学校の校長職と上伊那教育会長の「勇退」を迫られた伊藤泰輔とはどのような教育者だったのだろうか。「勇退」を求められた理由は「スローモーションで推進力が無い」とされている。だが、伊藤が書き残した文章を読むと、一人の真摯な教育者の姿が見えてくる。伊那小学校では、「皇紀二千六百年」に当たる一九四〇年に、奉祝行事を催し、職員の寄稿により、『皇紀二六百年記念文集』（一九四一年、伊那小学校講読会）を編んでいる。そこでは、四四名の職員が、それぞれに、日常雑感や回顧談を語り、時局に添った勇ましい文言を連ねている。「満蒙開拓義勇軍の道」、「義勇軍送出に当り北満の士を語る」、「内原の教育」など、義勇軍に関する記述も多い。これらの記述に比べて、巻頭の学校長伊藤泰輔の「新学年を迎へて」は異色であり、児童を第一に考える初等教育の理念を真正面から語り、義勇軍募集のあり方も批判している。

支那事変勃発以来既に四年、……物資の欠乏と云ふ点から見ても、昨年の十一、二月頃、雪国の児童達の為に配給せらるべき筈であったゴム長靴が、冬季を過ぎた今に到って尚何等の音沙汰もない状態であって、此の分では今年の冬までにさへ行き渡るかどうか、甚だ心許ない次第である。而もかゝる状態は単に児童のゴム長靴に限られたことではなく、国民の必需品たる、米、木炭、肥料等に於ても亦略々同様な状態にあるのである。……今や国家と云はず国民と云はず、教育に対する期待は甚だ大であって此の難局の収拾も結局教育の力に俟つ他はないとまで云はれて居るのである。従って各方面から教育者に向かって持ち込まれる要求は相当に多く例へば、今日我が国の国策上重要なる意義を有する義勇軍の募集選出の如き、職業紹介の如き、更に木灰蒐集等に至る迄皆然りである。かゝる事は従来の如き純粋教育の見地からすれば寧ろ迷惑千萬とも言ひ得るであらうが、結局之は国家乃至社会の教育者に対する期待の昂まり来たった事を物語る一証左と考へねばならぬ。

［前掲『皇紀二六百年記念文集』：一〜二頁］

しかし、まもなく伊藤校長は去り、その後任として着任したのは、東筑摩郡波田小学校長野村篤恵であった。野村は二・四事件当時の思想対策担当の「視学」（教育上の指導・監督にあたる役職）でもあり、前に述べたように、東筑摩における「興亜教育」の中心的な推進者で、宮川寿幸訓導が教え子三一人を義勇軍として送出したときの校長である。

［諏訪教育会——自主独立の教育風土からの転換］

諏訪郡は、上諏訪（一九四一年より市制により諏訪市）・下諏訪の二町と二一カ村からなり、人口一七万一千人余である。諏訪の教育界には、伝統的に自主独立の気風があったと言われ、「諏訪の教育会は高島［小学校］を中心として理想に燃えた優秀な人材がくつわを並べて集まり、……自由に、熱気を帯びて展開され、意気軒昂たるものがあった」（『高島学校百年史』一九七三：二六三頁）と描写されている。それだけに、二・四事件の衝撃はきわめて大きなものであった。

一九三三年の二・四事件は、諏訪の永明小学校（諏訪郡永明村、現茅野市）が発端とされ、諏訪郡全体で四五名が検挙され、そのうち一三名が永明小学校の教員であった。事件の中心として注目を浴びた永明小学校長小平茂は責任をとって職員三二名全員の辞表を取りまとめて辞職した。後任は当時北山小学校長の清水利一であった。清水は当時のようすを次のように記している。

……私はこの時、教育部会長五味開次郎先生をたずねて、事件に対処する方策について進言した。……永明の後任校長は、諏訪教育会が責任をもって選定し、その校長が三十二人の職員を組織するにあたって、郡内の学校長は無条件で新校長の求めに応じて職員を送ることである。このことを先ず申し合わせてかからなければ、永明の校長はできないだろう。

〔「牛山君の追憶」『信濃教育』九八七号、一九六九年二月：二五頁〕

諏訪教育会は、会の責任において事件の処理と永明小学校と教育会の再建を進めていくこととなった。上伊那の場合のように、県からの直接的な人事介入はなかったが、新たな人事体制が整えられ、教育会長の後任には、県視学から高島小学校長となった塚原葦穂が就き、その在任期間は一九三三年から一九四五年二月までの長期にわたった。新しい体制は、義勇軍の送出を積極的に推進していく方向に転換した。教育会と校長会が協力して推進に努め、「森元善久を主任とし、県拓務課より割り当てられた義勇軍の募集、義勇軍志願者の拓務講習、幹部職員の選出、教職員拓務講習、開拓村への教学奉仕隊の送出、満蒙視察員の派遣などの企画推進にあたった」〔『諏訪教育会百年の歩み』一九八二：一六四頁〕。

諏訪の中心校である高島小学校長を務めた塚原葦穂は、アララギ派の歌人島木赤彦を実兄とし、白樺派に連なる自由主義的教育者の一人と見なされていた。その塚原葦穂は、「満蒙開拓義勇軍にも力を入れました。自分でも満洲へ行きましたし、……一番下の子息を送りましたね」と回想している〔『諏訪教育』第三〇号、一九六六年二月：一六九～一七〇頁〕。また、当時の高島国民学校の教え子は、「殊に校長の塚原葦穂は熱心な義勇軍送出者だった」と述べている〔『長野県満州開拓史 各団編』一九八四：九一四頁〕。塚原は、戦後、公選により諏訪市長になった。そして、当時を振りかえり、次のように記している。

……高島は大校なので割当数が多く、これを果す為に随分苦労したものであった。義勇軍の将来に対する人々の解釈がさまざまであって、父兄が躊躇するのは当然のことであろう。終戦後、送出したこれ等少年が悲惨な結果を来したことは、今日でも吾々の胸を傷めしめ、父兄に対し申訳なさを感ぜしめることである。

〔「高島の想い出二、三」『高島同窓会々報』一九四八年九月一五日初出、『高島学校百年史』一九七三：三四九頁〕

ここには、校長として送出の苦労が語られ、自責と保護者（父兄）への謝罪の意思がうかがえるものの、自らが送出した少年たちへの思いは述べられていない。

二・四事件は、諏訪と上伊那において、地域の教育体制に大きな影響をあたえた。事件後の責任追及をめぐって教育界幹部や校長の人事が混乱し、その収拾過程で、より熱心に国策に協力する体制が生まれた。上伊那の場合は、県による露骨な人事介入さえあった。一九四一年度（第五次）の送出数において、下伊那とともに、諏訪・上伊那両教育会が突出していることに着目しておかなければならない。なお、諏訪教育界の中心校であった高島小学校は、模範教員を養成する場所となっていたことにもふれておく必要がある。長野県の教員の最大の出身校は長野師範学校であるが、県内の各郡市出身の卒業生がこの小学校に赴任し、やがて出身郡市へ戻り幹部教員となっていくケースが多い。たとえば、塚原葦穂、本堂順一、仁科岡雄、牛沢搏美など、長野県の各地で義勇軍の送出を進めた有力教員のうち何人もが、一九一四、五年から一九二〇年代初めの頃に、この小学校で教員を務めている。エリート的な中心校で形成された教員たちのネットワークがさらに新たな教員たちを結びつけ、当時の共通の目標であった満蒙開拓青少年義勇軍送出に向かっていったのではないだろうか。これについては今後さらに、検討を深めなければならない。

4　地域の歴史記憶を語り継ぐことの大切さ

長野県が義勇軍送出において「全国一」になっていったのは、信濃教育会の役割が大きかったからだと多くの研究が指摘している。その指摘は正しいとしても、さらに掘り下げて考えていく必要がある。これまでに見てきたように、各地域の現場レベルでは、義勇軍送出をめぐって、さまざまな人物が関わり、さまざまなドラマがあった。実質的に、信濃教育会の本体を構成し、支えていたのは、地域の学校現場と教員を統括する郡市教育会であった。郡市教育会では、会長と幹部たちが専権的な力を振るっている場合が多かった。郡市教育会のあり方と幹部たちの個性によって、義勇軍送出のあり方は異なってくる。こうした各地域での違いに着目しながら、そのうえで長野県全体の動向を俯瞰していく視点が重要であると思う。それぞれの地域の現場で、さまざまな人物が展開するドラマに眼をしっかりと据えながらも、同時に、長野県、日本全体、いや、もっとも忘れてはならないのは満洲移民・青少年義勇軍の進出により被害を被った現地の中国の視点、また東アジアからの視点から地域を見直していく視点を持ちたいと思う。

当時、長野県の教員たちは、青少年義勇軍の送出に関わった。いや、積極的に推進したのは、教員の統括組織となっていた信濃教育会とその幹部たちであって、教員たちはそれに従わざるをえなかっただけだと言うこともできる。それに伊那小学校の伊藤校長のように、青少年義勇軍に公然と疑問を表明していた教育者もいた。しかし、多くの教員たちが国策に呼応して教え子たちを、隣国に建てられた傀儡国家「満洲国」に送り出していったことは否定しようのない事実である。現在という時代に生きる私（たち）がそうした教員たちを批判することは、たやすいことであるかもしれない。同時に難しいことでもあると思う。当時は、国家全体が満洲移民送出にひたすらまい進する状況であった。一九四一年四月に招集された地方長官会議の席で、鈴木登長野県知事は、昭和天皇から「長野県の拓民運動は如何か」との「御下問」を受け、「挙県一丸の努力を期す」と「奉答」している。この直後、郡によっては新たな分郷開拓団が計画され、各地の教育会は、組織を挙げて義勇軍送出へと向かっていったのである。

人は生きる時代を選ぶことはできない。だが、人びとの精神に残された記憶と地域に残された史料をとおして、先人たちの歩みと地域の歴史を知ることができる。歴史を知ることは私たち自身の現在のありようを見つめ直すことである。同時に私たちと隣人との関係、世界の中での日本の立ち位置を知ることができる。未来と隣人への想像力を働かせることは、私たちにできるはずである。時間の経過とともに地域の記憶は薄れていくとしても、戦時期と戦後、そして二一世紀の現在へと、組織の仕組みとこれを維持し支える人びとの意識はどこかで連綿としてつながっているのではないだろうか。私は、これからも、地域に埋もれている歴史の記憶を掘り起こし、次の世代へと語り継いでいく営みを続けていきたいと思う。

参考文献

長野県歴史教育者協議会編『満蒙開拓青少年義勇軍と信濃教育会』（大月書店、二〇〇〇年）
飯田市歴史研究所編『満州移民――飯田下伊那からのメッセージ』（現代史料出版、二〇〇七年）
小林信介『人びとはなぜ満州へ渡ったのか――長野県の社会運動と移民』（世界思想社、二〇一五年）
飯田市歴史研究所満洲移民研究ゼミナール編『宮下功「満洲紀行」昭和一八年夏――教学奉仕隊の記録』（飯田市歴史研究所、二〇一七年）
越川求「一九三〇年代「長野県教員赤化事件（二・四事件）の研究」（『立教大学教育科学研究年報』六一号、二〇一七年）
本島和人「満洲開拓青年義勇隊教学奉仕隊と教師たち（上）（下）」（『信濃』第六九巻一一号、

二〇一七年、第七〇巻第二号、二〇一八年）
本島和人「満蒙開拓青少年義勇軍送出と郡市教育会の教師たち――信濃教育会上伊那教育部会を中心にして（上）（下）」（『信濃』第七一号第二号、第六号、二〇一九年）
本島和人「〈全国一〉の青少年義勇軍を送出した飯田・下伊那――教員の動きと地域の特性」（『第九回義勇軍シンポジウム記録集』二〇一九年）

あとがき

信州大学大学院の地域社会イニシアティブ・コースで、講義と運営に携わって約十年が過ぎ、研究指導院生も一〇人を超えてくると、彼らの日々の地域課題実践をめぐる考えや知恵を本にしたいと思うようになった。二〇一五年度の講義「テーマ研究ワークショップ」はその思惑あって担当した。公式サイトに今も残っているシラバスに、「〈ノーマライゼーション〉の地域実践に取り組んでいる本コース修了生らに、自身の仕事・ライフワークについて大学で語って頂く、あるいはその現場に出向いて学（び）、……台湾や韓国など、海外の実情についても学ぶ機会を設ける予定」と記述している。

海外の実情は、大学院時代から旧知の李義圭さん（当時、韓国職業能力開発院）と福原宏幸さん（大阪市立大学）に、それぞれ韓国の社会的企業、フランスの障がい者雇用・支援について、来信し講義してもらった。他方、修了生らゲスト講師の講義については、その逐一の記録に代えて、本書執筆陣との大学内外での出会いと交流、そしてその時代背景を記述することとしたい。

世紀の変わり目に分不相応にも指導担当した年長の本島和人さん（ただ一人、地域社会イニシアティブ・コース設置前の修了生）は、南信の日系ブラジル人に関する濃厚で緻密なその修士論文のまえがきに、かつて過疎化する一方だった郷里が、外国人・日系人らの流入で人口増加に転じていた、何が起こっているのか知りたいと思った、と書かれていた。それから約十年後、本書執筆陣でもう一人、一年だけだが年長の橋住真一さんは、入試面接で、リーマン危機で調査対象となる日系ブラジル人らが帰国してしまうのではと聞かれてひょうひょうと答えるに、「この研究が必要なくなるならそれはそれでいいことかもしれません」――その気負いのなさに感動した（ともに関西人ゆえか）。

この間に経済だけでなく、田中康夫県政（二〇〇〇～〇六年）、国政での政権交代（二〇〇九～一二年）、個人的には、勤務校で法人化（二〇〇四年）をはさんで一〇年近く担当した「イコール・パートナーシップ委員会」（ハラスメント防止・対策）での苦節とえがたい出会い、韓国の「参与・連帯・監視・代案」を掲げる市民福祉運動に導かれた研究、そしてサッカー・ワールドカップ日韓共催やヨン様ブームからの暗転といった激動をみている。以下は、地域社会イニシアティブ・コースへのほぼ入学順か、どこかで出会った順である（つまり、やや不同）。

まず田中県政時代の人間尊重推進委員会（現在は元の人権政策審議会に復元）や男女共同参画推進センター運営会議などで出会ったのが、下倉亮一さん、桑原美由紀さん、そして伊藤かおるさんである。大学院では、下倉さんからはミュルダール『人口の危機』について教えてもらった。今の人口危機が日本にはどういう変化をもたらすのか、また議論する機会を持ちたい。桑原さんには、精神障がい者の自立とは、自分で自分を知ること、つまり病を持つ新しい自分を受け入れることであり、支援はその主体性に肩を並べてするものだと、福祉の原点を教わった。「てくてく」では毎年、学部生ボランティアも引き受けていただいている。伊藤さんは、県の会議で議論が行き詰まったとき、柔軟な発想と思考で解決の糸口を示されること、一再ならずだった。二〇一五年当時は受講生だったが、本書の企画がもたついたおかげで参加いただけた。

次に、飯島惠道さんは、全学教養講義「共生社会への課題〜ジェンダーとマイノリティ〜」(二〇〇五〜〇九年度)で、もう一つのライフワークである仏教とジェンダーについて、二度ほど講義をしてもらったりもした。つつましやかな物腰にして、実は、自称「暴僧族」というにふさわしい一面もお持ちだ。同じ頃に、武山弥生さん・大木斉さんに出会って発達障害について知ったのだが、大学院講義(合宿)で、いじめられたらやり返させることも必要ではと大失言し、武山さんから「弱い子のほうに責任を負わせるのは酷だ」と静かにたしなめられて、今も猛省しきりである。二〇一五年夏のテーマ研究で参加させてもらった演劇ワークショップも忘れがたいが、カフェ「ひとつぶの麦」で供される大木さん特製のキーマカレーも意外に(失礼)、いける! そして、一〇人中、一番の遠距離通学をされたのが、芦沢茂喜さんである。院講義の大阪研修(二〇一三年)で、一見朴訥なのに、突撃的家庭訪問も辞さないというソーシャルワーカーとしての真骨頂に触れ、気脈も通じる幸運を得た。本書刊行が遅れているうちに『ひきこもりでいいみたい』を先に出版され、今年に入って二作目に取り掛かったというので、危うく二巡の周回遅れを喫するところだった。

本書執筆陣には金正玉さんと車憲さんという二人のコリアンがいて、張洛善先生(あずさ整形外科)、高昌星先生(城西病院)、朴相永先輩(信州渡来人倶楽部・世話人)、延鎮淑・朴虎東・佐藤友則・

林英美の各先生（信州大学）、そして西澤俊幸先生（松本美須々ケ丘高校、後述の車さんと同期修了生）らと親しく会食する「あずさ会」でも時折、顔を合わせている。二〇〇八年から松商学園で教鞭をとっている釜山出身の金正玉さんは、日本人顔負けのホスピタリティと誰もが驚くバイタリティで、世相の明暗に動じずつねに謙虚に日韓高校交流を主導し奔走している。今年から公民科の主任に就いたという。うれしい。僭越だが、金正玉さんの行動力を見抜き正当に評価もする松商学園の慧眼にも、敬意を表したい。最後に、中国出身コリアンの車憲さん。信州大学経済学部（当時）の二〇〇二年度卒業生でもある。学部同窓会報第一九号（二〇一五年五月）の「社会人大学院の卒業にあたって」という一文に、流れる水は腐らない、使っている扉は虫に食われない（流水不腐、戸枢不蠹）という中国の諺を紹介して、就職してから同じ仕事を繰り返す日々に不安を感じ始めて大学院の門をたたいたとある。院在籍中には、大学院は高い授業料を出して先生方に叱られるところだと言って笑わせてくれたが、修了後もこうしてつながってくれるのは、きっと得るところもあったからと思う。今年、新しいチャレンジを始めたという。陰ながらでも応援したい。

ランダムな回想になってしまった。一つ付言すると、本書は、院生の実践的論文とそのゲスト講義をベースとするとはいえ、いわゆる論文集でもなければ講義録でもなく、もとより地域社会イニシアティブ・コースの正史などでもなく、院生から学んだことに応えたいという一念から生まれた。本書執筆者に限らず、同コースあるいはそれ以前の研究科に集った社会人院生の皆さん、またその関係教職員にも感謝したい。新設大学院の誕生を機に、同コースの学生募集は二〇一九年度、入学者総数一〇八人をもって最後となるようだが、時代の変化に主体的に呼応していくという、地域社会イニシアティブ・コースで学んだことを今こそ想起したい。

最後に、二〇一五年度のテーマ研究講義に御多忙の中をフル参加していただいて以来、ここまで実に辛抱強く伴走してくださった木犀社の遠藤真広さんと関宏子さんに心からの感謝を表したい。

二〇一九年九月二十一日

信州最後の秋を迎えて（二〇二〇年四月より大阪商業大学教授に就く予定）

金　早雪

生活現場の活動者たち　地域をつなぐ10の物語

二〇一九年十月三十一日　第一刷発行

金《きむ》　早雪《ちょそる》——編著者

菊地信義——装幀者

関　宏子——編集者

遠藤真広——発行者

木犀社——発行所

長野県松本市浅間温泉二—一—二〇　電話〇二六三—八八—六八五二

信毎書籍印刷——印刷所

渋谷文泉閣——製本所

Printed in Japan

ISBN978-4-89618-069-5 C3030